中国地方社会科学院学术精品文库·浙江系列

中国地方社会科学院学术精品文库·浙江系列

环杭州湾大湾区
战略发展研究

The Study on
Strategic Development of
Grand Bay around Hangzhou Bay

● 聂献忠 / 著

社会科学文献出版社
SOCIAL SCIENCES ACADEMIC PRESS (CHINA)

本书由浙江省省级社会科学学术著作
出版资金资助出版

打造精品　勇攀"一流"

《中国地方社会科学院学术精品文库·浙江系列》序

光阴荏苒，浙江省社会科学院与社会科学文献出版社合力打造的《中国地方社会科学院学术精品文库·浙江系列》（以下简称《浙江系列》）已经迈上了新的台阶，可谓洋洋大观。从全省范围看，单一科研机构资助本单位科研人员出版学术专著，持续时间之长、出版体量之大，都是首屈一指的。这既凝聚了我院科研人员的心血智慧，也闪烁着社会科学文献出版社同志们的汗水结晶。回首十年，《浙江系列》为我院形成立足浙江、研究浙江的学科建设特色打造了高端的传播平台，为我院走出一条贴近实际、贴近决策的智库建设之路奠定了坚实的学术基础，成为我院多出成果、快出成果的主要载体。

立足浙江、研究浙江是最大的亮点

浙江是文献之邦，名家辈出，大师林立，是中国历史文化版图上的巍巍重镇；浙江又是改革开放的排头兵，很多关系全局的新经验、新问题、新办法都源自浙江。从一定程度上说，在不少文化领域，浙江的高度就代表了全国的高度；在不少问题对策上，浙江的经验最终都升华为全国的经验。因此，立足浙江、研究浙江成为我院智库建设和学科建设的一大亮点。《浙江系列》自策划启动之日起，就把为省委、省政府决策服务和研究浙江历史文化作为重中之重。十年来，《浙江系列》涉猎领域包括经济、哲学、社会、文学、历史、法律、政治七大一级学科，覆盖范围不可谓不广；研究对象上至史前时代，下至 21 世纪，跨度不可谓不大。但立足浙江、研究浙江的主线一以贯之，毫不动摇，为繁荣浙江省哲学社会科学事业积累了丰富的学术储备。

贴近实际、贴近决策是最大的特色

学科建设与智库建设双轮驱动，是地方社会科学院的必由之路，打造区域性的思想库与智囊团，是地方社会科学院理性的自我定位。《浙江系列》诞生十年来，推出了一大批关注浙江现实，积极为省委、省政府决策提供参考的力作，主题涉及民营企业发展、市场经济体系与法制建设、土地征收、党内监督、社会分层、流动人口、妇女儿童保护等重点、热点、难点问题。这些研究坚持求真务实的态度、全面历史的视角、扎实可靠的论证，既有细致入微、客观真实的经验观察，也有基于顶层设计和学科理论框架的理性反思，从而为"短、平、快"的智库报告和决策咨询提供了坚实的理论基础和可靠的科学论证，为建设物质富裕、精神富有的现代化浙江贡献了自己的绵薄之力。

多出成果、出好成果是最大的收获

众所周知，著书立说是学者成熟的标志；出版专著，是学者研究成果的阶段性总结，更是学术研究成果传播、转化的最基本形式。进入 20 世纪 90 年代以来，我国出现了学术专著出版极端困难的情况，尤其是基础理论著作出版难、青年科研人员出版难的矛盾特别突出。为了缓解这一矛盾和压力，在中共浙江省委宣传部、浙江省财政厅的关心支持下，我院于 2001 年设立了浙江省省级社会科学院优秀学术专著出版专项资金，从 2004 年开始，《浙江系列》成为使用这一出版资助的主渠道。同时，社会科学文献出版社高度重视、精诚协作，为我院科研人员学术专著出版提供了畅通的渠道、严谨专业的编辑力量、权威高效的书稿评审程序，从而加速了科研成果的出版速度。十年来，我院一半左右科研人员都出版了专著，很多青年科研人员入院两三年就拿出了专著，一批专著获得了省政府奖。可以说，《浙江系列》已经成为浙江省社会科学院多出成果、快出成果的重要载体。

打造精品、勇攀"一流"是最大的愿景

2012年，省委、省政府为我院确立了建设"一流省级社科院"的总体战略目标。今后，我们将坚持"贴近实际、贴近决策、贴近学术前沿"的科研理念，继续坚持智库建设与学科建设"双轮驱动"，加快实施"科研立院、人才兴院、创新强院、开放办院"的发展战略，努力在2020年年底总体上进入国内一流省级社会科学院的行列。

根据新形势、新任务，《浙江系列》要在牢牢把握高标准的学术品质不放松的前提下，进一步优化评审程序，突出学术水准第一的评价标准；进一步把好编校质量关，提高出版印刷质量；进一步改革配套激励措施，鼓励科研人员将最好的代表作放在《浙江系列》出版。希望通过上述努力，能够涌现一批在全国学术界有较大影响力的学术精品力作，把《浙江系列》打造成荟萃精品力作的传世丛书。

是为序。

张伟斌
2013年10月

前　言

　　长三角一体化开始迈进高质量发展新阶段。目前，长三角交通一体化，工商、金融、信息服务一体化，人才开发一体化，三地旅游整体形象、旅游产品开发和旅游宣传促销实现一体化，信用信息共享以及其他"同城化"不断取得进展，长三角区域经济一体化进程加快，促进了区域全面、紧密的合作。长三角经济区各城市以上海为龙头，进行合理定位，主动融入长三角经济圈。杭州定位为长三角副省级城市，提出"接轨上海，错位发展"的战略方针；绍兴市制定了与上海实现互补型发展的战略，并制定"战略北上，接轨上海"的行动计划；宁波与舟山市重点发展港口旅游，制定"打破封闭，全面接轨上海"的战略；嘉兴实现与上海的"无缝链接"，成为上海的功能块区等。这表明长三角经济区各省市围绕上海制定战略，形成明确集中的"向心力"，使长三角区域合作表现出较为明显的紧密型互补性合作模式。为研究需要并增强行政空间上的完整性、协调性和对策建议的可行性，此研究主要从浙江空间角度，对湾区内浙江六市的战略布局发展进行具体的分析讨论。

环杭州湾大湾区（以下简称"杭州大湾区"）是长三角一体化高度发展的产物。随着杭州经济影响力的逐步增强，尤其是以信息经济为代表的新兴产业在国内异军突起，杭州对周边城市的影响和辐射带动正成为浙江省重要的经济特征，杭州都市圈规模与经济增长对长三角南部地区的经济发展趋势和空间格局产生重要的影响，以杭嘉湖绍甬舟乃至上海为整体的杭州大湾区正日益成为各界关注的焦点。杭州大湾区以上海为龙头，以上海、杭州、宁波为三大空间顶点。杭州大湾区构造及产业特点：拥有资本和金融优势的上海＋互联网产业集聚地杭州＋国际化港口宁波。上海是全球金融中心和改革的窗口，拥有巨大的资本优势和政策优势，是杭州大湾区的发展核心。驻有阿里巴巴（简称"阿里"）总部的杭州，是具有世界影响力的"互联网＋"创新创业中心，新一代智能化技术的信息产业在杭州蓬勃发展。宁波，是重要的港口城市和制造业重镇，也是国际化港口名城和"中国制造2025"首个试点示范城市。

湾区经济呈现出金融服务与科技创新深度融合发展的经济形态。过去几十年里，美国、日本等国的湾区经济为其科技发展提供了强大创新动力和完善的生态支撑。打造杭州大湾区，不仅仅要以上海为龙头，更要以杭州为中心，快速推进杭嘉湖绍甬舟一体化，推动杭州大湾区加快建设世界级城市群，已成为国家战略的重要组成部分。当前，杭州大湾区在政策支持、产业聚集、创新能力、金融服务等方面优势明显，有意愿、有条件、有能力打造世界一流科技湾区，抢占未来全球科技革命和产业变革领先位置。在区域经济发展进程中，产业分工与合作问题一直是人们关注的重点。当前，不断加快的不同形式、不同内容和不同层级的经济一体化，对长三角区域产业分工和合作发展提出了新的要求。推进长三角地区更加科学合理、更高层次和更广领域的产业分工与合作发展具有重要的意义。随着经济全球化和区域一体化的加快，目前杭州大湾区也已经呈现出按产业链环节、工序甚至模块进行分工的新态势。杭州作为大都市中心区，已经把重心转向以数字经济为引领的研发设计、市场信息与技术服务、国际金融等环节，由此形成两头粗、中间细的"哑铃型"结构；外圈层郊区（工业园区）和其他大中城市侧重发展高新技术产业和先进制造业，由此形成中间大、两头小的"菱形"结构；周边其他城市和小城镇则专门发展一般制造业和进行零部件生产，由此形成中间粗、两头细的"棒型"结构。

拉高"标杆"向国际化标准看齐，创国际大湾区是杭州大湾区的战略目标。重点规划推进数字湾区、智慧湾区、金融湾区、品质湾区的一体化建设。浙江的未来和关键在湾区。浙江转型发展的新增长点、新产业布局和新空间很大程度上在于整个湾区的规划与发展，在于湾区所在园区与平台的新产业规划与布局。要着眼于长三角一体化大背景，总结分析杭州大湾区各城市的定位与战略规划布局，着眼于和谐统一的产业分工和融合发展，总结当前产业分工合作的经验教训，着眼于杭州大湾区产业整体效率以及国际竞争力的提升，从深化改革、扩大开放、增强新动力以及推进转型升级、空间优化等方面进行广泛而深入的分析，探讨新的产业分工与合作模式、发展路径、体制机制和政策。

在共同富裕示范区建设目标下，杭州大湾区要建设成为融合科技与智慧的现代高端产业、高端要素与创新资源集聚区，高质量发展示范区、先行区。总目标是打造"绿色智慧和谐美丽的世界级现代化大湾区"，建成具有全球影响力的国际科技创新中心。瞄准世界科技和产业发展前沿，加强创新平台建设，大力发展新技术、新产业、新业态、新模式，加快形成以创新为主要动力和支撑的经济体系；扎实推进全面创新改革试验，充分发挥龙头城市及其高新区的创新引领作用，发挥中心城市和杭州大湾区各类产业园的科技研发与产业创新优势，切实加大力度吸纳与培育全球领先的创新要素，进一步激发各类创新主体活力，建成全球科技创新高地和新兴产业集聚地。重点是大力推进战略性新兴产业规划与布局，加快推进现代化产业分工与融合，提升湾区产业竞争力，特别是充分发挥杭州湾产业优势，以阿里和海康（海康威视）、大华（大华股份）等头部企业为引领打造强大的产业链，同时重点布局人工智能与新能源汽车产业，并围绕重点产业扶持更多龙头企业成为世界一流企业。

从发展空间角度看，不论是着眼于长三角还是浙江的嘉兴、杭州和绍兴、宁波，杭州湾尚有巨大的发展空间用以布局未来产业，因此未来的重要新增长点将在湾区。坚持极点带动、轴带支撑、辐射周边，推动大、中、小城市合理分工、功能互补，进一步提高区域发展协调性，促进城乡融合发展，构建结构科学、集约高效的大湾区发展格局。不同于城市群必须以中心城市为核心，带动周边城市发展，杭州大湾区完全可以拥有多个中心城市。从目前的城市等级和竞争力看，上海、杭州和宁波成为一级城市，嘉兴、绍兴和湖州、舟山是二级城市。对于浙江来说，关键是打造杭州、宁波两大都市圈，建设特色科创城市。要重点培育绍兴、嘉兴为半导体与集成电路集聚城市，重点培育湖州、舟山为国际知名花园宜居城市，未来更要重点培育四大新城成为战略性新兴产业的集聚地，积极发挥杭州大湾区对浙中、浙西的辐射与带动作用。

把打造世界级科技湾区作为浙江大力促进长三角高质量一体化的重要内容和建设创新强省高地的重要战略，推动杭州湾早日成为创新要素高度聚集、科技产业高度发展、创新生态高度成熟，具有全球要素资源配置能力和影响力的世界级科技湾区。力争把环杭州湾高新技术产业带（包括杭州、宁波、嘉兴、湖州、绍兴、舟山）建设成为以数字经济为主导的、具有全球重要影响力的创新创业高地，加强大湾区科创主体与要素的引进与培育，重点打造众多科创平台，积极建设若干条高水平科创走廊，不断加强科创产业的谋划与培育，优化完善科创湾区的环境与制度。力争将浙江环杭州湾高新技术产业带建设成为全球一流的数字经济产业创新中心和国际高端制造业产业基地。

目　　录

第一章　杭州大湾区的发展背景与环境 ……………………… 1

　一　长三角高质量一体化国家发展战略 ………………… 3

　二　长三角高质量一体化助推杭州大湾区发展 ………… 34

　三　世界主要湾区的发展及经验 ………………………… 38

第二章　杭州大湾区的战略优势与基础 ……………………… 50

　一　杭州大湾区的形成与演变 …………………………… 50

　二　杭州大湾区的经济地位与产业环境 ………………… 59

　三　杭州大湾区的战略优势与基础 ……………………… 61

　四　杭州大湾区的新增长动力与新经济优势 …………… 72

　五　清醒认识杭州大湾区面临的短板与挑战 …………… 79

第三章　杭州大湾区的战略定位与发展目标 ……………… 91

　一　浙江谋划高质量发展重要的新增长点在湾区 ……… 91

　二　杭州大湾区的战略定位与目标：世界级科创大湾区 ……… 94

三 谋划世界级科创大湾区的建设思路和重点内容 ………… 100

第四章 推进杭州大湾区的产业规划与融合 ……………… 105

一 加快推进现代化产业分工与融合 ……………………… 105

二 大力推进战略性新兴产业规划与布局 ………………… 115

三 以阿里、海康、大华等头部企业为引领打造强大产业链 … 126

四 重点布局人工智能与新能源汽车产业链 ……………… 135

五 扶持更多龙头企业成为世界一流企业 ………………… 141

第五章 推进杭州大湾区的空间布局与整合 ……………… 150

一 优化大湾区空间规划与城市体系 ……………………… 150

二 重点打造两大科创领先城市：杭州与宁波 …………… 158

三 谋划推进半导体与集成电路产业新兴大城市：嘉兴与绍兴 … 178

四 重点布局四大新区成为战略性新兴产业的高端集聚地 … 195

五 加快建设滨海花园城市：舟山 ………………………… 203

六 推进杭州大湾区对浙中、浙西的辐射与带动 ………… 204

第六章 建设科创大湾区的战略重点与举措 ……………… 211

一 环杭州湾建设科创大湾区的重点与难点 ……………… 211

二 大湾区科创主体与要素的引进与培育 ………………… 218

三 打造科创平台：科创城市平台与园区平台 …………… 226

四 构建若干条高水平科创走廊 …………………………… 231

五 加强科创产业的谋划与培育 …………………………… 235

六 完善科创湾区的环境与制度支撑 ……………………… 239

第七章　打造智慧大湾区的战略思路与路径 …………………… 244

　一　智慧湾区建设面临的约束与难题 ………………… 245

　二　智慧湾区建设的构想与目标体系 ………………… 248

　三　智慧湾区建设的思路与核心 …………………………… 253

　四　推进智慧湾区建设的有效对策与举措 ……………… 256

第八章　金融大湾区建设的战略目标与重点 …………………… 259

　一　杭州金融大湾区的战略定位与目标 ……………… 259

　二　杭州金融大湾区建设的重点领域与内容 ………… 263

　三　建立现代化高质量金融产业体系 ………………… 267

第九章　品质大湾区建设的战略重点与环境 …………………… 270

　一　打造卓越领先的大湾区品质营商环境与服务 …… 270

　二　打造高质量的大湾区发展机制与环境 …………… 273

　三　打造宜居的高品质生活环境与服务 ……………… 280

　四　打造高品质的休闲旅游度假环境与服务 ………… 284

　五　打造国内外知名的高品质健康湾区 ……………… 286

参考文献 ………………………………………………… 293

第一章
杭州大湾区的发展背景与环境

　　一体化是当今国际生活中日益引人注目的现象，西方学术界对它的概念、范围已有较为明确的论述。区域一体化应保证在区域内部各地区形成以产品、服务、资金以及人力资源可以自由流动的机制为基础的经济空间，而且各成员城市或地区应保证采取统一的政策与标准，包括税收、贷款与行业标准等，为平等竞争提供必要条件以维持区域经济的稳定发展。因此，一体化经济区不是地区之间或城市之间的简单联合或合作区，其合作是地区间为谋求共同利益、共同市场开发而进行的合作，各城市发展水平可能不同，产业规划或重大项目也可能是竞争关系。一体化经济区是依托全要素的竞争与合作，通过整体区域的产品、产业和结构的系统化完善，真正实现在合作基础上的提升与一体化发展。

　　长三角一体化发展是杭州大湾区重要的发展背景和依托环境，长三角一体化发展国家战略不仅对长三角本身具有极大的影响推动力，对于杭州大湾区的发展也是持续的推动力量。可见，全面推进长三角迈向高质量一体化，将是推动杭州大湾区迈向高质量发展的重要举措。长三角是我国最有实力、最具潜力、最富活力的核心经济区域之一，在全国有着举足轻重的战略地位，在世界经济体系中也有着十分重要的影响力。党中央和国务院一直在重大方针政策、重大战略规划和重要发展举措上，非常重视长三角地区发展，高度关注长三角地区合作以及一体化进程中的发展趋势、发展特点与发展面临的约束和难题。

长三角一体化发展国家战略，是以习近平同志为核心的党中央着眼于新时代改革开放和现代化建设大局作出的重大战略部署。2016年5月，由国务院批复的《长江三角洲城市群发展规划》提出了目标："到2030年，全面建成具有全球影响力的世界级城市群。"长三角地区良好的基础状况也决定了其拥有巨大的创新发展空间。2019年是非常关键的一年，上海市政府在政府工作报告中也明确了将大力推进长三角一体化发展。那么，如何协调和整合各方资源，进一步推动长三角一体化，使之成为具有全球影响力的世界级城市群，这无疑是摆在我们面前的一个现实课题。

2018年11月5日，国家主席习近平在首届中国国际进口博览会开幕式上发表演讲时提到，支持长江三角洲区域一体化发展并将之上升为国家战略，落实新发展理念，构建现代化经济体系，推进更高起点的深化改革和更高层次的对外开放，加强与"一带一路"建设、京津冀协同发展、长江经济带发展、粤港澳大湾区建设相互配合，完善中国改革开放的空间布局。2019年3月5日的政府工作报告明确提出，将长三角区域一体化发展上升为国家战略，编制、实施发展规划纲要，以龙头带动长江经济带发展。长江经济带的发展要坚持上、中、下游协同，加强生态保护、修复和综合交通运输体系建设，打造高质量发展经济带。

长三角区域一体化发展这一国家战略部署深刻体现出长三角经济区的重要地位和责任。这有助于极大推进长三角要素与市场一体化的进展，对于迈向全面化意义重大，有助于极大推动一体化发展从要素、市场和设施层面上的"基础设施一体化"更快地转向公共服务、城乡规划、环境保护、产业布局等领域的"中间一体化"，为未来进一步在新的一体化方向和重点上特别是以政策、体制和制度完全统一自由的"高端一体化"加快突破创造了可能和政策空间。为此，以国家战略为指导，加快突破瓶颈约束、深层次推进中高端领域的一体化整合，对于加快推进上海国际经济、金融、贸易、航运和科技创新五大中心建设，对于稳步推进苏浙沪皖基本实现现代化建设，对于推进长三角地区转型升级及带动中国经济稳步增长，都具有非常重要的战略意义。

一 长三角高质量一体化国家发展战略

1. 国家战略助推长三角一体化进入新阶段

近年来，长三角地区坚持改革开放促转型发展、坚持五位一体统筹全面发展，在经济社会高质量发展、重大基础设施建设、产业结构优化升级、城乡统筹发展、生态环境保护和社会发展、自主创新和科技进步以及重大改革试验和对外开放方面均取得了长足进展。长三角多领域合作也进展明显，在交通建设、信息互通共享和便民交通服务以及产业规划、政策法规、金融服务等方面的高层次合作探讨也逐步深入。

首先，从长三角一体化进程面临新发展环境、发展机遇与挑战看。长三角一体化面临着难得的发展机遇。从国家层面看，近年来尤其是十八大后，长三角在国家发展战略中的地位发生重大变化，其主要标志：一是上海自贸区被纳入国家战略，作为国家改革试验区，这明确肯定了上海的改革与发动机角色；二是对上海"五大中心与国际性城市"的明确定位；三是 2010 年从国家层面上制定了《长江三角洲地区区域规划》，将长三角一体化发展推进到一个全新阶段；四是将长三角一体化发展上升为国家战略。在制度建设层面，1997 年，长三角城市经济协调会首次召开，参与城市主要包括上海、南京、苏州、无锡、常州、镇江、扬州、泰州、南通以及杭州、宁波、嘉兴、绍兴、湖州、舟山等 15 座城市，后来一体化逐渐扩容，2007 年 12 月 1 日，苏浙沪主要负责人在上海召开"长江三角洲地区发展国际研讨会"，将长三角空间区域扩展到上海、浙江、江苏两省一市，主要包括上海、南京、无锡、常州、苏州、南通、盐城、扬州、镇江、泰州及杭州、宁波、嘉兴、湖州、绍兴、金华、舟山、台州等城市。各方对长三角一体化达成了高度共识，省级政府之间的互访呈现制度化和常态化，与此同时，"长三角城市经济协调会市长联席会议"也由两年一次缩短为每年一次。制度壁垒的破除不断取得新的突破和进展，推动了市场一体化的进程，如"两省一市"内部企业之间的交流和要素流动都比过去更加频繁，长三角内部的互动趋势也更加显著，不管是浙江、江苏企业对上海的投资，还是上海企业对江苏、浙江的投资都相当活跃。

2014 年 9 月 25 日发布的《国务院关于依托黄金水道推动长江经济带发展的指导意见》提到沿江 5 个城市群的发展规划和战略定位，其中首次明确安徽作为长江三角洲的一部分，参与长三角一体化发展，而以武汉、长沙、南昌为中心城市的长江中游城市群则将建设成为引领中部地区崛起的核心增长极和资源节约型、环境友好型社会示范区。自此，安徽在政策与制度环境上开始逐步融入长三角一体化进程。从地理位置看，长三角地区的确有其优势，其腹地与出海口对接，产业链完善，核心城市的带动作用也比较明显，有利于形成对内、对外双向的经济发展格局。长三角地区的发展潜力无疑是巨大的。2016年5月，由国务院批复的《长江三角洲城市群发展规划》提出目标，"到2030年，全面建成具有全球影响力的世界级城市群"。2018年4月12~13日，长江三角洲城市经济协调会第十八次市长联席会议明确铜陵、安庆、池州和宣城加入长三角，由此长三角共覆盖到26个地市。在作为长三角一体化基础的交通建设，受益最为明显，长三角主要城市之间的高速公路网络已经基本形成，长三角三小时经济圈逐渐成形，特别是杭州湾跨海大桥的通车加快了长三角交通一体化的步伐，长三角区域之间高铁网络建设也日益完善，通达性和通达效率逐步提高。2018年6月，为进一步推进长三角合作进程，三省一市就《长三角地区一体化发展三年行动计划（2018—2020年）》达成共识，明确到2020年，长三角地区基本形成经济充满活力、创新能力跃升、空间利用高效、高端人才汇聚、资源流动畅通和绿色美丽共享的世界级城市群框架。该计划覆盖12个合作专题，主要聚焦共建互联互通综合交通体系，建设畅达便捷长三角；提升能源互济互保能力，建设安全高效长三角；强化创新驱动，建设协同创新长三角；共建高速泛在的信息网络，建设数字智慧长三角；合力打好污染防治攻坚战，建设绿色美丽长三角；共享普惠便利的公共服务，建设幸福和谐长三角；共创有序透明的市场环境，建设开放活力长三角；并梳理提炼30多项重要合作事项清单。2019年5月22日，三省一市有关地区在安徽芜湖座谈会上进一步促成合作，三省一市共同签署包括组建长三角研究型大学联盟协议、推进长三角地区异地就医直接结算协议、深化三省一市医疗保障领域合作发展备忘录、沪皖港口合作协议、长三角地区智能网联汽车一体化发展战略合作协议、共建长三角期现一体化尤其是交易市场战略合作协议等 10 项合作协议，一体化不断深入。12月，由国家发改委牵头，会同国家有关部委和上海市、江苏省、浙江省、安徽省拟定的《长江三角洲区域一体化发展规划纲要》（以下简称《纲要》）正式印发。《纲要》明确长三角"一极三区一高地"的战略定位，长三角通过一体化发展，成为全国经济发展强劲活跃的增长极，成为全国经济高质量发展的样板区，率先基本实现现代化的引领区和区域一体化发展的示范区，成为新时代改革开放的新高地。

但从竞争环境看，国内外都市圈整体竞争日益激烈，东京都市圈、纽约和旧金山湾区科技实力和影响力不断增强，国内中西部武汉、成都、西安等都市圈凭借后发优势强势崛起，长三角的发展正面临珠三角、环渤海地区的挑战。从增长源泉看，长三角地区科技创新力不断提升，投资与消费成为主要动力，但投资结构与投资效益需要提升与优化。跨国资本大举向长三角转移，大公司、总部和研发中心高度集聚，但本土化创新型跨国企业还很少，科技型独角兽企业队伍还不够壮大，真正具有强大核心技术竞争力的高成长性高新技术企业还不够多，上下游受制于国外技术与设备的特征还很明显；国际经济、金融、贸易、航运、科技创新五大中心建设稳步迈进，但规模与影响力有待进一步提升，区内布局结构有待进一步完善，全球竞争力也有待进一步增强；长三角地区民资地位和主导力量逐步提高和增强，但面对国家去杠杆与国际贸易争端时应对风险与国际环境的应变能力还需增强，在提升竞争实力和国际影响力方面还需更大努力；苏南模式和温州模式转型也还在路上，行业巨头企业还不够成熟，护城河壁垒尚未全面形成；高科技密集型产业增长明显，但大规模的传统产业尚待进一步转型升级。

　　同时也看到，制约高质量、深层次一体化进程的政策与体制机制障碍仍然存在。虽然长三角一体化不断加深，空间范围不断拓展，但在部分地区，传统的以 GDP 增长为纲的政绩考核评价体制以及由此形成的地区利益主体之间的协调性障碍仍然是制约长三角一体化的重要因素，特别是市场机制与行政制度的矛盾，产业转移与地方利益的矛盾成为阻碍长三角一体化发展的主要因素。在此背景下，要素流动仍然面临着行政体制等非市场因素的阻碍与制约，而在社会和民生领域，包括公共交通的一体化、劳动与社会保障的一体化、医疗卫生服务的一体化以及就业市场一体化等在内，都还没有全面成网、全面覆盖。因此，长三角从经济一体化走向全面一体化，实现高质量一体化还任重道远。其中，行政性制度约束是目前实现长三角高质量一体化最大的障碍。近年来苏浙沪皖在基础设施互联互通、同城化等方面不断做出尝试，但真正的一体化关键是空间上的融合和体制上的突破。从地区交流上看，在人口、资本与物流等方面的互联互通改善明显，但产业布局和环境保护、民生教育医疗等方面，区域间的行政分割导致市场失灵。因此，突破行政体制约束、化解地区之间利益冲突是解决问题的关键所在。

　　其次，从长三角一体化亟须向高端、高质量、高效率突破与提升看。受传统惯性思维和瓶颈约束影响，受行政区划、市场分割和地方利益以及非合作博弈、制度缺陷与缺位、体制异化及法律缺失等影响，有些地区仍习惯于打自己的算盘，不统筹考虑周边地市问题，谋求数字型增长。出现这种现象的原因有如下几点。一是竞争意识强于合作意识。在产业结构调整过程中，各地"强势政府"影响下的各自为政、市场分割、地方保护等问题严重阻碍了要素资源的自由流动。特别是部分地级城市，面临要素人才的外流和周边城市的强势扩张和辐射，加上受"GDP 挂帅"影响，争夺不同生产要素，造成财力、物力和人力的浪费；各地盲目扩张和开发土地，经济开发区对项目引进没有原则或片面强调投资规模，不但增加了生态压力，也在一定程度上降低了长三角经济发展的运行效率和质量，有些行业为此被外资利用；甚至一些城市与长三角内部其他城市的联系还要少于与国际的联系，由此损害了区域整体利益。二是共建行为多于共享行为。长三角一体化最明显的共性障碍，在于缺乏全领域、全流程的详细规划，目前的整体规划基本上很难囊括必要领域与关键环节。突出表现在：长三角城市各自的功能定位、城市规划、交通衔接还不能完全适应一体化发展的需要，城市间的接壤地带往往成为发展的"真空"或"边缘"地带，城市规划缺乏与周边城市的协调沟通，实际上严重阻碍了一体化的进展；各地还存在严重的不合理重复建设，这不仅出现在战略性新兴产业领域，而且还在港口、机场等基础设施领域，缺乏通盘考虑和一体化规划，在"抢政策、抢批文"后又接着"抢人、抢货、抢市场"，不合理建设还出现在公共设施与医疗领域，反映出合理布局分工意识薄弱。三是各城市为提升各自竞争力自然具有的"诸侯经济"优先于合作经济的意识。受传统政绩观和地方考核机制影响，长三角各地形成"自身发展和经济增长优先，合作经济次之"的思想，多从本地出发专注于产业规划、产业布局和转型升级，缺乏一体化的空间梯度和层次性推进的转型研究；多专注于各自区域内的制度建设与改革，缺乏一体化的制度安排和对策性思路。四是行政过多干预市场。长三角一体化面临的突出矛盾，还在于行政性的区际关系削弱甚至是替代了市场性的区际关系，以致在长三角区域内，因地方行政主体的利益，而难以真正做到要素资源的优化配置、自由流动与融合。如浙江与江苏、安徽等地有的龙头企业受地方利益因素影响，不能把主要基地外迁或者企业总部自由迁往上海；上海石化、港口物流和机械设备制造业等也不能自由地转移到苏浙，就是由于行政权力干预市场，影响并降低市场效率和阻碍一体化。五是协议多但协调功能不足。虽然长三角各城市在产业分工、环保、基础设施、流域整治等方面已经签订诸多合作协议，但由于尚无法律对这种行政协议的效力提供保障，因此协议流于形式；而且各地行政权力互不隶属，运行机制各有不同，若仅靠行政手段和方式来协调，势必导致执行力不足而使协议流于形式。实际上，长三角一体化也已暴露出各地法规规章冲突、执法依据不一而造成统一规划难以实施、执法合作成本高等问题。六是人工合作多而信息化合作不足。长三角一体化合作多是建立在区域协调沟通上，还没有形成完全信息化的互动合作平台和信息化联动处理机制，如缺乏统一规划、分级有序的互通网络通信与信息交换平台，缺乏标准化而全面完整的基础公共信息资源。各地空间地理信息数据库分别采用不同的数据格式和 GIS 系统，数据难以统一和共享；缺乏互融的公共信息网络安全设施，长三角尚无统一的、全覆盖的企业、个人和电子政务信息化应用系统，特别是涵盖交通、消防和应急领域的系统。

最后，从国家战略背景下长三角一体化迈向新阶段角度看。随着长三角一体化发展上升为国家战略，长三角高质量发展进入战略机遇期。长三角一体化发展上升为国家战略，有利于提升长三角经济在世界经济格局中的能级和水平，进一步优化我国改革开放空间布局。目前，三省一市联合组建了长三角区域合作办公室，三省一市工作人员全部到位开展工作。主要负责研究拟订长三角协同发展的战略规划、体制机制和提出重大政策建议，协调推进区域合作中的重要事项和重大项目，统筹管理合作基金、长三角网站和有关宣传工作。其中，首要的是加强规划对接，强化功能布局互动，形成分工合理、各具特色的空间格局。同时，为加强彼此之间重大国家战略和重要改革举措的战略协同，必须在自贸试验区建设、行政审批制度改革、科技和产业创新中心建设等方面展开合作交流，形成共识。当前，长三角已有交通、产业、科技、环保等方面的专题合作，特别是在基础设施的互联互通、公共服务便利化等方面进展明显、交流畅通，未来亟须在市场机制以及制度建设方面加强合作，完成一体化，真正把一体化推向高层次、高质量阶段。

2. 推进长三角高质量一体化的现实基础与内涵要求

目前，长三角区域经济一体化进程加快，长三角一体化发展成为国家战略。推进更加高效合理、更深层次和更广领域的产业分工与合作发展具有重要的意义，这给长三角地区加快建立以创新为引领的现代化产业体系、以人为本为核心的现代化社会治理体系、以核心城市为引领的现代化城市空间结构，形成强大国际竞争力的区域新经济和民营经济等都带来机遇与挑战。在此背景下，三省一市都应着眼于自身优势，从产业合作融合和产业链优势角度谋划布局与分工，创造条件主动融入以进一步发挥各自优势、提升自身产业竞争力，要更进一步地聚焦补短板、聚焦优势，谋划各自主动融入长三角一体化进程的战略与制定若干举措。

从长三角实现更高质量一体化的现实基础看。不论是从国内还是国际层面看，长三角地区一体化均具有深厚和强大的历史基础与现实支撑。远到明清时代，近到新中国成立前后，长三角地区经济在生产加工贸易与创新开放上具有鲜明的一体化分工格局。在江苏、浙江与安徽内部，以南京、杭州和合肥为代表的都市圈也已形成一定规模的一体化空间结构。从整体来看，长三角一体化实现高质量发展的优势非常明显。

　　一是强大而较为完整的产业体系基础与产业链优势为实现更高质量一体化提供根本支撑。长三角集中了近半数的中国经济百强县，拥有众多实力强大的国际企业，聚集着 100 多个年工业产值超过 100 亿元的产业园区，除传统的机械、化工、交运设备等行业外，电子、通信和医药生物、信息技术等新兴产业也发展迅速，成为经济增长的主力军。长三角作为国内产业发展高地，其产业门类齐全，集聚优势明显。目前，上海汽车制造与高新技术、高端服务业，南京信息技术与智能电网、高端装备制造业快速发展，合肥以工业立市，家电与装备制造、信息技术快速发展。当前，长三角拥有上市公司千余家，拥有包括阿里、万向、宝钢、大众汽车、吉利、恒逸、海康威视等在内的多家龙头企业。在创新和产业发展相关要素方面，上海已进入以商贸服务经济和创新经济为主导的新时代，以新实体经济为特征的高端服务业发展迅速，而苏浙皖具有明显成本优势，制造业规模大、升级动力强，能够支撑上海的产业转移。从区域间的分工看，上海作为长三角的核心城市，致力于建设为国际金融中心和国际航运中心，大力发展现代服务业和先进制造业，为长三角的产业升级和功能的提升提供了更高的平台；作为长三角次区域的苏浙皖以国际分工和产业转移为契机，优化产业空间布局，致力于打造全球制造业高地。目前，长三角已基本上形成了分工细致的产业群和分布合理的产业链，尤其是产业分工逐步成为长三角发展的新动力。从城市功能和产业布局来看，长三角已经初步形成以上海为服务经济和创新中心、苏杭宁合为次中心以及外围聚焦大批产业园区和产业开发区的圈层型城市群功能格局，区域整体竞争优势逐渐显现。

　　二是领先的数字经济与数据平台为实现更高质量一体化提供技术支撑。构建着眼于全球化的互联网信息平台高地，长三角完全有优势条件、有能力、有基础打造成为全国领先的信息示范基地。一体化的信息网络体系，不仅是政府层面、服务层面的，更应是产业互联层面、数据平台层面上的。信息化应用平台建设有助于降低成本、产业联动、推进开放，有助于提升区域整体国际竞争力，促进区域一体化。要着眼于全球化，积极融入全球化，积极推进基于长三角统一信息化应用平台而开发运营的各类信息化应用系统网络建设。构建基于大数据平台的一体化服务，是长三角着力的重点，也为大数据产业提供广阔的发展空间。长三角区内不仅要素流动频率高，而且休闲、度假、康健、旅游等活动更为频繁，这为有效整合长三角地区劳动能力委托鉴定、完善定点医疗机构、提供导游服务、共享参保人员及就医信息，以及社保与医疗一体化等提供基础。实行社保、医疗和养老一体化，已经在结算、财政、标准等方面有明显的推进，但在如何提升服务效率、壮大平台与培育机构等方面还有很大的空间。

三是开放、服务和制度改革为实现更高质量一体化提供支撑。与全国相比，长三角地区普遍开放意识强，领先的开放服务，不仅是企业在全球开拓市场的重要基础，也是长三角地区能聚集吸纳全球高端要素资源以提升优势产业，提升产业扩张能力与竞争力的基础。更进一步推行新一轮开放举措，有利于长三角地区增强产业特色优势，吸纳更多优势资源。得益于敢为天下先的创造创新精神，长三角地区自古就是商业气息浓郁、商业人才频出的地区，改革开放以来安徽的小岗村率先包产到户，江苏的苏南乡镇企业和浙江温州的民营经济蓬勃兴起，全面活跃了长三角地区经济，带动了长三角地区经济快速发展。十八大以来，浙江以"最多跑一次"为标准，推进营造统一、有序和高效的政策环境，尤其是在杭嘉湖制定与协调区域间财税政策、土地政策、产业政策等，为各类市场主体创造一体化的公平竞争环境。在招商引资、土地批租、外贸出口、人才流动、技术开发、信息共享等方面，通过制定区域产业发展准则、开放共同市场、促进人才交流、建立统一基础网络、统一开发利用资源、统一整治和保护环境、建立协调与管理制度等营造无差异的政策环境。

四是强大的城市群集聚特别是园区合作为实现更高质量一体化提供联动支撑。长三角地区包括上海、江苏、浙江、安徽三省一市，常住人口约 2.2 亿，是全国人口的 1/6 左右，2018 年经济总量约 21.15 万亿元，约占全国的 23.49%（近 1/4），是我国经济增长的重要引擎，在我国经济社会发展建设中具有举足轻重的地位。2014 年 9 月，国务院印发的《国务院关于依托黄金水道推动长江经济带发展的指导意见》明确提出，"长三角"是指以上海为中心，南京、杭州、合肥为副中心的城市群。根据《长江三角洲城市群发展规划》，长江三角洲城市群包括 26 个城市，除上海、苏州、杭州、南京和无锡是万亿级 GDP 城市以外，宁波、南通和合肥、常州等实力强劲城市的 GDP 向万亿迈进。一直以来，上海、江苏与浙江产业发展与城市化互动性强，从最早的块状经济到工业园区开发、园区转型升级，在推进转型的同时不断加快特色园区向省内欠发达地区、向安徽等中西部的异地迁移，上海张江高新区还在浙江嘉兴等地进行园区合作与产业转移，苏州高新区、杭州滨江高新区也积极向省内欠发达地市转移，浙江嘉兴海宁经编产业在宣城的异地园区发展效果显著。同时，着眼于具有国际竞争力的都市圈构建与重组，浙江、江苏与安徽也积极加快了省内的一体化进程，尤其是南京与杭州、合肥通过积极构筑开放的、整体的空间系统，形成更加开放和有序的结构，依托圈层式结构，优化城市群空间结构和职能，都市圈影响力逐渐增大。

五是发达而完善的金融生态体系和强大的资本实力支撑。在当前创新创业时代，资本的引导方向和路径也是非常重要的，资本能有力推动产业链深度融合，推进高质量发展。长三角地区资本雄厚，各类资本全面介入创新创业生态体系，从天使基金到 VC 基金、PE 基金到转型升级基金，基金正有力地助推各类产业迈向高质量发展。2017 年 7 月 11 日，上海国方母基金正式成立，2018 年 6 月 1 日，经长三角区域合作办公室特别同意，长三角协同优势产业基金作为唯一的市场化基金项目，在三省一市领导人峰会上举行意向签约。目前，长三角协同优势产业基金已经获得包括中央企业，苏浙皖沪的大型国有企业、民营企业、金融机构等各类企业主体的高度认同。长三角协同优势产业基金发起设立的总规模为 1000 亿元，首期总认缴规模超过 100 亿元。聚焦长三角地区转型发展和战略性新兴产业的培育提升。2018 年 5 月，长三角产业创新股权投资基金以建设长三角区域产业更高质量一体化发展的新生态为目标，由国盛集团联合发起设立，基金总规模 100 亿，首期规模 25 亿。基金将面向国际、国内，立足长三角，聚焦区域内龙头公司的并购重组、国企混改、股权投资等，引领区域产业资源、创新资源的优化、整合、协同，促进产业城乡一体化融合，推动长三角更高质量一体化发展。2019 年 3 月，上海嘉定携手温州、昆山、太仓和上汽集团共同设立目标规模超 100 亿元的上海长三角产业升级股权投资基金。

从长三角实现更高质量一体化的内涵与要求看。从最基本的基础设施一体化迈向高层次、高质量一体化，必须全面覆盖到经济一体化、科技创新与协同创新一体化、社会发展与政府治理一体化、体制机制一体化、生态文明一体化和民生幸福一体化等各个领域和环节，才能形成合力，真正实现高质量发展。

首先是高度融合、分工合理有序的产业一体化。加强区域产业分工与合作是长三角区域经济一体化的重要内容。当前，全球经济一体化进程日益加快，对长三角区域产业分工和合作发展提出了新的要求，推进长三角地区更加高效合理、更深层次和更广泛领域的产业分工与合作发展具有重要的意义。近年来，长三角多领域、多角度的产业合作进展明显，区域分工已开始从传统的部门间分工向部门内分工转变，不同地区企业以多种的合作模式实现联合化、网络化经营，包括进行投资或合资、建立不同的战略联盟、进行联合研究和开发等。随着经济全球化和区域一体化的加快，目前长三角也已经呈现出按产业链环节、工序甚至模块进行分工的新态势。上海作为大都市中心区，已经把重心转向着重发展公司总部、研发设计、市场信息与技术服务、国际金融等环节，由此形成两头粗、中间细的"哑铃型"结构；外圈层郊区（工业园区）和其他大中城市侧重发展高新技术产业和先进制造业，由此形成中间大、两头小的"菱形"结构；周边其他城市和小城镇则专门发展一般制造业和零部件生产，由此形成中间粗、两头细的"棒型"结构。对于长三角来说，高度融合与产业分工合理的产业结构体系，不仅有利于经济层次结构的优化，对整个长江经济带也有非常重要的拉动作用。与上海相比，香港拥有金融、国际航运、商贸、高端知识服务以及生物医疗等具有全球影响力的产业。对于长三角来说，上海在高端产业上尚不具备如此实力与全球影响力，苏州、杭州、南京和合肥等城市的高端制造业虽然在全球产业链上已初具影响，但是影响力还不够大。因此苏州、杭州与南京等城市如何承接高端制造、信息产业高地等功能，就成为空间一体化的关键。上海提升城市服务辐射能级，共推城乡区域协调发展；增强科技创新的策源能力，共建协同创新的产业体系；完善交通基础设施网络布局，共同提升互联互通的水平；加强生态环境的共保联治，共筑绿色美丽长三角；强化政策协同的制度衔接,共享公共服务的普惠和便利;深化对内对外的开放联动,共促全方位开放新格局;建设统一开放的市场体系,共创国际一流的营商环境。在此背景下,上海将推进建设以现代服务业为主体、战略新兴产业为引领、先进制造业为支撑的现代化产业体系。

其次是科技创新与协同创新一体化。近年来,长三角地区的科技创新合作取得了成效,特别是上海与苏州、嘉兴地区的合作成效显著,进展很快。但也存在着一些体制性障碍和问题,特别是受限于行政体制和既有利益格局,客观上还存在条块分割、资源分散的状况,导致科技资源不能实现高效配置和开放共享。区域创新体系的不规范建设、重复性建设和非均衡性特征明显,人才、技术、成果、资本等要素流动渠道还不够顺畅,战略、规划、政策的制定还不够系统,客观上制约了长三角区域整体创新效率提高和创新能力提升。长三角区域汇集着全国近 1/3 的研发经费、1/4 的"双一流"建设高校、1/3 的重大科技基础设施、1/4 的国家重点实验室、1/4 的国家工程研究中心,不论是在基础创新研究还是科技创新方面都实力超群,整体创新完全有可能在世界经济格局中大放异彩。目前,在长三角一体化进程中,由上海松江区发起打造的 G60 科创走廊是一条名副其实的"快车道"。短短两年时间,这个沿着 G60 高速延伸的区域合作组织已迅速扩容至长三角三省一市的松江、杭州、嘉兴、金华、苏州、湖州、宣城、芜湖、合肥等 9 座城市,进而成为长三角一体化的桥头堡和先行区。2018 年成立的实体化运作的 G60 科创走廊联席会议办公室,被外界誉为"小长三办"。

再次,社会发展与政府治理上的一体化也是重要内容。目前,长三角政府部门对推进社会与政府治理方式一体化态度积极,民间社会需求和呼吁也在逐步扩大和增强,但社会治理一体化最大的阻力是行政体制，破除这些壁垒与障碍单靠单个部门或政府推进是远远不够的，部门间利益的平衡及旧有职责边界的突破往往是在众多部门、众多领域改革逐渐具有成效后才能有效推进，希望在短期内就能解决也是不现实的。由此可见，促进长三角社会治理领域的一体化发展，不仅需要理念更新，同时需要规划、制度、组织和技术的协同跟进。社会治理领域一体化在经济领域一体化和政府治理一体化的协调推进达到一定程度和水平后才能有效推进，有些方面的改革推进特别是财税方面和教育医疗方面，甚至需要国家层面上有关部门的统筹安排与协调。

从次，还包括生态文明一体化。生态文明建设是基本实现现代化的重要内容，经济发达地区更应重视生态文明建设。"绿水青山就是金山银山"，在长三角地区得到了有效的传承与实践。苏浙沪皖在生态文明建设上也都积累了各自的经验与形成了不同的模式，在生态文明合作和一体化上也形成一定的协调机制和实际举措。早在2005年，浙皖两省便启动有关建立新安江流域生态补偿机制的商谈。2010年11月，全国政协人口资源环境委员会组织的调研组考察浙皖交接断面及下游出库地带的水质情况后，提出从国家层面进行治理。2011年财政部、环保部牵头启动全国首个跨省流域生态补偿机制试点，每年中央安排财政补偿资金3亿元，浙江与安徽各安排1亿元。各方约定：只要安徽出境水质达标，处在下游的浙江每年补偿安徽1亿元，否则反之。新安江跨流域生态补偿机制试点工作已入选全国十大改革案例，写入中央《生态文明体制改革总体方案》。在浙江，借助于杭州大湾区战略，深入实施推进《长三角地区一体化发展三年行动计划（2018—2020年）》，也推进了长三角更高质量一体化发展。在区域内部城市之间的社会基础设施规划和实施，交通、生态环境和民生事业等方面，在大通道、大花园建设上形成有效合作与一体化。

高质量一体化还包括服务标准质量的一体化。其中旅游一体化进展最快，推进最为明显。一体化旅游区则是指依托中心城市或品牌景点，并辐射联系周边旅游发展水平相当的多个地区，为扩大总体市场份额，增强旅游吸引力和竞争力，在地区之间消除实现旅游产业一体化、空间一体化和市场一体化的政策与环境障碍，而形成的松散型区域联合体。区域旅游一体化不仅能保证以区域内部各地区间旅游产品、服务、资金以及人力资源可以自由流动的机制为基础的经济空间，而且各成员城市或地区应保证采取统一的政策与标准，包括税收、贷款与行业标准等，为平等竞争提供必要条件以维持区域旅游经济的稳定发展。一体化的目的是使不同地区均获得潜在收益，使各地区旅游业增长趋于一致，而不是差距的扩大，苏浙沪三地以往在旅游合作方面的尝试和努力，为推进区域旅游标准一体化打下了基础，也提供了经验和教训。面对经济全球化新的竞争形势，长三角旅游产业竞争力的进一步提升，在很大程度上将取决于区内资源的合理配置和区域优势的充分发挥。如果缺乏整体战略意识，不能及时推进区域一体化、形成新的竞争优势、提升区域旅游业的整体竞争力，地区旅游业就很难在更大范围、更广领域和更高层次上参与竞争、拓宽空间。从宏观产业布局和整体发展的角度来看，长三角区域旅游标准一体化的战略合作具有十分深远的意义，对长三角区域旅游业的发展乃至全国大旅游区的合作发展也具有很强的指导和借鉴意义。区域旅游标准一体化的最终目标，是希望通过政策环境、要素结构与标准一体化，通过鼓励区域内旅游业向外扩张延伸，进而建设成为国内首要的旅游要素集聚中心、国际游客进入中国的重要集散区域和具有强大国际竞争力的旅游示范区。同时，除旅游业外，关乎民生生活消费和生产流通领域环节的生产服务业也是重要的一体化内容，因此必须推进相关服务领域的质量标准体系认证和环境质量体系认证以及标准一体化进程，从而不断增强长三角地区服务业市场竞争力，以切实提高长三角高端服务业发展质量与水平。

最后，城市空间一体化也是推进长三角高质量一体化的关键内容。对于长三角来说，形成以上海为龙头的更广领域和更大格局空间的一体化非常重要，全面落实长三角一体化发展国家战略，要深刻认识到推进长三角一体化是全域全方位的，要求各省市首先要着眼于推进省域内一体化，并切实加快改革开放推进省际一体化，尤其是加快建设集高速铁路、城际铁路、市域铁路于一体的现代轨道交通体系，加快公路、机场、港口等建设，大力推进基础设施等硬环境建设。在空间上，着眼更高质量，依托城市和城市群推进创新整合，需要各地狠抓产业集聚区、开发区、高新区和各类园区的优化、整合、提升。对于江苏来说，需要推动苏州高端制造业的转型升级，提升南京高端智能制造产业对周边城市的号召力，特别是对扬州等苏中、苏北城市的号召力。对于浙江来说，需要强化创新优势，大力实施数字经济"一号工程"，打造数字经济产业集群；集聚创新要素，发挥创新创业人才作用，加快之江实验室、西湖大学、清华长三角研究院等建设，加快以杭州为核心的自主创新发展和以杭州、嘉兴、绍兴、宁波为核心的杭州大湾区一体化发展。安徽则需要继续增强合肥的城市集聚功能。围绕上下游产业链，增强合肥在家电和平板显示等信息产业的号召力，增强安庆、池州、铜陵、芜湖等沿江城市的产业集聚能力和联动发展。

3. 推进长三角高质量一体化的战略目标与重点内容

长三角一体化进入高质量发展阶段，更有助于带动我国长江经济带发展，其龙头地位将更加凸显，长三角地区作为我国改革开放的"发动机"，应进一步提升战略目标、明确发展思路。应着眼于未来10年乃至30年，力争成为我国经济发展的核心和具有强大国际竞争力的全球最大都市圈、高新技术产业集聚区和世界级新兴制造业基地之一。2019年5月13日，中共中央政治局会议审议通过《长江三角洲区域一体化发展规划纲要》，明确指出，长三角的战略定位是"一极三区一高地"，就是要把长三角建设成为全国发展的强劲活跃增长极、高质量发展样板区、率先基本实现现代化引领区、区域一体化发展示范区和新时代改革开放新高地。

从推进长三角更高质量一体化的设想与目标看。首先是率先实现基本现代化的引领示范区和高质量发展样板示范区，以及区域一体化发展的示范先行区。长三角作为我国现代化建设的先行区域，对其他地区有很强的引导示范作用，对国家现代化建设也有积极影响，尤其是苏浙沪皖在现代化进程中积累的经验与形成的模式具有很强借鉴意义。而且长三角一体化进程中的结构变动、功能完善及整合也将产生新能量和溢出效应，对其他地区特别是长江经济带产生强有力的带动，对其他地区一体化发展具有示范作用；并积极改变东亚地区经济格局，提升中国在世界中的地位，对我国参与国际竞争具有重大支撑作用。

其次是坚持以创新驱动和现代产业为支撑，打造持续发展、势头强劲的全球最大都市圈和世界级产业基地。《长江三角洲地区区域规划》提出，长三角的发展目标之一是建设具有较强国际竞争力的世界级城市群，成为世界人口最多和规模最大的大都市圈。实现这一目标，需要以国际领先的全球产业基地、高度一体化的完备产业体系为支撑，并积极融入世界经济体系和产业链，成为亚太地区乃至全球极具发展潜力的增长极,进而增强在全球产业链体系中的号召力和竞争力。

再次要加快改革,建成我国新一轮改革新高地和亚太地区最具制度优势的经济区之一。上海自贸区虽然有别于香港自由港的性质,但对外开放的限制较小。自贸区不仅是上海的,更是苏浙的,是长三角的。相对而言,长三角比粤港澳更具有制度优势,没有基本制度、货币和海关税收等各方面的障碍。长三角的目标就是打造一体化的制度环境和覆盖经济、社会、文化、生态等各方面的框架结构体系,探索不需要与其他国家地区签订自由贸易协定的模式,并积极探索司法、货币、流通等制度的改革突破,与世界接轨。

此外要积极打造高效现代化的区域治理体系。长三角区域一体化的最终目标是建立高效的空间管治体系,依靠政府、企业与居民等多层次行为主体,结合机构、政策、体制等,实现高质量、高效率的区域管理一体化。在此基础上,真正实现以空间资源的市场化分配为核心,将资本、土地、劳动力、技术、信息、知识等要素纳入区域性多样化管理模式,明确各级政府间以及政府和公司、个人的关系,相关权力分配规则和行为规范,以确保要素资源在区域层面上高效、高质量地流动。

另外还要加快形成全球领先的大数据系统中心。传统网络平台通过交通圈实现交通一体化,推进区域合作与效率提升。而新型网络平台是指基于互联网平台,依托多领域、多类型的商业模式创新,依托长三角庞大市场体系而建立的全球性数据平台,并广泛连接长三角各地的物流网络、市场网络和要素网络,形成覆盖全要素的平台体系,未来则成为全球性数据系统集聚中心、处理中心和数据库前沿基地。在这方面,长三角不仅具有数据技术层面上的领先优势,在实体经济和需求层面上同样具有强大的产业基础优势。

从推进长三角更高质量一体化的总体思路看。长三角作为超级国际都市区，应进一步强化上海的龙头地位，提升辐射带动力和区域整合力，积极探索改革与开放新路径。一是继续突出上海的"排头兵"地位。在国家层面上，要从经济与政治高度，着眼于未来中国的发展动力，深刻认识上海在国家发展战略中的重要性。上海作为全国的经济中心，要发挥更大的引领作用，国家应进一步提升上海的经济、政治、文化地位；同时，有必要对上海的战略地位及长三角一体化战略进行专门研究，并对现有政策进行必要的调整。近些年来，上海的开放、创新、改革动力有所减弱，但十八大后改革发展步伐明显加快。为此，要提高认识，着力将上海发展为中国乃至全球重要的科技创新中心；另外，还要积极提升上海在长三角经济区与长江经济带中强力带动的重要性，尤其是在产业链上形成高端引领的带动效应。近年来随着周边和中西部地区崛起，上海的辐射带动作用有所减弱，这就要求在提升上海龙头地位的同时必须壮大其实力。

二是以"先行区"为目标加强扶持，围绕"一带两路"整体战略，推进长三角经济区成为全球经济的中心。首先，长三角各城市多年来合作成效显著，进入新的机遇期，一体化面临瓶颈，需要国家层面上的支持与统筹安排；其次，要从战略高度，支持长三角成为最具竞争力的超级国际都市区之一，制定全球战略，力争在制造业、资本市场和出口等方面占到全球 10% 左右的份额，达东京都市区份额的两倍，成为全球最具影响力的中心之一；此外，还要对长三角区域内现有的各类国家战略进行整合，推进城市群功能分工优化，积极推进区域内部中小区域的一体化如杭嘉湖的一体化等。

三是以示范区为路径，多元试点、改革开放，形成长三角在转型与现代化进程中的新动力。不论是"自下而上"的自发式改革，或

"自上而下"的行政式改革，长三角都具有很强的内在源动力。在国家层面上，可尝试小规模、小领域、小范围的试点改革，江苏、浙江与安徽中小城市或城镇积极探索以土地、户籍为内容的新型城镇化改革，并结合分税制财税体制改革、外贸体制改革及生态领域改革，探索新的改革路径与发展模式。在长三角一体化发展上升为国家战略后，浙江与上海在2019年的政府工作报告中要求合力打造长三角一体化发展示范区，这具有重要的实际意义，将打破传统意义上的空间限制，更多地注入共享、协作与创新体制与机制要素，成为新时期推动区域高质量发展，构建现代化产业体系的重要支撑。长三角一体化示范区的方案制定与推进进程，已经成为当前三省一市落地实施一体化发展国家战略的重要考核与检测依据，长三角一体化示范区要突破地理空间的限制，转而向制度空间的共建方向进行升级，关键是要形成共享机制推进创新和高质量发展。

从推进长三角更高质量一体化的重点内容与领域看。在经济全球化、新科技革命和社会信息化的国际大背景下，能否在世界城市系统中占据领先地位，关键是沪苏浙皖等地能否围绕未来关键性的重点领域探索多形式和多路径合作，推进长三角一体化。

首先是着眼于全球吸引力的高端要素集聚一体化。长三角一体化的关键，不仅是在长三角内部实现生产要素以及产品和服务的自由流动，还在于通过培育和构建统一、开放、规范的共同市场，吸引全球高端要素集聚，提升长三角吸引力。在要素集聚和布局上，各地要坚守自身定位和要素选择，上海重点集聚高端与生产性要素资源，不与江苏、浙江、安徽抢占中低端要素资源。同时在长三角内部要真正实现要素资源的结构性自由流动，结构合理的要素分布才能为吸引全球高端要素提供基础和支撑。加快共建区域性的商品物流共同市场、产权交易市场、人力资源共同市场、科技成果及知识产权保护共同市场、基于信息网络平台的信息共享及信用征信共同市场，如整合苏浙沪皖交易所形成长三角产权交易所，实现快捷跨地区重组、异地并购、产权交易。

其次是着眼于国际竞争力的都市圈空间一体化。实践证明，产业发展与城市化互动性强，竞争性更强。长三角正是依托中国经济实力最强、产业规模最大的经济核心区，才成为我国最大的城市群连绵带。但目前，受制于各类制度，城市群内部结构分工、层次网络还不是很理想，各地纷纷规划建设"国际性大城市"以抢占上海等大城市要素资源，上海等大城市也纷纷布局引进规模型传统制造业以抢占中小城市要素资源，造成整个都市圈的无序竞争。因此，未来长三角应构筑一个开放的、整体的空间系统，通过对各个地区规模的控制和功能的塑造实现整体布局和功能的优化，形成更加开放和有序的结构。同时要认识到上海"五大中心"是一体的，其他城市要勇于差异化地接受"五大中心"的部分功能，要依托四大圈层式结构，优化城市群空间结构和职能。

再次是着眼于全球化的互联网信息平台一体化。没有通畅的信息，就不可能有"长三角"高质量的一体化。一体化的信息网络体系，不仅是政府层面、服务层面上的，更应是产业互联层面、数据平台层面上的。信息化应用平台建设是长三角区域一体化的重要内容，有助于降低成本、产业联动、推进开放，有助于提升区域的国际竞争力，促进区域一体化。然而，目前长三角信息化设施和综合服务体系的一体化建设，于区域经济一体化进程应有的地位和作用而言，还有一定的差距，于全球化水平而言也有很长的距离。为此，要着眼于全球化，积极融入全球化，积极推进基于长三角统一信息化应用平台而开发运营的各类信息化应用系统建设，特别是基于各类产业与民生社会领域的物联网平台建设。

此外还要着眼于统一、有序和高效的政策环境一体化。提升长三角一体化水平和竞争力，消除低层次竞争，实现竞争性合作和竞争性共赢，需要制定与协调区域间财税政策、土地政策、产业政策等，为各类市场主体创造一体化的公平竞争环境，尤其是在招商引资、土地批租、外贸出口、人才流动、技术开发、信息共享等方面制定统一的政策，着力营造一种无差异的政策环境。近期尤其要认真梳理上海、江苏、浙江和安徽等地现有的地方性政策和法规，如对已获一地高新企业认定（或其他认证）的经济主体承认通行。未来一体化的关键是争取国家层面的支持与推动，在户籍制度、就业制度、住房制度、教育制度、医疗制度、社会保障制度等方面不断改革，加强协调，建立统一的制度框架和实施细则，实现区域制度框架的融合。

另外还要推进协调合作的制度与法律法规一体化。区域一体化的目标是凭借整体力量参与世界竞争，而不是单打独斗。欧盟通过制定完善的法律法规促进一体化发展，如1951年签署的《巴黎条约》、1957年签署的《欧洲经济共同体条约》、1992年签署的《欧洲联盟条约》，为各阶段一体化的基本法律基础。长三角可在全国统一的法律和政策体系下，在中央政府支持和协调下，协调经济发展战略和地方法规，制定以全国统一的法律和政策体系为基础的、适合长三角一体化需要的统一公约（或条例）。建议由国家牵头，本着"优势互补，良性竞争，互惠互利，共同发展"的原则，组织苏浙沪与安徽共同签订公约。内容包括区域生产布局、区域产业发展准则、开放共同市场、促进人才交流、建立统一基础网络、统一开发利用资源、统一整治和保护环境、建立协调与管理制度等，使之成为促进区域经济一体化的共同行为准则。

4. 推进长三角高质量一体化的战略对策与重要举措

长三角要提升整体竞争力，建设重要增长极和世界级都市圈，不仅需要国家层面统筹安排与积极扶持，更需要区域内各地加强协调对接，切实在空间、产业、创新与数据平台等方面实现一体化布局。各省市要充分发挥长三角优势，紧扣"一体化"和"高质量"两个关键词，做好一体化发展这篇大文章，建设具有国际影响力和带动力的强劲活跃增长极。

坚持加快制度变革引领高质量一体化。一是建立一体化的公共管理机构。从国家层面能更好地打破当前约束，有效促进一体化进程。借鉴欧盟运作模式，可设立具有综合指挥协调功能的"长三角一体化发展委员会"等类似机构。委员会由国务院或国家发改委专人担任负责人，委员由各地主要领导、企业代表和科研人员组成。委员会设立综合规划、宏观经济、产业政策、农村经济、社会发展、环境保护、口岸管理和流动人口管理等部门。委员会的权力高于苏浙沪等地方机构的权力，在政策制定时遵循少数服从多数原则，对重大改革方案以及分歧较大的方案，委员会没有办法协商解决的可提交国务院。这样才能有效防止各行政区只顾眼前利益、忽略区域总体利益的短期行为，加快长三角一体化的发展步伐。二是牵头制定专项一体化规划。长三角一体化发展委员会，不仅制定长三角地区发展的专项规划，还要监督协调各地区的专项规划，并将区域公共问题和一体化问题交由相关机构处理，进行跨地区、跨部门、跨领域、跨时段合作，使"推进长三角一体化"的政策得到更好的执行和落实。要通过制定一体化发展规划，包括旨在消除要素和产品流动障碍的市场一体化规划、能够发挥各自比较优势形成合理分工的产业一体化规划、以交通衔接配套和物流网络的完善为重点的基础设施一体化规划、强化信息资源互通共享的信息一体化规划、消除城乡二元结构形态完善城市功能的城市布局一体化规划，以及旨在规范各地政府行为的制度一体化规划等。三是探索一体化政策与改革。在关键性领域和环节，切实推进一体化，包括推进长三角社保、医疗的统一自由流动，过路费的减免，推进长三角通信一体化，通过增量调整推进"长三角统一高考招生"等。这些大都涉及政策层面，需要顶层设计，如资费的统一问题，这些问题单靠上海、江苏、浙江等地的主管部门不能协调解决，需要更高一级的政府部门统筹考虑，为长三角一体化提供更多的政策支持，以推动机制体制创新，进一步优化合作环境。四是积极推进一体化服务与管理。突破行政区域一体化，要突破行政区划思维，以"长三角GDP"替代各地市考核标准，使各地把工作重心从区域间的要素资源竞争向服务、管理竞争转变，重点推进长三角公共服务与管理的一体化。如争取在中央的支持下，通过财政、税费、社保医疗、教育、职称、股权等手段，以"引""疏"结合来调控城市群人口结构，同时利用市场机制调整水、土地、交通等公共产品和服务价格，以一体化服务与管理来着力推进长三角一体化进程。

坚持加快产业与空间互动推进一体化。长三角地区产业格局整体上较为合理，地区之间产业分布与关联也是处于较为理想的结构层次，近年来的紧密联系合作进一步增强，企业之间的创新合作与一体化也是有序推进。为进一步建成高质量长三角创新共同体，必须进一步培育长三角科创圈，特别是依托上海建设全球创新高地，以进一步推进产业发展一体化。尤其是紧紧围绕信息技术、大数据、人工智能和生物技术、新能源等未来产业和重点领域，依托龙头企业、中介组织、研发机构、开发区等，构建一批产业一体化组织和企业联合体，打造一批结构合理、层次分明的世界级产业集群体系。

首先要聚焦"短板",推进中间区一体化。长三角一体化是以众多小区域的一体化为基础,不断推进而形成的大区域一体化。上海作为长三角地区的龙头,其目标是要建成世界级城市,其城市功能和地位不是其他城市所能替代的。而作为上海"左右臂"的嘉兴,和苏州地理位置较近,嘉兴又是浙江省打造杭州湾产业带、接轨上海的桥头堡,苏州经济总量全国第三、长三角第二,但嘉兴的经济总量只有苏州的30%,其人均GDP只有苏州的一半,发展速度也慢于苏州,很不协调,这与长三角国际化都市圈和一体化发展的要求也很不适应。还有宁杭经济带上的湖州,宁徐经济带上的宿迁、淮安等也是如此,因此,这些地区"补短板"和重点布局非常关键,这是推进长三角一体化的必然要求。

其次要聚焦"优势",形成合力。上海、江苏、浙江和安徽四地的优势支柱产业总体上可以互补,上海的科技创新与总部研发业、江苏的战略制造业、浙江的文创与互联网产业、安徽的家电制造业都各具优势。为此,上海应建立"哑铃型"结构(控制两头、甩掉中间),即使发展制造业,也要选择高端制造业。上海要有"舍",就是把中低端制造业分散到周边地市,江苏与浙江等地要有"舍",就是要舍得放手,让本地龙头企业把总部、研发等功能迁移到上海,而把制造功能留在当地即可。同时,围绕"五大中心"建设进行差异化定位和发展,如有别于上海的国际金融和全球金融中心的定位,浙江的定位是科技金融和财富金融中心。只有这样,才能把长三角建设成为世界级的总部研发中心、世界级制造基地、世界级金融与物流中心和超大型都市圈。

再次要聚焦"双转"推进一体化互动。上海、江苏、浙江都处于工业化中后期，转型和转移是关键，空间上表现出一定的差异性、互补性和梯度性。上海、江苏、浙江、安徽三个层次的不同步性，为产业在区域范围内扩散、集聚与整合提供了现实基础和根本动力。上海作为研发中心、技术创新中心、营销及管理中心，占据产业链高端；苏浙优势在于拥有先进的制造技术和手段，完备的制造业基础，建设现代化制造基地和研发转化基地，处于产业链中端；安徽具有明显的低价商务成本优势、廉价劳动力优势和基础制造业优势，主要生产资源型初级加工的低附加值产品，处于产业链和价值链低端。因此，"转型提升"和"转移"，要站在长三角未来发展乃至全国和全球经济的高度去研究，确定产业思路。要坚持"有所为"和"有所不为"、"少为"和"多为"，突破行政束缚，加以协调整合，形成涵盖从研发、中试、规模生产，一直到营销、管理的完整产业链和强大产业链，提升一体化利益。

坚持加快协同创新推进更高质量的一体化。首先要实施"全球创新中心"战略计划。实现一体化创新和建设"创新长三角"，不仅需要各地开展多层次科技交流与合作，突破原有科技管理体制，实现柔性人才在长三角区域内的自由流动，还要通过扩大创新式开放、吸纳全球高端要素资源，着力推进四大创新（尤其是基于互联网应用的各类创新），掌握发展主动权。在空间上，共建一体化创新平台，上海应着力于前沿尖端科技的研发，江苏与浙江可在科技实验、科技成果孵化、产业化上积极探索，浙江还可在科技金融、金融创新上积极布局。而且，还要通过深化改革开放、培育第三方成果交流平台，开展成果交流活动。对安徽来说，鼓励与上海、江苏、浙江建立科技园区，引入张江高科技园区、苏州高新区参与共建或转型，利益协同分配。

其次要大力培育具有国际竞争力的跨国龙头企业。一体化竞争力，要求长三角形成一批在行业领域内走在前沿的精英企业，足以与跨国公司相抗衡。但目前看，长三角还缺少足够与国际上跨国公司相匹敌的跨国龙头企业，在新兴经济领域更是屈指可数，如与苹果、腾讯相当的只有阿里巴巴，与海尔、格力等同行业的南京熊猫、春兰和浙江华日，实力和规模相差甚远，奥克斯与老板电器、方太还有很长的成长道路，与华为、中兴规模相当的通信企业普遍实力不强。海康威视与大华股份虽然在全球前列，但由于政策风险尤其是中美贸易较量影响，增长乏力。在5G与物联网行业，虽然企业众多，但竞争优势不明显。为此，不仅要鼓励跨地区并购形成国际性行业龙头，更要积极突破传统的发展模式，着眼于培育具有关键性技术、垄断技术的创新企业壮大发展，应积极支持行业并购和产业链拓展，并把重点放在培育消费型、网络型、文化型和健康型创新企业上。

再次要创新资源共享共建，推动形成完善的一体化创新链。创新资源共享在长三角地区得到一定的实践，尤其是依托企业上下游产业链形成的创新合作，其自发性更强。目前，长三角大型科学仪器协作共用网已经初步织成。2016年以来，创新券通用通兑也已经在上海，浙江湖州，江苏苏州、无锡、宿迁等地先行先试，取得不错的探索效果。然而，由于一体化区域内创新资源共享供给能力的不平衡，共享始终面临呼声高、落实难的问题。此外，创新券的推广应用着实帮助中小企业创新发展，依托规模化专业测试机构的共享服务，为它们解决了不少科技支撑难题。然而，由于零散共享服务缺乏规模效益，服务者或机构缺乏意愿，更大量的分散创新资源未发挥应有作用，亟须对共享的供给侧提供更有效的政策激励。

坚持加快推进"数字长三角"，建设全球性的大数据系统中心。首先要构建一体化的大应用平台。建设一体化长三角信息应用平台，需要从企业、政府和居民角度出发，围绕经济、社会、民生、生态等各个领域，重点推进交通地理信息服务系统、国际国内物流信息服务系统、空间信息系统、金融合作与服务系统、经济合作与创新系统、农业农村一体化系统、教育培训服务系统、人才培养流动系统、旅游信息系统等建设。推进长三角区域内各市建设数字化城市和数字化区域，还要建立完善企业信用信息共享机制、联合执法信息机制、维权信息联动机制和检测结果信息互认机制等，实现区域公共信息管理一体化。近期浙江应着眼于上海、江苏等地企业和居民的多层次需求，积极推进各类休闲、健康和养老等消费服务领域的应用平台建设。

其次要建立国际领先的大数据系统。不仅要求长三角各地市突破地区、部门、行业界限和体制性障碍，加大信息基础设施建设力度，更要从国家层面，借助相关部委力量，在上海规划建设全国"大数据中心"，统筹规划信息基础网络，统一信息交换标准和规范，共建、共享公共信息数据库。"大数据中心"不仅要有服务于长三角和全国的融合集中、处理和应用等功能，还要努力实现各类公共信息平台系统的协调流通，实现信息共享与交换、实现一体化服务与管理。要借助上海经济、金融、贸易、航运、创新和数据中心地位，浙江要着力在民营经济、科技金融、网上贸易、休闲度假、健康养老、云数据和大数据医疗等特色数据系统平台上完善布局，江苏着力在信息产业、大产业平台、高端制造以及智能制造上加强转型升级，安徽则应以信息技术为支撑，在产业园区、信息产业和家电等制造业上加强提升。

坚持加快推进金融与科技高度融合，推进长三角高质量一体化。国际经验与发展实践表明，创新是推动经济质量与效益提升的重要动力，其中金融支持则是推动创新与转型的重要保证，是实现经济高质量增长的重要支撑。国际上先行国家和地区以金融助推创新，成功地完成发展方式转变，实现了以技术提升为根本的转型发展和高质量发展。在金融政策支持下，美国、联邦德国分别于 20 世纪 50 年代、60 年代，英国、法国和日本于 70 年代相继实现发展方式的转变，并保持多年的快速增长。新加坡与中国香港于 80 年代、韩国和中国台湾于 90 年代，在 5%～6%的增长速度下，着力转型与创新，也相继实现发展方式的转变。因此，要以金融扶持为引导，应对新产业革命，加快战略性新兴产业的培育，推进长三角高质量一体化。近年来，苏浙沪皖都大力推进产业结构调整、优化、升级，逐步形成以高新技术产业为先导、先进制造业为主体、基础产业为支撑、服务业全面发展的产业格局。在迈向高质量发展的重要战略期，要从以低成本为主导的传统产业体系，转向以高附加值为主导的现代新产业体系，金融扶持和引导是至关重要的。目前，在长三角区域，互联网金融发展迅猛，着眼于互联网技术与平台的金融创新也层出不穷，互联网金融对传统的行业与领域包括社会民生与政府治理领域产生了影响，未来将在技术创新上迈向一体化的智慧金融发展。

坚持加快推进休闲、旅游、度假服务一体化，推进长三角高质量一体化。建设长三角一体化旅游区的目标，是建立没有政策障碍和主客观限制的自由旅游区，区域内特色差异和发展水平不同的地区，应根据自身的发展水平和基础环境，选择合理定位、合理分工和特色化发展的一体化空间领域，并发展具有相对竞争优势的产业体系。首先，完善的一体化旅游区建设，离不开政府、企业与中介机构的广泛参与，要继续巩固发挥政府的积极作用，同时还要广泛地吸纳旅游及相关行业的中介机构和组织，来参与一体化政策环境的讨论和相关法规的制定、实施和监督，尤其是旅游行业标准的统一制定、推广与实施。另外，还要充分调动旅游企业的积极性和发挥其主观能动性，并创造有利的条件和扩张环境为企业一体化提供可靠的利益保障。其次，一体化旅游区的产业发展应实现向其他领域的积极扩张。当前长三角区域旅游合作已经涉及了产品开发与市场拓展等方面，正向政策环境和标准的一体化进程、产业延伸与产业链开发方向拓展。长三角旅游的产业一体化不仅仅是既有旅游产业的扩张，而且是通过需求导向建立起全新的产业，尤其是不断加强更多产业领域的旅游功能开发和改造。而且，促使旅游产业在更多领域的层次性开发和产业链的扩张，不仅可以增强产业链的延伸性、兼容性和互补性，形成"泛旅游"的开发经营模式，而且还能促进旅游产业结构优化和向高级化发展。此外，建立一体化旅游区，需要积极搭建一体化的区域旅游合作平台，举办长三角区域旅游发展论坛、区域旅游合作问题协商会等，改善区域旅游合作的市场环境，如举办区域旅游交易年会、市场共同促销宣传，并积极畅通区域旅游合作的信息网络，如建立区域旅游互联网站使信息资源共享及网络互通。同时，还要加快区域间人才资源共享，建立区域旅游培训机制、人才交流机制，以及建立区域旅游合作的运作机制，如区域旅游一体化格局、项目联合推荐、资金筹措交流会、品牌共同拓展、政策法规协调对接等机制。

坚持加快统一完善政策引导与激励机制，推进长三角高质量一体化发展。首先是完善高质量发展的激励机制。在开放环境下，长三角地区要实现高质量发展并在国际竞争中处于有利地位，关键是资本和人才，其根本是以激励为核心的制度保障，尤其是形成资本配置的激励引导机制。其次，建立高质量发展的评价机制。高质量的评价机制包括投入产出评价机制、专利与品牌以及知识产权评价机制。投入产出评价机制不仅要考虑高端要素资源的投入、创新研发与人才等，更要考虑亩产收入与纳税、利润、专利与品牌的推出。根据评价结果，对企业、行业和地方政府实施用地、用电等资源要素差别化政策，给予房产税、土地使用税等多项政策优惠，建立年度用地、用能、排放等资源要素分配与市、县（市、区）"亩产效益"绩效挂钩的激励约束机制。另外，建立助推高质量发展的法治与治理机制。以体制保障与法律约束，推进高质量发展。建立法制约束机制，就是要进行质量立法研究，还要建立环境监督机制。以水污染等突出环境问题为突破口，推进企业转型与质量提升。

二　长三角高质量一体化助推杭州大湾区发展

当前，国际一体化虽然面临一些困难，但国内一体化进程正日益加快。长三角一体化的趋势不可逆转，在此背景下，浙江高质量发展正面临众多机遇与挑战。浙江有条件也有能力主动融入长三角以进一步发挥优势、提升竞争力，要更进一步地聚焦补短板、聚焦优势，谋划浙江省主动融入长三角一体化进程的战略思路与若干举措。

实践证明，以开放促发展、以开放促改革的思路，不仅为浙江经济发展注入巨大生机活力，而且有力促进了浙江市场经济体制的完善，浙江在率先推进地方治理改革和行政领域改革方面，积累了丰富的经验。这些领域及层次的改革举措又进一步促进了浙江开放进程，对开放政策的优化完善又反过来正向推动改革进程。在新的历史时期，需要总结经验，坚持以开放促改革，进一步建立更加完善、更加开放的社会主义市场经济体制。坚持不懈扩大开放，有助于构建对外开放新格局、拓展发展空间、提升国际化水平。

在总体思路上，要始终坚持"有为政府+有效市场"。落实长三角一体化发展战略，离不开各级政府部门的支持与协作，更离不开市场机制的作用。市场机制是长三角一体化发展的根本动力机制。长三角

区域一体化最重要的是经济一体化，而经济一体化发展的根本动力在
于市场激发出微观主体的积极性，例如鼓励区域内的龙头企业利用资
本进行兼并重组，整合区域内的产业链上下游企业，实现企业一体化
的发展，从而形成区域经济一体化的市场动力。当然，区域一体化不
仅是经济一体化，还包括社会一体化、生态环境建设一体化以及公共
产品供给的一体化，而这些领域的一体化需要发挥政府的作用。以制
度为引导，发挥市场在资源配置中的决定性作用，这是推进长三角一
体化建设的关键。同时，要始终坚持"科技创新+制度创新"。长三角
一体化发展离不开科技创新与制度创新的双轮驱动。科技创新是长三
角一体化的重要动力，因此长三角地区应努力将自身建设为汇集先进
创新要素的世界级科创中心，优化以先进制造业为核心的产业链、价
值链与创新链的空间布局，形成以科技创新为驱动的内在动力机制。
科技创新离不开制度创新，制度创新为科技创新奠定基础、提供稳定
和可预期的外部环境。这就要求在长三角地区率先建立和完善市场经
济制度体系，在市场竞争制度、知识产权保护、市场秩序维护、依法
行政等方面推进市场法治建设，构建有利于科技创新的制度环境。还
要坚持"共建共享+平等协商"。落实区域一体化战略的难点在于协调
与平衡各方利益，形成一体化发展的共识与合力。区域一体化着眼于
提升区域发展的整体利益与长远利益，但可能会在利益分配或成本分
担上造成各方苦乐不均。依照共建共享的新发展理念以及平等协商的
精神，各方均应为区域一体化发展承担起责任与义务，分担一体化的
共建成本，分享一体化带来的发展利益，建立起公平的成本分担机制
以及利益共享机制。推进区域一体化，可以采取非均衡发展策略，先
进行局部利益关系的调整，先易后难，逐步推进，最终实现整体利益
与长远利益的最大化。

在战略布局上，要坚持加强战略平台制度统领，谋划通道建设、促进转型、引领全球化。当前，浙江块状经济普遍面临着提升质量与效益、加快产业与发展方式转型的压力，急需战略层面上的整合与引领。为此，在制度层面设立四大战略平台管理机构来整合全省要素资源与促进结构优化显得尤为必要。只有全省一盘棋，坚持国家战略导向，才能进一步提高浙江在全球的影响力和战略地位，才能持续推进海洋经济发展示范区建设、舟山群岛新区建设、义乌国际贸易综合改革试点、温州金融综合改革试验区建设等"四大国家战略举措"实施，努力打造具有全球影响力的国际性战略平台。要紧紧围绕"海洋+"主题，围绕"江海联运"，对接"一带一路"、长江经济带等国家战略，发挥浙江省区位优势和深水港优势，布局以港航物流服务为重点的海洋服务业，海洋工程装备及高端船舶等战略性新兴产业，以及长江经济带建设所带来的外溢发展通道。要在培养开放型人才、树立开放型意识、完善开放型政策、构建开放型环境、建立开放型体制等方面加强合力，构建大开放格局，完善对外开放体制机制，形成更具活力、富有效率、更加开放的体制机制环境。通过开放带动、内外互动，促进存量改造和增量提升，承接服务业转移、加快服务贸易发展，推动经济转型发展。

在战略通道上，要紧紧围绕关税与流通改革发展跨境经济，提升浙江开放新优势。构建更加开放的新体制机制，首先要拓展空间、提升竞争力，构筑对内对外开放新格局。以建立内外联动、互利共赢、安全高效的开放型经济体系为重点，充分利用国内国际两个市场、两种资源，统筹国内国际两个发展大局，着力扩大开放领域，优化开放结构，提高开放质量，构筑全方位、宽领域、多层次的开放新格局。要积极适应全球经济演变态势，推动开放朝着优化结构、拓展深度、提高效益方向演进，在增加开放红利和推进新发展通道上"走在前列"。要坚持推进"优进优出"，构建高水平的开放型体系。构建开放型经济新体制，要从被动适应全球化竞争转向主动实施全球化战略，要立足于全球化视野，依托更多浙江优势企业"走出去"和新的"回归"创业创新，积极推进经贸、产业和科技的国内国际合作，统筹全球要素资源、抢占全球优势空间，形成由"高进低出"向"高出高进"转变的开放经济模式。同时也要积极推动企业"走出去"，实现浙江省大型本土跨国公司的培育和装备制造业水平的提升，以全方位、更高水平的对外开放倒逼浙江省转型升级。开放型经济要强化资本手段，着力于并购重组，加快企业国际化进程，有效提升浙江企业国际竞争力。

在具体对策上，要强化统筹。加强区域间的分工和协作是非常重要的方面，要强化运作区域统筹协调部门（长三角区域合作办公室），进一步提升规格和权威性，强化横向和纵向上通下达的功能，使其能够更好地履行职能，协调区域内各个方面的发展。要坚持数据共享。浙江大数据应用技术覆盖面广，领先优势明显，在长三角地区要全面推进数据资源的共享，构建立足长三角的大数据中心，充分利用大数据来进行城市管理，有效带动浙江省两个高水平建设。通过数据互通共享，能够全面地掌握长三角区域内各项要素的变化和流动情况，以作为科学决策的依据。要坚持人才互通。消除人才合理流动的壁垒，建立人才有序流动的机制，消除区域内各地人才落户门槛的差异，并进一步创新用人机制和模式，使区域内人才能够实现资源共享，得到一条龙延续性的服务，从而推进更多高端人才要素在浙江省集聚，提升浙江省竞争力。要坚持品牌塑造，培育和打造浙江省制造业与服务高端品牌，追溯共同源头协同推进，制定技术与创新为基础、品牌与文化为内涵的产业战略。做大和做强会展产业链，形成一点多面的发展格局，对于一些大型的会展项目，可以采用一地联动多城共同协办的模式，进一步扩大相关展会的影响力。要坚持金融助力。培育和发展区域投资银行（基金），比如长三角商业银行、产业投资基金等，吸纳社会各方力量加入，特别是加大对科创领域的投入，结合上海证券交易所科创板的设立，重点培育有上市潜力的创新企业，实现资本的良性流动，从而有效地提升区域创新能力。要坚持创新模式。在区域发展的模式上要进一步创新突破，打破固有的行政区划概念，建设独立的新区和示范区。建议构建除上海外的杭州、南京双核心或包括宁波在内的三核心的发展格局，这样可以充分整合各方资源，形成合力，突破发展。

在战略空间上，重点依托长三角一体化建设，把湾区建设成为一体化发展的重要平台和重要新兴增长极。要着眼于长三角一体化大背景，明确大湾区内浙江杭、嘉、湖、绍及宁波、舟山六大城市之间定位与优化战略规划布局，着眼于和谐统一的产业分工和融合发展，总结当前产业分工合作的经验教训，着眼于杭州大湾区产业整体效率以及国际竞争力的提升，深化改革、扩大开放、优化体制机制、增强新动力以推进高质量发展，前瞻性规划布局新产业新经济，探索推进新发展模式与新发展路径、体制机制和政策建议，构建国际一流的、科技与金融全球领先的智慧大湾区。

三　世界主要湾区的发展及经验

湾区经济是金融服务与科技创新深度融合发展的经济形态。过去几十年，美国、日本等国的湾区经济为其科技发展提供了强大创新动力和完善的生态支撑。杭州大湾区是长三角一体化高度发展的产物。

随着杭州经济影响力的逐步增强，尤其是以信息经济为代表的新兴产业在国内异军突起，杭州对周边城市的影响和辐射带动不断增强，杭州都市圈规模与经济增长动力对长三角南部地区的经济发展趋势和空间格局产生重要的影响，以杭州湾为依托的杭嘉湖绍甬舟乃至上海为整体的杭州大湾区正日益成为各界关注的焦点。从国内看，杭州大湾区与粤港澳大湾区一起在国内经济中的引领地位日益明显，在国家现代化进程中的先行示范作用更为显著。在国际上，两大湾区的地位与作用也将不断提升，成为国际经济舞台的核心区域。

1. 全球主要湾区的形成与发展

高度发达的湾区是国内外发展经验表明和世界公认的重要经济增长极，也是衡量一个国家迈入发达国家行列和在国际舞台上占据前列的重要标志。世界主要湾区及其主导产业见表1-1。国内外一流湾区如纽约湾区、旧金山湾区、东京湾区和粤港澳大湾区已经成为带动全球经济发展的重要增长极和引领技术变革的领头羊。全世界33个千万级的大都市，有21个在湾区，全球经济总量的60%集中在湾区。纽约湾区、旧金山湾区、东京湾区成为世界级的三大湾区，成为各自国家或地区经济增长的领头羊，对世界经济和产业链具有强大的号召力和影响力。如纽约湾区聚集大批金融机构，成为世界金融的心脏，其知名企业和发展模式为同行追从，旧金山湾区聚集谷歌、苹果等互联网巨头，其强大的科技创新能力使其在行业中占据主导地位。东京湾区也占据日本经济的重要位置。2017年7月1日，《深化粤港澳合作 推进大湾区建设框架协议》在香港签署，发展湾区经济正式上升为国家战略，粤港澳大湾区是继"一带一路"之后中国未来发展的新经济引擎。

表1-1 世界主要湾区及其主导产业

单位：公里

	东京湾区	纽约湾区	旧金山湾区	粤港澳大湾区
主要集聚城市	东京、横滨、筑波	波士顿、纽约、费城、华盛顿等	旧金山、圣何塞、奥克兰	广州、深圳、东莞、佛山
创新走廊距离	110	90	614	180
主导产业	航运商贸、石化、电器机械、科技	信息技术、航天、国防、生物科技	信息技术、电子通信、宇航、生物、金融	信息技术、生物医药、智能装备、新能源汽车

总体来看，湾区经济的发展与全球经济趋势和产业演进保持同步，大体上都经历了从"临港经济"、"工业经济"、"服务经济"到"创新经济"的四阶段，具体表现为：从自由贸易引发航运、物流的兴旺，到全球制造业转移带动了临港工业尤其是制造业的崛起；到全球资源配置带动产业升级，催生出了一批新兴的服务业形态，临港工业开始出现大规模产业转移，工业在湾区城市经济中的比重逐渐下降；到新一代信息技术革命引发了创新经济的繁荣，湾区逐渐以信息产业为主导，经济活动范围拓展到更广区域。在这一过程中，湾区劳动生产率上升、土地集约度提高，湾区的比较优势产业逐渐从劳动密集型产业向技术、资本密集型产业转变。总体上看，五大湾区分处于不同的发展阶段，粤港澳大湾区和杭州大湾区大致处于由工业经济向服务经济与创新经济转型的关键阶段，创新引领区域经济作用与经济效率有待进一步提升。

东京湾区。东京湾区是世界上首个人工规划的湾区，代表企业有索尼、丰田、三菱等。依托东京湾发展起来的东京湾区，包括东京都、埼玉县、千叶县、神奈川县等"一都三县"，面积13562平方公里，占日本总面积的3.5%。GDP约占全国的1/3，常住人口为3800万人。2016年湾区GDP就达到了1.3万亿美元。其拥有横滨港、东京港、千叶港、川崎港、横须贺港和木更津港等六大港口，是日本最大的工业城市群和国际金融中心、交通中心、商贸中心和消费中心。信息电子制造领域知名的佳能、三菱电机、三菱重工、索尼、东芝、富士通等大企业及其研究所就在该湾区。日本政府实施的国势调查中，城市人口密度的指标为 DID（Densely Inhabited District）人口，即每平方公里4000人以上连片的人口密集地区。日本的 DID 人口比率可以理解为中国所说的城市化率，只是其定义更严密一些。目前 DID 人口比率，东京都已高达98.2%，东京大都市圈也达89%（日本全国为67.3%）。在人口密度上，东京大都市圈 DID 分布比较好，城市化水平也更高，3800万人口贴近海湾连成一片，相当集中，效率相对也就高。人口大聚集带来的好处是促生了在人口密度较低、缺乏人口的地方发展不出来的服务业和知识经济，即聚集经济。[①]

我们可以看出，东京湾区范围内的"一都三县"，城市化率非常高，几个城市间已经没有明确的结合部。也就是说，一个成熟的湾区，城市之间无论是在交通规划、产业分布，还是在人口流动、政策协调等各种方面，都需要高度融合、互相分工、协同发展，一个湾区内部城市之间的相向发展、一体化发展几乎是必然的。这个过程伴随着工业化、城市化。数据显示，1950年东京大都市圈人口为1128万，2015年已达3800万。在这个过程中，东京湾区逐渐规划建成了两大工业地带，以银座为中心，向西（川崎市和神奈川县方向）发展出京浜工业地带，向东（千叶县方向）发展出了京叶工业地带。这两大工业带集中了包括钢铁、有色冶金、炼油、石化、机械、电子、汽车、造船、现代物流等产业，成为全球最大的工业产业地带；还包括了金融、研

---

① 张昱、眭文娟、谌俊坤：《世界典型湾区的经济表征与发展模式研究》，《国际经贸探索》2018年第10期，第45~57页。

发、文化和大型娱乐设施、大型商业设施等，成为世界有名的金融中心、研发中心、娱乐中心和消费中心。这两个工业地带可以说是世界上最大、最先进、出口实力最强的新型工业地带。工业地带与东京的金融、总部、研发等功能紧密互动，使得日本在战后很快地成了世界重要的制造业大国、出口工业大国。这就是日本经济的核心区块，也是东京湾区能够成为世界综合性湾区的一大成功经验。

纽约湾区。纽约湾区是国际湾区之首，华尔街所在地，典型的金融高度集聚型湾区，代表企业有 IBM、花旗、AIG 等。作为金融湾区的纽约湾区位于大西洋西岸，由纽约州、新泽西州、康涅狄格州等 31 个州联合组成。2016 年其 GDP 已达到 1.4 万亿美元，全美最大的 500 家公司，1/3 以上的总部设在该湾区。而纽约市曼哈顿区更是被形容为整个美国的经济和文化中心，纽约湾区是以纽约为中心的美国东北部大西洋沿岸城市群，它北起波士顿，南至华盛顿，以波士顿、纽约、费城、巴尔的摩、华盛顿等一系列大城市为中心地带，又被称作"波士华"城市群。其间分布的萨默尔维尔、伍斯特、普罗维登斯、新贝德福德、哈特福特、纽黑文、帕特森、特伦顿、威明尔顿等城市，将上述特大中心城市连成一体，在沿海岸 600 多公里长、100 多公里宽的地带上形成一个由 5 大都市和 40 多个中小城市组成的超大型城市群，区域总面积约 13.8 万平方公里，占美国面积的 1.5%，人口约 4500 万，占美国总人口的 20%，城市化率达 90%，是美国人口密度最大的地区。这一城市群是美国经济核心地带，是美国最大的商业贸易中心和国际金融中心，也是世界最大的国际金融中心，是美国最大的生产基地。它是美国经济核心地带，制造业产值占全国制造业总产值的 30%。该区域的各主要城市都有自己特殊的功能，都有占优势的产业，城市之间形成紧密的分工协作。

旧金山湾区。旧金山湾区是高科技研发基地硅谷的所在地，代表企业有苹果、谷歌、微软等。作为科技湾区的旧金山湾区是美国西海岸加利福尼亚州北部的一个大都会区，陆地面积18040平方公里，人口超过760万。该湾区驻有全美第二多的世界500强企业总部，是世界上最重要的高科技研发中心之一，世界著名高科技研发基地硅谷就位于湾区南部，是谷歌、苹果、Facebook等多家互联网巨头公司总部的所在地。如果说东京湾区是制造业湾区、纽约湾区是金融业湾区的话，那么旧金山湾区就是科技湾区。旧金山湾区位于沙加缅度河下游出海口的旧金山湾，包括多个大小城市，最主要的城市包括旧金山半岛上的旧金山（San Francisco）、东部的奥克兰（Oakland），以及南部的圣荷西（San Jose）等。旧金山湾区总人口数在760万以上，也是美国人均收入最高的地区之一。由此我们可以看到，世界上最成功的大湾区，都是各个城市之间分工合作，也是一体化、同城化效应最高的地区。

粤港澳大湾区。2017年粤港澳大湾区建设上升为国家战略。粤港澳大湾区由香港、澳门两个特别行政区和广东省的广州、深圳、佛山、东莞、珠海、惠州、江门、中山、肇庆等9个城市组成。粤港澳大湾区是中国科技和金融中心，"一带一路"重要枢纽，代表企业有华为、腾讯、中兴、比亚迪等。粤港澳大湾区的建设目标是打造一流湾区和世界级城市群。湾区的最主要任务是市场一体化、基础设施互联互通、协同发展现代产业体系、打造国际科技创新中心、打造优质生活圈。粤港澳大湾区总面积5.62万平方公里，占中国大陆国土面积的0.59%（不包括港澳台），常住人口约6800万，占全国总人口（不含港澳台）的4.85%；属于粤港澳大湾区的广东的9个城市中，深圳、广州、佛山和东莞的GDP突破万亿。粤港澳大湾区2019年的GDP约为11.6万亿元，占全国 GDP（99.94 万亿元）的 11.61%。

粤港澳大湾区与世界一流湾区相比，在产业发展、国际化程度、城市管理水平、居住质量、湾区内城市的联动、湾区统一协调和规划能力方面都存在不足，还存在不小差距。粤港澳大湾区要建设成国际一流湾区，并不是要照抄国际一流湾区的发展模式。利用现代信息技术，以更加智能、快捷、方便的方式，整合湾区内城市资源，协同发展建设成"智慧湾区"将是粤港澳大湾区建设的重要内容，并且其重要程度一点也不亚于湾区的基础交通建设。建成"智慧湾区"不仅是实现要素流、信息流的互通互享，也是突破行政区划束缚，实现湾区真正一体化最重要的路径。粤港澳大湾区土地面积占全国的 0.59%，常住人口占全国总人口的 4.85%，2017 年生产总值达到 1.4 万亿美元，经济总量、进出口总量、对外投资额、本土投资额分别占全国的12.2%、25%、25%、22%。粤港澳大湾区在全国经济上占有举足轻重的地位。与纽约、旧金山和东京等国际大湾区相比，粤港澳大湾区的人口最多、面积最大，其港口、机场也最繁忙。尽管目前其 GDP 在四个国际大湾区中排名第三，但估计于 2025 年可攀升至 2.5 万亿美元，有望成为湾区经济的领头羊。①

从国内湾区看，粤港澳大湾区优势领先，主要辐射华南、华中地区，杭州大湾区主要辐射影响华东、华中地区，而其他较有影响力的湾区包括环渤海湾，主要辐射带动华北、东北地区。而台州湾湾区、北部湾湾区等都只是中小尺度上的区域性湾区。

2. 世界主要湾区的发展经验与启示

国际一流湾区纽约湾区、旧金山湾区、东京湾区，已经成为带动

① 田栋、王福强：《借鉴国际一流湾区经验 谋划粤港澳大湾区建设》，载《中国智库经济观察（2017）》，社会科学文献出版社，2018，第 309~315 页。

全球经济发展的重要增长极和引领技术变革的领头羊。从过去几十年历史来看，纽约湾区、旧金山湾区与东京湾区等世界级大湾区最初大都是依赖发达的港口贸易发展起来逐渐延伸至港口仓储、物流与加工等产业，进一步带动国内的产业集聚和升级，最后才形成较为完整的湾区经济格局。

以轨道交通网络建设提高要素流动效率。东京都与周边城市主要依靠轨道交通网络的不断延伸来实现地区经济一体化目标。在日本城镇化高速发展期，日本政府通过交通规划与城市规划一体化，在不断扩张轨道交通体系的同时，在东京都周边30公里和50公里~80公里内规划建设新城。新城建设和交通网络的发展促进了东京都人口向周边城市分散，同时也以东京都为核心形成更为合理高效的人流、物流、信息流通道。

优化区域城市间分工与产业布局。东京湾区以合理城市定位促进资源高效配置。20世纪70年代至今的40多年里，东京湾区以东京都产业升级为契机，不断发展周边城市。产业逐步外迁，城市定位越发明确，资源得到合理配置。如东京都定位为知识密集和高附加值产业中心，着重发展创新经济和服务经济；横滨市承担湾区贸易中心功能，横滨港成为湾区最重要的对外贸易港；千叶县重点发展空港经济、国际物流和临空产业；埼玉承接行政、居住、商务职能；茨城则重点发展信息产业，集聚大学和科研机构。

以立体式空间开发提高土地利用效率。东京都市圈在交通规划方面重视通过城市干线、轨道交通、高速公路等提升城市之间要素流动的效率。同时，为避免城市人口集聚对交通产生的巨大压力，在新城建设时，重点发展以公共交通为导向的出行模式，并注重将交通网络建设与城市土地空间开发相协调，在轨道交通站点周边开发立体式、多面向的以工业、商业、居住、文化为一体的综合型步行化城区。交通与居住、工作空间紧密连接，大大增加了居民公共交通出行频次，降低了人口大规模集聚的副作用。东京都市圈还以港口空间开发与再利用推进港城和谐。湾区经济的基本形态是港口经济，在工业化加速阶段，沿海岸线进行制造业布局是常见的布局方式。1985 年，日本政府推出面向 21 世纪的港湾政策，提出综合性港口概念，滨水区构建物流、工业和生活和谐发展模式。1990 年，日本政府提出建立富饶美丽滨水区政策目标，强调以人工岛外沿区域作为港口泊位，在人工岛内部规划建设居住和商业空间，在对港口进行改造时，强调对旧港口空间的再利用，目的是推进港城一体、促进和谐发展、增强城市居民对港口区域的亲近感、营造宜居港湾环境。

以宜居环境吸引科技创新人才集聚。长期以来，宜居环境都被视为湾区经济发展的主要动因。湾区优美的自然环境吸引大批具有较高知识技能水平的人才到此地生活创业。科技人才在硅谷的集聚逐渐带动硅谷产生具有规模效应的高科技产业，随后带动周边城市的发展。因此，湾区地方政府均在城市发展中重视对自然环境的保护，加州以法案形式规定温室气体减排目标，湾区政府协会出台引导性规划方案，从交通、住房、城市土地开发等方面协调城市发展、产业发展和环境保护之间的关系。

以小政府、大社会的制度环境服务湾区创新经济发展。由于体制差异，美国地方自治体系下的地方政府，没有上下层级划分，在经济发展中秉持市场原则，也没有权限制定具有超前特征的产业政策。这种做法事实上维持了湾区较为自由、宽松的创新环境，有利于科技人才试错创新。小政府、大社会的这一制度环境被视作旧金山湾区经济发展的独特因素。

以绿色交通理念完善交通网络体系规划。旧金山湾区交通规划较为注重在现有产业和城市发展基础上，通过对人流、物流状况的数据化评定，对交通体系进行改造，从而提升交通网络的便捷性，实现公共出行和要素流动的高效率，同时达到降低温室气体排放和环境可持续发展的规划目标。这种规划方案既能提升资金的利用效率，又极具针对性地满足了产业和人口流动需求，且有利于环境保护这一长期目标的达成，值得加以认真借鉴。

以明确的功能划分避免城市间同质竞争。旧金山湾区经济主要秉持市场原则，湾区三大主要城市各自形成不同定位的产业结构，如旧金山市注重发展金融业、旅游业和生物制药产业；奥克兰市发展装备制造和临港经济；圣荷西处于硅谷，重点发展信息通信和电子制造、航天航空装备等高技术产业，其各自明确的功能划分有效避免了城市间同质竞争。

规划建设具有强大创新力的重要科创走廊。旧金山湾区沿着波士顿 128 号公路，聚集着众多的高技术研发和生产企业，Facebook、谷歌、苹果等上千家高科技公司总部坐落于此，该地区集中大量的科创企业，成为美国创新创业和世界电子工业高地。

《广深科技创新走廊规划》提出"一廊十核多节点"的空间格局，一廊即广深科技创新走廊（以下简称"广深科创走廊"）。广深科创走廊和创新区位如图 1-1 所示。广深科创走廊依托广深高速、广深沿江高速、珠三环高速东段、穗莞深城际、佛莞城际等复合型的交通通道，集中穗莞深创新资源，三市连成一个产业联动、空间联结、功能贯穿的创新经济带，建设成为珠三角国家自主创新示范区核心区，长度约 180 公里。十核即十大核心创新平台。构建科技创新重要空间载体，打造全球顶尖科技产业创新平台，为珠三角国家自主创新示范区发展提供强大动力。多节点包括 37 个具有一定创新基础的园区、合作区或总部基地等，发挥示范作用，推动区域发展的创新节点，总面积约 462 平方公里，其中规划建设用地总面积约 349 平方公里。

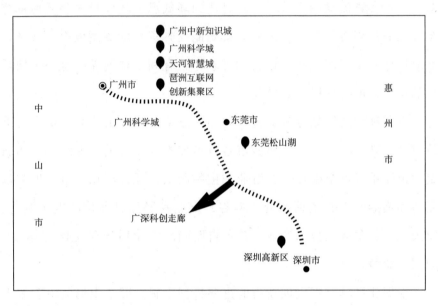

图 1-1 广深科创走廊和创新区位

在这条科创走廊上，聚集着一批龙头企业、跨国企业和潜力巨大的独角兽企业。目前仅深圳拥有 8 家本土世界 500 强企业，腾讯、网易、华为、中兴、大疆、OPPO、vivo、大疆创新等全球新兴知名企业在此茁壮成长。与北京、上海相比，深圳已成为我国先进制造业创新高地，在新能源产业链，电子产业链，5G 产业链上已形成规模与技术双领先的完整优势。深圳拥有的银行、证券、保险、基金公司与规模与京沪相比，也不相上下。

从资本市场看，截至 2019 年底，深圳共有 19 家上市公司市值超过千亿元，金融行业包括中国平安、招商银行、平安银行、中信证券、招商证券和国信证券；房地产行业包括万科、华润置地、招商蛇口；

互联网行业有腾讯控股和腾讯音乐；通信、电子行业有工业富联、立讯精密、中兴通讯、鹏鼎控股以及比亚迪、迈瑞医疗和顺丰控股。此外，深圳还有不少知名企业尚未上市。其中最知名的当属华为、大疆、正威国际等企业，一旦上市市值都将在千亿元以上。最新数据显示，华为 2019 年销售收入达到 8588 亿元，同比增长 19.1%，是苹果公司市销率的 5 倍左右，据此测算，华为估值有望超过 4 万亿元，超过阿里巴巴、腾讯，成为全国市值第一的大公司，成为科技领域首屈一指的硬科技头部企业。

第二章
杭州大湾区的战略优势与基础

　　杭州大湾区地处长三角南翼，因其优越的区位交通与港口优势，具有强大的增长潜力。杭州大湾区地处沿海开放前沿，不仅以长三角以及长江经济带区域为广阔发展腹地，在"一带一路"建设中具有重要地位，而且可以沿 G60 科创走廊向中西部地区纵深辐射。杭州大湾区交通条件便利，拥有吞吐量位居世界前列的上海、宁波舟山港等重要港口，以及上海虹桥和浦东、杭州萧山等具有国际影响力的航空枢纽，便捷高效的现代综合交通运输体系正在加速形成。杭州大湾区更具有深厚的历史文化内涵，历史与文化积淀孕育了创新创业精神和奋斗文化，推动一代又一代浙商走向全国，走向世界。加上改革开放以来体制机制变革带来的制度优势，不断吸引着各种要素资源高度集聚，创新人才等要素加快聚集，湾区综合战略优势不断提升。

一　杭州大湾区的形成与演变

　　杭州湾的形成与长江三角洲的扩展和宁绍平原成陆密切相关。泥沙以海域来沙为主，但长江来沙对杭州湾的形成起着重要作用。泥沙以颗粒匀细的细粉沙为主，极为松散，抗冲击能力弱。冰后期海侵以来，长江三角洲的南沙嘴曾延伸到王盘山。公元 3~4 世纪，由于长江流域山地被大量开发，固体径流增多，三角洲迅速向东扩展，使湾口东移。湾口地形改变使外海潮流愈益受到约束，潮流强度增加，从而又引起湾内地形的改变。杭州大湾区以上海、杭州、宁波为顶点，包括嘉兴、绍兴、湖州和舟山，共计七个城市。湾区内七个城市面积一共约 5.2 万平方公里，约占中国大陆国土面积的 0.54%。2019 年常住人口约 5823 万，2019 年杭州大湾区 GDP 约为 8.1 万亿元，占当年全国经济总量 99.09 万亿元（不包括港澳台）的 8.17%（而 2016 年占全国 GDP 的比重为 7.9%），在全国的地位和影响力持续提高。考虑到行政区划和实际区块，虽然上海作为龙头城市，但有关杭州大湾区产业与空间上的战略发展研究多以浙江行政范围内的城市为对象，包括杭绍甬湖嘉舟六市。

1. 杭州大湾区的自然形成与影响因素

首先，从自然因素看，自然资源的差异是区域经济差异的起因。三大区块最明显的差异是沿海与内陆的差异，而杭嘉湖绍甬舟区块与温台区块之间的差别，在于受上海都市圈的辐射程度。自然资源差异不仅体现在土地、水等的数量、质量及优化组合方面，还包括人均占有量方面的差异，另外，各地自然资源的综合利用能力也不同。在改革开放初期，生产力较为低下，自然资源的差异是区域经济差异的一个决定性因素，至今仍然影响着区域经济的格局。

其次，从区位因素看，区位差异是浙江区域经济差异的另一个重要外部因素。区位优势可转化为经济优势和其他优势。比较而言，杭嘉湖绍甬舟区块、温台区块的区位优势明显。这两大区块在浙江东南部，地处长江三角洲核心地带，铁路和高速公路发达，紧靠上海，交通便捷，各种资源和生产要素的流动畅通。同时，杭州、宁波等中心城市历史悠久，名胜古迹众多，旅游资源得天独厚，特别是拥有作为国家级旅游区的西湖风景区，增加了杭州的吸引力。杭州、宁波历史上就是商贾云集的重要商埠，在近代和上海又同为我国民族工业的发祥地，城市实力和对腹地的辐射能力都比较强；而内陆地区的金华、丽水和衢州区块则位于浙江省中西部，虽有浙赣铁路横贯，但由于公路、内河、海运不配套，综合运输能力不强，相对沿海地区的杭嘉湖绍甬舟区块、温台区块而言，区域比较闭塞，交通不便，信息不灵，且金丽衢区块的三个中心城市经济水平不高，辐射和带动能力也比较弱。

再次，从区域差异的形成看，区域经济发展水平是经济发展长期积淀的结果，浙江省目前的区域经济差异就与其各区域的原有经济基础分不开。早在春秋战国时期，杭州湾地区就是交通发达、商业繁荣的江南之富裕地区。19世纪下半叶，随着世界工业化在沿海国家和地区发展，近代工业自宁波及上海登陆，出现了一大批新兴的工业部门和手工行业，诸如加工制造业、纺织业等。同时因为交通便利、投资环境较好等有利条件，民族资本主义工商业在东部沿海地区兴起、繁荣，逐步演变为浙江东部沿海和其西部地区之间发展差异的历史根源。改革开放以来，浙江区域发展在空间上呈现出明显的集中化发展态势，其东部沿海地区的经济发展更加迅速，基础设施进一步完善，现代化的工业技术迅速发展。而浙江内部地区经济基础薄弱，工业比重小，经济活动前后向联系少，经济发展缓慢。可见，在"循环累积因果效应"的作用下，原有经济基础的差异是东中西经济差异的重要原因。

从次，从产业结构因素看，区域经济发展的根本原因在于区域产业结构的演变，产业结构不断演变的物质基础来自工业化过程中的生产力发展。在改革开放之前的30年里，浙江产业分布主要取决于自然条件、自然资源和国家的指令性计划；农业集中于杭嘉湖、宁绍、温黄平原和金衢盆地，工业则集中于受"备战"影响相对较小的杭州、宁波、嘉兴、金华和衢州。改革开放以来，随着市场主体的发育和市场机制的形成，浙江工业化特别是农村工业化的动力大大增强，推进的步伐明显加快。在这一工业化的加速发展阶段，尽管投资主体逐步多元化，投资决策逐渐分散化，但全省的产业在空间上仍然呈现出向一些优势区位集中的特点。20世纪后期，大致是依托沪杭线和杭甬线而形成杭州湾产业带，依托温台交通干线和瓯江干流而形成沿海产业带，以及依托浙赣铁路与金温铁路形成产业带。

最后，从市场化程度差别看，产业结构的转换升级和市场机制高效配置资源的效能对经济发展具有直接的推动作用，区域产业结构的合理程度和区域市场化水平与区域经济发展水平具有显著的正相关关系。市场化水平不断提高，特别是非国有经济在浙江省经济发展中的作用越来越大。沿海地区优越的区位条件，为非国有经济发展创造了良好的外部环境，促进了其市场化水平的提高。效率较高的乡镇企业、外资企业等非国有经济在经济中的比重不断上升，促进了环杭州湾、温台地区经济的快速发展。相比之下，浙中和浙西的对外开放程度、市场化水平滞后于沿海地区，地带间差异不断扩大。

2. "三大地带""三区三带"和杭州湾两岸六市经济地位的变化

历史上，江南地区长期就是经济发达、商业繁荣的富庶之地。明清时期，杭州大湾区城市已形成一定的规模，以农业加工业和手工业为代表的经济门类较为齐全，工业水平遥遥领先。到近代，众多民族资本企业蓬勃兴起，影响力遍布东南沿海乃至东南亚地区。

改革开放以来，一直实施效率优先的梯度发展战略和强县放权、强镇放权政策，政府政策开始倾向于优先发展地区，在财政、税收和投资等方面向沿海、经济强县、经济强镇倾斜，使三大区块间差距迅速拉大。加上沿海地区的区位优势、交通优势、人才优势和各类信息优势，尤其是优越的区位条件，杭州湾区块六市自改革开放以来一直是外资的主要集聚地。加上沿海开发区内的企业享受生产、经营、销售等税收优惠政策，还能免领进出口许可证。对保税区加工运输出境的产品，免征关税、工商统一税等。投资方面，浙江省一直不断加大对沿海城市的投资力度，同时，放宽沿海开放城市或强县利用外资建设项目的审批权限。改革开放以来，杭州湾区块六市引进外资额占全省引进外资总额的80%以上，这样就大大扩大和加快杭州大湾区经济的规模和发展步伐。改革开放以来，受我国沿海地区优先开放政策的影响，湾区城市压抑许久的商业理念与意识得以释放，乡镇经济与个体经济蓬勃发展。尤其是杭州与宁波等城市享有的体制优势、沿海地区城市应对环境变化而提前采取的制度变革，包括产权制度、市场化、利益分配、对外开放等各个方面，无疑使它们走在前列，明显超越省内其他城市的发展。在沿海地区政策倾斜过程中，随着大规模投资开发，多种文化思想交汇融合，带动文化和价值观念的更新。同时，这些发达地区的经营人员大多都有走南闯北的经验，富有冒险精神和开拓精神，与外界接触较多，商品经济意识较强，从而使这些地区具有较强的开放和创新意识。相比较而言，浙江西部比较偏僻，人们的思想、观念比较保守，小农意识较强，消费观念较为落后，对经济拉动作用不强；商品经济意识薄弱，市场适应能力较差，缺乏开拓创新精神，民营经济发展慢，经济外向度不高。

20世纪八九十年代，人们逐渐将浙江划分为三大区块，杭州湾区块六市包括杭嘉湖绍甬舟六个城市，温台经济区块包括温州与台州两个城市，内陆经济区块包括金华、丽水与衢州三个城市。20 世纪 80 年代末和 90 年代初，随着体制改革的深化和对外开放的扩大，浙江区域经济形成了新的态势，区际联系加强。以家庭工业为基础的民营经济的迅速崛起，大大增强了温台地区整体的经济实力。依托专业市场带动农村工业的迅速发展，金华地区脱颖而出。外向型经济的加快发展和交通干线的加快建设，也对全省经济的空间布局提出了新的要求。因此，进一步引导生产要素向有利的区位集聚，进一步引导产业沿交通主轴线发展和集中，进一步发挥杭州、宁波、温州等中心城市的集聚和辐射功能，已成大势所趋。为此，省计经委经济研究所课题组于 1993 年提出"三大区域"的调整构想，并在此基础上形成了"三区三带"的经济区划和布局框架，旨在引导产业向交通干线集聚，发挥中心城市集聚辐射功能，加强区际经济联系和扩大对外开放。这一构想得到了广泛的认同，并被吸收进《浙江省国民经济和社会发展"九五"计划和 2010 年远景目标纲要》，成为 90 年代浙江空间发展的基本思路。

"三区"是指将全省划分为三个经济区：一是在原来浙东、浙北基础上形成的杭州湾地区，包括杭州、宁波、嘉兴、湖州、绍兴、舟山六市及所属各县市；二是温州、台州崛起后所形成的温台沿海地区，包括温州市、台州市及所属的沿海县市；三是浙西南地区，包括金华市、衢州市、丽水市，以及温州市所属文成、泰顺、永嘉县和台州市所属仙居、天台县。而"三带"则指带动"三区"发展的产业主轴线：一是沪杭甬沿线（杭州湾 V 型）产业带，"包括嘉兴市全境、杭州市区及余杭、萧山，绍兴市区及绍兴县、上虞，宁波市区及余姚、慈溪、鄞县"；二是温台沿海（沿海 I 型）产业带，"包括温州市区、瑞安、乐清和台州市区、温岭、玉环"；三是浙赣和金温铁路沿线（沿线 T 型）产业带，包括诸暨与"金华市区及兰溪、义乌、金华县，衢州市区及江山、衢县、龙游"。① 根据统计，1997 年的"三区"即杭州湾地区、温台沿海地区和浙西南地区，土地面积分别占全省的 43.5%、11.6% 和 44.9%，人口分别占全省的 50.9%、22.4% 和 26.7%，GDP 分别占全省的 64.6%、19.5% 和 15.9%，人均 GDP 分别为 14836 元、10139 元和 6946 元。

一直以来，环绕杭州湾的杭州湾 V 型产业带就是浙江产业和人口的主轴线，最初杭州湾主导产业主要集中在纺织、机械、电子、石化、服装等行业，产业基础较好，产业层次较高，对外开放度较大，集聚能力较强。温台沿海产业带是 20 世纪 90 年代以来全省增长势头最强劲的地带，产业主要集中在机械、精细化工、塑料、皮革毛皮、医药、服装等行业，机制灵活，特色鲜明。浙赣和金温铁路沿线 T 型产业带是"三带"中相对落后的地带，主要有机械、纺织、化工、建材、林木加工、冶金等行业，总体发展水平相对较低。②

1997 年统计数据表明，杭州湾地区、温台沿海地区和浙西南地区的 GDP 分别占全省的 64.6%、19.5% 和 15.9%（见表 2-1）。进入 21 世纪后，随着城市化的不断推进，人口与产业向大中城市集聚趋势更为明显。尤其是在上海龙头城市的辐射带动下，杭州湾沿岸城市发展更快，GDP 增长速度明显高于其他地区的增速。改革开放以来，浙江区域发展在空间上呈现出明显的集中化发展态势。随着城市竞争力增强和辐射带动，以及统计的需要，环杭州湾六市，台温、金丽衢三大行政区域成为新的区域发展格局。在空间结构上，浙江经济已经形成

---

① 浙江省计经委经济研究所课题组：《浙江产业地域分工和布局导向》，《浙江经济》1994 年第 9 期。

② 倪树高：《跨世纪浙江产业布局的回顾与展望》，《经济地理》1999 年第 3 期。

以上述三大经济区块为主体的集中化发展格局。根据 2007 年浙江各地市实际发展数据，明显可以看出环杭州湾地区虽然人口只占全省的 50.75%，但 GDP 和财政收入占到 66.02% 和 65.60%，而温台两市和金丽衢以全省近 50% 的人口却仅贡献了全省 33.98% 的 GDP 和 34.40% 的财政收入（见表 2-2）。

表 2-1   1997 年浙江"三区"的主要经济指标及占全省的比重

地区和项目类别	杭州湾地区 （杭州、绍兴、嘉兴、 湖州、宁波、舟山）		温台沿海地区 （台州、温州 沿海地区）		浙西南地区 （金华、丽水、 衢州及温州、台州 部分山区县）	
	绝对值	比重（%）	绝对值	比重（%）	绝对值	比重（%）
土地面积（万平方公里）	4.46	43.4	1.20	11.7	4.62	44.9
年末总人口（人）	2252.66	50.9	989.85	22.4	1179.79	26.7
生产总值（亿元）	3333.38	64.6	1003.56	19.5	819.52	15.9
社会商品零售总额（亿元）	1065.83	60.7	417.16	23.7	274.18	15.6
财政总收入（亿元）	216.12	69.2	58.20	18.7	37.79	12.1
人均生产总值（元）	14836		10139		6946	
经济密度（万元/平方公里）	747.4		836.3		177.4	
三次产业增加值结构（%）	11.6：55.7：32.7		11.9：58.2：29.9		17.4：50.6：32.0	
三次产业就业结构（%）	35.2：39.4：25.4		/		48.8：43.3：7.9	
工业占工农业总产值比重（%）	92.0		91.7		87.7	

资料来源：浙江省区域经济与社会发展研究会《浙江省区域经济发展报告（2001）》。

表 2-2   浙江省三大区域主要指标所占全省的比重（2007 年）

单位：%

区块名称	主要地市	占全省的比重		
		人口	GDP	财政收入
环杭州湾地区	杭州、绍兴、宁波、舟山、嘉兴、湖州	50.75	66.02	65.60
温台地区	台州、温州	28.63	20.66	15.79
金丽衢地区	金华、丽水、衢州	20.62	13.32	18.61

2019 年，环杭州湾六市 GDP 占全省的 68.97%，占全省比重不断提升，地方财政收入则占全省的 75.80%（见表 2-3）。根据 2019 年浙江省科技发展战略研究院和浙江省科技信息研究院联合开展的高新技术企业创新能力评价，环杭州湾城市群是百强企业集聚的核心区。由此可见，浙江大城市的人口与要素集聚力不断增强，经济贡献度与经济地位也不断提升。

表 2-3　浙江省三大区域主要指标所占全省的比重（2019 年）

单位：%

区块名称	主要地市	占全省的比重		
		人口	GDP	财政收入
环杭州湾地区	杭州、绍兴、嘉兴、湖州、宁波、舟山	55.54	68.97	75.80
温台地区	台州、温州	26.93	18.83	14.44
金丽衢地区	金华、丽水、衢州	17.53	12.20	9.76

为准确地评估浙江省区域经济协调发展的程度，将浙江区域经济增长的整体差距进一步分解为浙江三大区块间的总体差距、三大区块内部差距，并同时采用锡尔指数加以计量分析。计量分析结果表明：三大区块间的差距日趋收敛，浙江省地区间的总体经济差距显著，呈现先缩小后平缓拉大的趋势，但总体上仍趋于收敛。大体分为三个阶段，即 1978~1996 年相对差距逐渐缩小阶段；1997~2002 年相对差距逐渐扩大阶段；2003 年后相对差距逐渐缩小，基本处于差距趋向收敛且较为稳定阶段。这主要是由于温台沿海等一些原本落后的地区在改革开放后经济增长率明显高于杭州湾经济区，差距呈现缩小趋势，而近几年杭州湾经济区的经济增长速度明显加快，与其他地区差距有扩大趋势。改革开放初期，环杭州湾六个城市的乡镇企业迅速崛起，劳动密集型企业和传统手工业蓬勃发展，改革开放前因杭州、宁波独特

经济地位而形成的区域历史差距不断缩小，区域内部差距呈现收敛态势。

从杭州大湾区内部发展看，差距正逐渐呈现缩小的趋势。杭州大湾区块内部的差距稳中有降，锡尔指数从 20 世纪 80 年代的 0.02 降到 1996 年的 0.0137。但 90 年代中后期，随着国家城市优先发展相关政策的出台，杭州与宁波迎来良好的发展机遇，1993 年，国务院决定撤销省会城市的计划单列，计划单列市只剩六个，包括宁波市。同年，中央机构编制委员会宣布，原先 14 个计划单列市和杭州、济南两市行政级别为副省级，包括 10 个副省级省会城市和六个计划单列市（含宁波）。1996 年，国务院又确定宁波北仑港为上海国际航运中心的组合港，这为宁波港口工业带来巨大的潜力和美好的前景。因此，90 年代中后期到 2003 年，锡尔指数不断扩大，环杭州湾内部区域发展差距呈现扩大态势。但随后因上海经济对嘉兴、湖州等地辐射能力的加强，长三角一体化进程的推进，环杭州湾地区六个城市均依托自身优势而不断发展，区域发展差距开始进入收敛阶段。[①]

二 杭州大湾区的经济地位与产业环境

目前，杭州大湾区已成为我国仅次于粤港澳大湾区的国内重要的制造中心。特别是在高端制造业领域，杭州大湾区城市拥有的制造业上市公司、行业龙头企业以及众多单向冠军企业、专精新特"小巨人"企业数量规模，远远领先于其他地区。

从湾区整体情况来看，2019 年环杭州湾大湾区的 GDP 为 81157 亿元，从湾区内部 GDP 情况来看，环杭州湾大湾区内部 GDP 居前列的是上海、杭州及宁波，且上海以绝对性优势领先。

---

① 史先虎：《浙江省"三区三带"产业结构的现状与特点》，《浙江统计》1994 年第 11 期。

　　从湾区内部的人均 GDP 情况来看，杭州大湾区内人均 GDP 最高的是上海（15.74 万元），最低的城市是湖州（10.26 万元）。根据 2019 年发布的全球经济自由度指数报告，粤港澳大湾区内澳门人均 GDP 排名全球第二，达到 92492 美元，香港为 48722 美元（均为 2018 年数据），而 2019 年深圳、广州人均 GDP 分别为 19.5 万元和 15.38 万元（约为 3 万美元和 2.36 万美元），其他地市更低，内部差距非常明显。可见粤港澳大湾区的区域内部贫富差距比杭州大湾区的大得多，这主要是港澳地区与内地收入差异导致的。

　　杭州大湾区具有优越的地理条件、完善的创新体系、高效的交通和宜人的居住环境等众多优势条件。2005 年浙江省出台《浙江省环杭州湾地区城市群空间发展战略规划》，首次提出了环杭州湾地区的发展规划。2009 年，根据《关于加快开发建设宁波杭州湾新区的决定》，宁波杭州湾新区定位为"国家统筹协调发展的先行区、长三角亚太国际门户的重要节点区、浙江省现代产业基地、宁波大都市北部综合性新城区"。在 2017 年 6 月 12 日召开的浙江省第十四次党代会上，第一次明确提出：要谋划实施大湾区建设行动纲要，重点建设杭州湾经济区，支持台州湾区经济发展试验区建设，加强全省重点湾区互联互通，大力发展湾区经济。2017 年 7 月 12 日，上海时任市委书记韩正，市长应勇与到访的浙江省党政代表团举行两地经济社会发展座谈会。韩正表示，"上海将全面积极响应浙江省委、省政府共同谋划推进环杭州湾大湾区建设"，这是上海官方首次明确表态支持杭州大湾区建设。

　　杭州大湾区是以上海为龙头，以上海、杭州、宁波为三大空间顶点，实行"1+2+3+X"的空间布局的湾区。上海是湾区龙头，杭州和宁波为两大极核，舟山、嘉兴、绍兴为三大协同空间，X 即所有辐射的沿海和腹地空间。类似于在珠江三角洲基础上建设起来的粤港澳大湾区，杭州大湾区是在长三角一体化高度发展的基础上建立起来的湾区。

在长三角一体化背景下，随着杭州大湾区城市间合作不断增强，竞争也将进一步加剧，湾区经济的空间结构也将逐步发生演变。对于浙江来说，不仅需要更好发挥各自产业优势在杭州大湾区形成差异化竞争，还要在各地具有特色优势的领域、环节与模式上，加快扩张，形成特色产业集聚与引领示范作用，切实形成产业分工合理与竞争有效的杭州大湾区产业结构与经济结构。杭州、宁波等发达地区在加快高新区创新发展，推进各类开发区、工业园区转型升级的同时，应广泛开展产业框架下的合作，实现产业转移与转型同步推进。为此，各地政府部门应坚持有所为、有所不为，坚持增强优势、弥补短板的思路，不能一窝蜂地求大求全，不分基础与优势，盲目引进"跛脚产业"或"孤独企业"的产业投资。特别是在空间上，不仅要围绕龙头上海做文章，更要加快形成以杭州、宁波等为中心的明确集中"向心力"，增强对周边地区辐射影响力。绍兴、湖州、嘉兴等地不仅要避免要素外流，更要积极吸纳国内外高端要素资源，增强与杭州、宁波等中心城市的联动，扩大自身吸引力与竞争力。目前相对来说，缺乏一体化的产业制度安排和对策思路，阻碍了产业要素资源在杭州大湾区的自由流动和合作，也在一定程度上削弱杭州大湾区整体产业竞争优势与产业效率，这需要各级政府部门加强协调机制，推进在政策安排与金融服务以及协同创新上的一体化，着眼于和谐统一的产业分工和融合发展，着眼于杭州大湾区产业整体效率以及国际竞争力的提升。

三　杭州大湾区的战略优势与基础

改革开放以来，杭州大湾区高速发展，已形成全球产业体系中不可或缺的完善和发达的产业结构与体系，新兴产业和外向型经济发展条件得天独厚。高端创新要素不断集聚，创新驱动发展战略深入实施，全面创新改革试验稳步推进，国家自主创新示范区加快建设。以上海、杭州、宁波和绍兴为代表的城市科技研发、转化能力突出，拥有一批在全国乃至全球具有重要影响力的高校、科研院所、高新技术企业和国家重大科学工程，对创新要素的吸引力强，具备建设国际科技创新中心的良好基础。同时，在长三角一体化发展背景下，以环杭州湾为代表的长三角地区间产业分工与合作结构不断优化、机制不断完善，竞合关系日益成熟，有利于推进杭州大湾区产业分工与合作。

1. 有利的国内外环境与战略机遇

我国经济社会发展进入以中高速增长为新常态的新阶段，城乡居民消费结构不断升级，产业结构调整和城镇化进程将在质、量之间逐步达到平衡，消费需求和投资需求结构也不断优化，为杭州转型发展创造了有利条件。

首先，面临新一轮工业革命的良好机遇（见表2-4）。新一轮工业革命主要表现在信息技术、智能制造技术和新能源技术等方面。新一轮工业技术革命的产生，毫无疑问为发展与这些技术相适应的产业带来了新的机遇，提供了新的市场空间，但新兴市场国家面临德国等欧美工业强国的竞争。因此，面对新的科技革命和产业升级换代的机遇，环杭州湾各城市如果抓住了，就能实现跨越式发展，反之则有可能进一步扩大与发达国家城市的差距。同时，良好的机遇还包括"两带一路"等国家重大发展战略规划的有力推进。发展战略性新兴产业的规划为浙江省加快产业结构调整、加快产能调整与产业转移提供了有利条件，在国家层面上加强了金融业对实体经济和开放经济的有力支撑。这些规划、政策和改革，对浙江省来说，都是巨大的机遇，通过主动参与"一带一路"和长江经济带建设，加快开放型经济转型升级，在"走出去"中提升竞争力，更好地以开放促改革、促发展、促转型。此外，长三角一体化持续推进的巨大机遇。经济全球化促进了全球产业结构的大调整和资源的重新配置。区域一体化意味着区域内部不同地区分工协作的加深，分工协作可以提高效率、提高区域的整体竞争力。长三角在我国具有突出的制造业比较优势，成为国际产业资本、国际先进技术转移的重要目的地，上海"四大中心"建设，又对杭州产生巨大的辐射带动作用，因此，杭州的产业和企业可以在区域经济一体化进程中共享效率提高的好处，这对杭州来说也是宝贵的历史机遇。

表 2-4　历史上四次工业革命概况

发展阶段	时间	主要国家	技术/产业	产业转移
第一次工业革命	18世纪60年代~19世纪40年代	英国、美国	蒸汽技术、纺织工业、化工、冶金	从英国转移到西欧、北美等国
第二次工业革命	19世纪70年代	德国、美国、法国、英国	发电机、内燃机/石油、汽车工业	从美、英、法等转移到南美、大洋洲和日本
第三次工业革命	20世纪40年代~50年代	苏联、美国、德国、日本	计算机、航天、新材料、分子生物学、遗传工程	从日、德、美等转移到部分亚洲国家
第四次工业革命	21世纪初至今	德国、美国、中国、日本	人工智能、机器人技术、量子信息技术、生物技术	从发达国家向新兴市场国家转移

资料来源：斯塔夫里阿诺斯《全球通史：从史前史到21世纪》。

2. 强有力的经济基础支撑与创新活力

杭州大湾区经济实力雄厚。经济发展水平全国领先，产业体系完备、集群优势明显、经济互补性强。上海、杭州服务业高度发达，杭州湾已初步形成以战略性新兴产业为先导、先进制造业和现代服务业为主体的产业结构。尤为明显的是，高新技术研发正成为杭州大湾区经济的活力来源。上海作为环杭州湾大湾区的龙头，其高新技术产业的发展对整个湾区的创新型发展有着举足轻重的作用。上海市2017年政府工作报告提出，要增强科技创新能力。着力提高科技创新能力，集中力量建设张江综合性国家科学中心，依托重大科技基础设施筹划国家实验室，集聚创新单元、研究机构和研发平台，促进高精尖技术的研发，为高新技术企业的孵化提供良好的环境。拥有环杭州湾六个组成城市的浙江省，在2016年政府工作报告中提出具体发展措施，这些措施将有效推动新型高新技术企业的产生和发展，增添湾区经济活力。此外，以数字经济为代表的信息经济发展迅猛，以杭州为代表的互联网产业正在带动新经济发展、推进传统产业转型升级，迸发出巨大的活力。杭州互联网相关企业活跃，作为中国互联网行业领先城市，培育出阿里巴巴、海康威视、大华股份、新华三和阿里云、蚂蚁集团（原蚂蚁金服）等众多互联网巨头，这些企业成为重要新兴经济增长力量。

3. 领先的改革开放理念与体制机制优势

21世纪以来，浙江着力发挥体制机制优势、区位优势、块状特色产业优势、城乡协调发展优势、生态优势、山海资源优势、环境优势和人文优势，有效促进了经济、社会的健康发展。但在不同发展时期、不同发展阶段，这些优势的具体表现形式往往会有所不同。从"十三五"时期看，随着转型求变和创业创新意识的进一步增强，全省以科技城和创新园区为支撑的创新平台优势，以互联网和相关服务业为主体的信息经济优势，跨境电商、农村电商的先发优势，以特色小镇为依托的"众创空间"优势，以影视文化为核心的文化产业优势，以养生、休闲、旅游等为代表的休闲健康产业优势等，都崭露头角，需重视、培育和发展壮大。上海作为国际大都市，原目标是在 2020 年基本建成与我国贸易国际地位相匹配、具有国际国内两个市场资源配置功能、现代服务业发达的国际贸易中心。上海市政府工作报告指出，要深化"一线放开、二线安全高效管住"的贸易监管模式，拓展国际贸易"单一窗口"功能，扩大货物状态分类监管试点，推进"区港一体化"。深入推进自贸试验区与国际金融中心建设联动，进一步拓展自由贸易账户功能。加强与"一带一路"地区的经贸、金融等合作，支持装备走出去和国际产能合作，加强引进外资工作，鼓励在沪跨国公司拓展贸易、研发、结算等全球营运功能。浙江省则提出要积极推进自由贸易试验区建设，加强自由贸易试验区制度创新，以油品全产业链为特色，着力提升大宗商品全球配置能力。积极推进宁波梅山新区、义乌国际贸易改革试验区规划建设。深入推进中国（杭州、宁波）跨境电子商务综合试验区建设，打造"网上丝绸之路"。

4. 湾区城市良好的政策协调性与合作基础

合作基础良好，国际开放水平高。杭州湾地区文化同源、人缘相亲、民俗相近、优势互补。近年来，合作不断深化，基础设施、投资贸易、金融服务、科技教育、休闲旅游、生态环保、社会服务等领域合作成效显著，已经形成了多层次、全方位的合作格局。国际化水平领先。上海作为国际金融、航运、贸易中心和国际航空枢纽，拥有高度国际化、法治化的营商环境以及遍布全球的商业网络，是全球最自由的经济体之一。杭州作为世界旅游休闲中心和互联网服务平台的作用不断强化，多元文化交流的功能日益彰显。环杭州湾是内地外向度最高的经济区域和对外开放的重要窗口，在全国加快构建开放型经济新体制中具有重要地位和作用。杭州大湾区的一个明显优势，即政策的协调及实施协同性更好。环杭州湾大湾区由 1 个直辖市和浙江省的

6个市组成，且浙江省目前正积极推进全面对接上海，嘉兴市更是被设立为全面对接上海示范区。因此，湾区内部自上而下的政策实施遇到的阻碍相对较少。除此之外，湾区内部协同发展很大程度上受到地区内部融合进程及隔阂程度的影响。环杭州湾大湾区内部文化同根同源，近年来发展政策相对统一，经济发展相对均衡，这非常有利于湾区经济的协同性发展。

5. 持续健康发展的外向型经济和强大的国际竞争力

杭州湾的新兴产业和外向型经济发展条件得天独厚（见图2-1）。上海自贸区优势加上浙江改革开放的经验优势，使外向型经济结构不断优化、发展质量不断提高，其中资本规模不断扩大，技术、服务与品牌影响力日益提升。从杭州大湾区现今的国际贸易发展状况和未来发展趋势看，其目标是要打造全球贸易中心和"网上丝绸之路"。从2019年杭州大湾区各城市的进出口贸易数据来看，上海全年累计实现外贸进出口总额34046.82亿元，比上年增长0.1%。2019年杭州实现货物进出口5597亿元，增长6.7%，其中，出口3613亿元，增长5.7%，全年服务贸易实现出口124.9亿美元，增长19.0%。跨境电商进出口952亿元，增长28.8%。2019年宁波全市外贸进出口9170.3亿元，首次突破9000亿元，比2018年增长6.9%；其中，出口5969.7亿元，增长7.6%，进口3200.6亿元，增长5.8%。进出口整体形势好于全国，全国进出口、出口和进口分别增长3.4%、5%和1.6%，全市进出口、出口和进口增速分别比全国高3.5个、2.6个和4.2个百分点。整体看来，2019年三大顶点城市的进出口都呈现增长态势，且增速也比较可观。环杭州湾北边聚集了一批经济开发区：上海临港新城、嘉兴港区、海宁连杭经济区、海盐经济开发区、杭州下沙经济技术开发区、大江东产业集聚区、萧山经济技术开发区、绍兴滨海新城、杭

州湾上虞工业园区、余姚滨海新城、宁波杭州湾新区、慈溪滨海经济
开发区、宁波石化经济技术开发区、镇海物流枢纽港区、宁波经济技
术开发区。环杭州湾区位优势及港口发展优势明显。杭州大湾地区内
部港口集聚，且竞争优势越来越明显。上海港、宁波舟山港是可以匹
敌粤港澳大湾区内深圳港的世界重要集装箱港口。

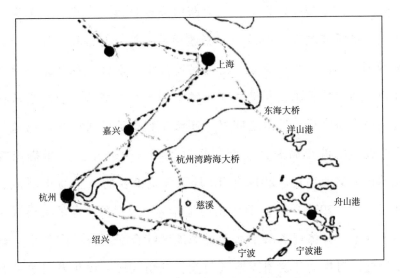

图 2-1　浙江宁波舟山港口与洋山港区位图

6. 完善配套的基础设施与发展规划

发达的基础设施，得益于历届浙江省委、省政府的超前发展眼光。
针对大湾区建设，湾区规划明确提出大湾区目标定位、建设原则与空
间布局，要把杭州湾经济区作为建设重点，把打造科创大走廊和产城
融合的现代化新区作为建设重点，高水平地建设中国（浙江）自由贸
易试验区，争创自由贸易港。其中，浙江将重点推进交通项目，估算
总投资约 1 万亿元，5 年计划完成投资约 7500 亿元。2017 年浙江省政
府工作报告显示，2016 年浙江省完成宁波舟山港与嘉兴港、台州港、
温州港、义乌陆港的资产整合，省海港集团与宁波舟山港集团一体运

营，省交投和省铁投集团合并重组，质监系统事企分离改革试点取得积极进展。政府工作报告还指出，2017 年就提出交通基础设施建设加快推进，打通连通江西、福建的断头路，杭州萧山国际机场至城区地铁专线、龙丽温高速公路文泰段、京杭运河二通道等一批交通项目开工建设。

在湾区内部交通建设上，三大跨海通道将逐步成型，成为高质量湾区发展的重要基础。沪甬跨海交通通道，是上海市和浙江省宁波市两地规划中的沪甬直连直通、公（高速公路）铁（城际铁路）合建的大通道。通道将跨越杭州湾，成为继杭州湾跨海大桥、通苏嘉甬铁路跨杭州湾大桥之后，沪甬之间又一超级工程。沪甬跨海交通通道是宁波率先在《宁波市高速公路网规划（2013—2030 年）》中提出规划建设的重大交通项目。2017 年 12 月国务院批复的《上海市城市总体规划（2017—2035 年）》将沪甬廊道作为上海对外交通的重要廊道之一纳入规划，并体现于"上海和近沪地区综合交通协调图"中。规划建设该通道对推动环杭州湾地区乃至长三角区域一体化发展等具有十分重要的战略意义。2018 年 12 月 15 日，沪甬跨海交通通道规划方案通过专家评审。沪甬跨海交通通道拟规划布置于杭州湾大桥以东 20 公里~40 公里的海域上，穿越杭州湾口，北面登陆点在上海金山，南面登陆点在宁波慈溪。铁路通道谋划构建城际铁路，实现沪甬城市直连直通。公路通道拟采用 6~8 车道，通道长约 70 公里，两端均与沈海高速（G15）连接，相比现有的杭州湾跨海大桥，上海方向将减少绕行约 50 公里。2018 年 12 月，宁波市交通运输委与上海市交通委就沪甬跨海通道战略规划研究工作达成一致，并形成备忘录，标志着沪甬跨海通道研究进入新的阶段。根据备忘录，宁波市交通运输委将与上海市交通委、浙江省交通运输厅联合成立沪甬跨海通道前期研究推进工作小组，共同负责推进前期研究工作。

《上海市浦东新区国土空间总体规划（2017—2035）》，以近期（2020 年）、远期（2035 年）和远景（2050 年）三个时间节点，设置分阶段目标，到 2050 年，将全面建成开放、创新、高品质的卓越浦东，建成具有世界影响力的社会主义现代化国际大都市城区。规划期限为 2017 年至 2035 年，远景展望至 2050 年。研究预留经大洋山至宁波、舟山方向铁路通道，打通上海到宁波、舟山的快速通道。2020 年浙江省和杭州市纷纷提出打造高质量交通网，未来杭州大湾区的环形和圈形通道将不断完善升级。

以区域一体化交通为前提，湾区互联互通尤其是区域城际交通不断优化（见表 2-5）。通过城际轨道交通的衔接、高速路网对接、客货分流的对外交通网络的建立，优化新区对外交通体系；内部交通则通过交通减量化、公交主导和水上交通及清洁能源交通策略，完善综合交通体系，为新区提供多种交通问题解决方案。目前从湾区内部以及全省来看，浙江高铁动车网络建设比较完善，除舟山外，陆上 10 个地市的高铁动车交通体系非常发达，大部分县市也连上高铁网络，乐清市甚至拥有 3 个动车站。地铁、城铁等轨道交通这些年也实现了零的突破，杭甬两市地铁轨交已经投运，温州首创的市域铁路也已开通。

表 2-5　杭州大湾区城际轨道概况

单位：班，%

城际轨道	列车类型	班次	比重	主要停靠站	主要功能
沪杭	高铁	110	67.9	嘉兴、海宁等区间城市	高铁功能城际功能
	动车	19	11.7		
	其他	33	20.4		
	合计	162	100		

续表

城际轨道	列车类型	班次	比重	主要停靠站	主要功能
杭甬	高铁	67	65.0	绍兴、上虞和余姚等城市	高铁功能城际功能
	动车	25	24.3		
	其他	11	10.7		
	合计	103	100		

注：受新冠肺炎疫情影响，城际交通尤其是高铁动车班次相对于2019年有所下滑。
资料来源：城际列车停站数、班次根据中国铁路网统计得出，根据2020年6月份运行图。

7. 强大的财政支付能力与资本体系

杭州大湾区几大城市财政实力强，2019年上海财政收入7165亿元，且多年来一直位居全国首位，杭州与宁波地方财政收入达到1966亿元和1468亿元，分列全国第七位和第十二位。从2019年的土地出让金来看，杭州以2836亿元位居全国第一（见表2-6），宁波以1401亿元位居全国第九位。嘉兴与绍兴的土地出让金收入和财政收入也逐年快速增长，位居全国前列。

表2-6 2019年我国部分城市土地出让金概况

单位：亿元，%

排名	1	2	3	4	5	6	7
城市	杭州	上海	广州	苏州	武汉	北京	南京
土地出让金	2836	1992	1864	1850	1765	1699	1696
同比增长	13.42	4.38	26.34	33.72	27.89	0.98	77.32

8. 层次合理布局的城市群结构

全球城市群发展历史表明，核心城市的形成、带动和辐射是有效推动大湾区形成和发展的重要基础和特征。杭州大湾区目前格局是以上海为核心，以上海、杭州和宁波三大中心城市为区域发展的核心引擎。作为金融中心，上海在"五大中心"建设中发挥引领作用，助推产业向外转移和创新链形成。杭州信息技术产业在国内具有代表性和号召力，在国际市场也具有一定的影响力，特别是以阿里巴巴为代表的互联网板块所催生和带动的创业创新具有极强的影响。宁波作为重要的港口城市，发挥开放经济优势，特别是依托义甬舟大通道，推动产业提升与沿线产业链形成，突出区域中心城市的引领带动和辐射。绍兴、嘉兴、湖州重要节点城市发挥各自优势，突出产业特色、提升综合实力，加快形成分工有序、功能互补、高效协同的区域城市体系。舟山将围绕宁波一体化，重点发展高技术船舶与海洋工程装备等海洋高技术制造业，加快发展海洋大数据服务、港口物流、航运金融服务等海洋高技术服务，加快建设打造具有国际影响力的港口经济圈，共同打造具有全国影响力和竞争力的海洋高技术产业带。杭州大湾区部分支柱产业及未来规划主导产业如表 2-7 所示。

表 2-7　杭州大湾区城市当前重要支柱产业和未来规划主导产业

城市	当前重要支柱产业	未来规划主导产业
上海	石油化工及精细化工制造业、汽车制造、成套设备制造业、电子信息制造业、金融、商贸流通、汽车业、钢材制造业、生物医药制造业	集成电路、软件和信息技术、大数据、人工智能、生物医药、新能源汽车、高端装备制造、金融
杭州	文化产业、旅游、金融、电子商务、信息、装备制造、物联网、生物制药、环保、新能源	云计算、大数据、人工智能、虚拟现实、区块链、量子技术、增材制造、商用航空航天、生物技术和生命科学
宁波	电气机械及器材制造业，石油加工及炼焦业，服装及其他纤维制品制造业，普通机械制造业、港口航运、临港石化工业和汽车钢铁制造	绿色石化、汽车、高端装备、新材料、电子信息、软件与新兴服务
嘉兴	新材料、装备制造、新能源与化工、电子信息、节能环保、化纤纺织与服装	电子信息、先进装备制造、新能源、时尚产业、生物医药、电子商务、文化旅游与健康服务
湖州	金属新材料、家居制造、现代纺织、装备制造、动力电池、文化、旅游	电子信息、装备制造、新材料、新能源、节能环保和生物医药
绍兴	化纤纺织、化工、现代医药、高端装备、电子信息、新材料	高端装备制造、集成电路、高端纺织、绿色化工材料、节能环保、电子、文化旅游
舟山	港口物流、船舶制造、海洋旅游、临港石化、现代渔业与海产品加工、机械电子	海洋工程装备制造、海洋生物医药、现代航空、绿色石化与新材料、海洋数据及应用

9. 高效有序的政府治理模式与经验

现代化社会治理领先优势明显。改革开放以来，杭州大湾区内发达地区城市积累形成了丰富的地方发展经验和政府运行模式，极大地促进了地方经济发展和社会进步。反过来，又对政府运行效率与水平形成正向推动。近年来，随着城市社会、经济发展速度的加快，以及国内许多城市越发迫切的转型升级需求的影响，城市管理者们面临着越来越棘手的城市能源治理难题。近年来，紧紧把握技术与政策变化的时代脉搏，高起点谋划未来城市能源治理体系，已然成为新一代城市规划者、建设者、管理者和变革者的共识。推进服务型政府建设，不仅推进"互联网+"，以大数据提升社会治理能力，而且还不断加强和创新社会治理，以"互联网+"推进民生保障、公共安全和政府管理创新。不断加强协同治理，提升社会治理的法治化水平，把全面"依法治浙"切实落到实处。更要积极推进政治民主化在农村与社区等基层率先突破。政治民主化进程与多元化文化建设将进入大发展，中产阶层与年轻人是主导力量。为此要从完善制度建设、提高文化素质、加强信息建设、提升中等阶层地位等方面入手，充分发挥人们在政治上共同参与的主观能动性，逐步在农村与社区进行试点、率先突破。

四　杭州大湾区的新增长动力与新经济优势

长三角高质量一体化国家战略有力地推动了长三角一体化进程，也对长三角产业转型升级和高质量发展提出新的要求。当前，随着长三角区域内传统增长动力有所减弱和新经济增长动力日益增强，新兴产业正逐渐成为经济发展的主力军。在此背景下，传统产业的转移进程也日益加快，在苏浙沪劳动密集型产业向中西部地区转移的同时，新兴产业也逐渐呈现出向中西部地区转移和合作的趋势，本地产业则逐步向产业链中高端以及微笑曲线两端集中。实践表明，近些年来浙江省委、省政府围绕实际，密集出台一系列政策举措，大力推"双转"，积极引导传统企业向安徽、苏北以及江西等中西部地区转移。内地省份也积极探索实践，形成不同的"双转"模式与路径，成效显著，有力地推动了传统劳动密集型产业转移与转型升级。在长三角一体化框架下，统筹规划产业分工与转移，需要以外溢发展观念突破发展空间制约、以梯度发展进行转移产业的梯度布局，尤其是根据发达地区向内地转移的空间层级特征和产业基础，科学合理制定产业转移的梯度规划。不同层级的接纳地区应根据各自优势和定位，制定不同的转移园区规划，有选择地形成转移产业园区，避免同梯度地区接纳转移而形成又一轮竞争或丧失产业竞争力。

1. 湾区发展以转移促转型，新发展动力逐步形成

杭州大湾区经济比较发达，整体处于迈向高质量发展关键期，动力转换趋势和新经济增长动力的重要性更加凸显。为此，着眼于成本优势以及一体化的加快，湾区城市在谋划推进战略性新兴产业的同时，也积极引导部分传统产业实现产业发展的梯度转移。杭州大湾区向外产业转移往往以投资形式在中西部地区布局产业园的形式出现，其本质是现有生产能力在空间上的整体或部分转移。产业转移是发挥区域比较优势、促进区域协调发展的重要手段，是优化产业空间布局的有效途径。推动产业转移健康发展，对于充分发挥发展空间和市场广阔的优势、保持经济长期平稳较快发展具有重要意义。转型发展是当今世界经济理论与实践中的重要命题，也是现阶段经济发展的一条根本性出路。其中，转移是过程，转型是实质。产业转移无论对于转出地还是承接地，都是转型升级发展的重要手段。从 20 世纪 80 年代

开始，湾区沿海杭州、绍兴和嘉兴等城市在发展本地民营经济的同时，也积极承接日本、韩国和中国香港等地转移来的劳动密集型产业，也形成各具特色与一定规模的外资集聚区。随着发达地区进入工业化后期，产业结构优化的要求日益增强，杭州、宁波等地产业也迫切地要求向内地转移。在实现产业升级的过程中，迫于土地、劳动力等要素成本上升，很自然地要把以劳动密集型为主的加工工业向内地转移、扩散，其本身则由工业生产中心转变为营销管理与研发设计中心。产业转移升级必然使主导产业和重点发展的产业部门随着原有产业的向外转移而改变。浙江在进一步提升传统产业层次的同时，形成新型的、高层次的新产业，由劳动密集型向资本密集型和技术密集型转变。改革开放以来，浙江这个资源小省的经济经过 40 多年发展，无论是企业的发展还是政府的发展，都走在全国前列。随着经济发展、企业生存环境的变化、开发中西部地区和振兴东北老工业基地的进行，越来越多的浙江企业开始将目光从浙江投向更为广阔的全中国，近年来，浙江企业对外投资扩张的速度逐步加快，规模也日益扩大。随着沿海地区经济的发展，资本、技术和管理经验的积累，劳动力成本的上升，必然会出现沿海地区的产业结构调整和区域内产业的梯度转移。

2. 湾区新经济逐步增强，现代新产业体系逐步成型

最初产业转移往往不是基于要素成本，而是企业自身扩张需要走出浙江发展，因此才逐步实现部分或整体的功能转移。最初的扩张类型，一是市场拓展型。随着企业的发展，市场由省内扩展到省外，企业的生产也相应调整为"销地产"，早期许多温州企业就是跟着市场走的。二是资源开发型。浙江企业为寻求发展所必需的资源就会选择去省外控制资源，浙江的传统优势行业如纺织、皮革等纷纷到西部地区投资设厂，寻求稳定的纱、皮等原材料。三是优势延伸型。如浙江

省水电、建筑等行业的企业在经营管理、技术等方面在全国有一定优势，会把这些优势进一步在全国范围内拓展。四是资本运作型。华立集团通过资本运作控股上市公司进入新兴行业。此外，由于综合环境的变化，商务成本的上升，一些能耗大、劳动密集型的企业也开始向外转移。根据经济技术协作办公室（协作办）资料，绝大多数企业对外发展时保留了原来在省内的基地，在扩大规模的时候选择了在省外投资，整体外迁的比例相当小。当然，随着省内发展环境的日益紧张，被动产业转移开始替代扩张成为主流。最近十几年来，浙江发展环境日益严峻，各种生产要素价格急剧上升，资源、能源供给日趋紧张，经济与社会环境的发展日益失调，东部地区在这种种压力下，只有把丧失优势的一些劳动密集型产业转移出去，才能轻装上阵，腾出空间和聚集资源发展一些知识技术密集型的产业，实现本地区产业结构的优化升级，同时实现本地区经济与环境的可持续发展。

湾区沿海城市开始推动本地优势产业的更新换代。转出地区和承接地都强调产业转移与本地优势产业发展同步。在实践中，各地不仅加快传统产业转移，还立足于传统产业，培育自主创新型新兴产业。宁波、绍兴等地推进传统产业向内地转移，还在"筑巢引凤"的同时"筑巢孵凤"，以自主创新和人才培养打造高端产业。目前，各地在高端产业的打造上普遍注重招商引资引来大项目，虽然可以带来直接、显著的经济产出，但由于自主创新和人才培养不足，高端产业成长的根基不牢，相关企业和项目流失的可能性增加。嘉兴通过积极吸引、整合高校和科研机构的资源，设立清华长三角研究院、中科院应用技术研究院及中国电器研究院华东分院等更多的教育和科研机构，不仅增强科技研发的力量，又能培养更多的人才为高端产业服务，从而有效推进本地企业创新能力建设和先进技术的改造，积极孵化培养本地成长的高端产业，为产业转型升级打下坚实的基础。从浙江经验看，形成依托产业空间分层，形成生产环节外迁与核心高端留存的横向产业分工体系。传统意义上的转型发展与产业升级，是希望通过原地产业内部技术升级促进转型，但往往受制于资本"沉淀"及结构"黏性"，转型难以大力推进。而以产业梯度转移为路径，不论是浙江企业在省内转移或向中西部省份转移，不论是企业主体的自发转移或地区政府的外力推动，产业转移对加快推动转型发展、改善产业结构体系以及增强区域发展潜力，都是重要的推动力量。产业梯度转移不是生产要素的简单转移，在产业转移模式上，大多数浙江企业在把生产基地转移到安徽、江西等邻近省份，同时，总是把与知识相关的营销、研发等环节留在省内大城市，甚至把总部搬迁至杭州、上海，形成"大脑—手脚"的梯度转移模式。绍兴传统工业强镇福全镇就是受要素成本与环境约束，通过转移推进转型。曾经连续多年，福全镇因没有新增工业用地指标，招商引资陷于停滞。倒逼发展的压力，让福全决定加快"腾笼换鸟"，把传统的印染企业转移到中西部或者集聚到滨海工业区，鼓励本地发展非纺产业和新兴产业。同时规划建设总部商务区、居住区、生活服务配套区、休闲区等，一批大型工业企业在外迁生产基地的同时，开发房产或建总部基地。可见，推进浙江沿海地区向省内或内陆省份产业梯度转移，有助于"腾笼换鸟"，提供更大转型空间，吸收更多高级要素资源并建立形成新产业体系。现代产业的发展形成一个包括研发、制造和营销在内的横向产业分工体系。浙江企业的产业转移，多数是这种模式，根据内地产业空间层级特征和分形基础，从省内的衢州、丽水地区向江西、湖北乃至新疆转移，形成有梯度的转移路径。不同层级的承接地区，往往根据各自优势和定位，制定不同的转移园区规划，有选择地形成转移产业园区，批次承接浙江传统产业转移。目前来看，浙江企业选择将附加值高的研究开发、营销集成等关键环节落户在杭州、宁波等大城市，或者选择落户上海或留在发源地，而将大部分的生产制造、加工组装等体力劳动型环节剥离到衢州或省外，从而由传统的垂直一体化生产组织方式发展为扁平的、模块化的生产组织方式，区域产业结构层次优化提升效果非常明显。地方政府为防止产业转移后空心化，也积极协助企业转型升级，把核心部分留在本地，占据产业链的高端。

3. 产业布局逐步形成龙头带动型的集聚式链式

集聚式链式产业转移和空间布局增加了转移的效益和转型的发展空间。浙江品牌龙头企业在产业转移过程中，往往通过行业影响力和号召力，发挥其社会化协作程度高和横向联系广的优势，主动引导和带动相关行业的投资，鼓励与其配套的生产服务企业和供应商一同到内地投资，在当地发展配套产业并建立关联产业群，实现零部件生产供应的本地化，从而实现产业链条整体转移，这种转移方式以纺织产业和服装产业最为典型。从浙江传统优势产业看，纺织服装、电子电器、化工等产业链整合和集群转移趋势明显。如雅戈尔在浙西欠发达地区、培罗成集团在九江、太子龙在安徽建设生产基地，法派甚至投资 25 亿在简阳建"中国西部服装产业园"，以实现相关纺织服装产业集群化迁移。而大企业的生产能力和品牌效应，动辄几亿元的投资使得相关配套资源都向其集聚，从而使产业转移的承接地形成新的集群效应。嘉兴就是采取这种"飞地"的方式将园区"整体移栽"到安徽郎溪，不仅扩大了嘉兴产业发展空间，而且为本地经济转型升级创造有利条件。嘉善县罗星街道与江西永新县共建的永新—罗星工业园，也是采用两地政府通力合建"异地园区"的方式建立的工业园，由永新县负责园区的基础设施建设和优惠政策实施等，由嘉善方负责园区的整体规划和招商引资等，来共同推动产业的转移和提升，形成优势互补、合力双赢的发展格局。嘉兴海宁经编产业园区是全省最重要的经编产业基地，一方面优势企业增资扩产的要求十分强烈，另一方面土地供应短缺、劳动力成本上升、用电紧张、环境容量指标限制等瓶颈约束严重。为开拓产业发展的新空间，海宁经编产业园管委会与安徽郎溪县政府、鸿翔控股集团三方共同设立郎溪经编产业园，将部分生产加工转移到郎溪经编产业园；同时规划建设集研发、检测、培训、创意、展示、商务办公等于一体的经编总部商务区，将企业研发、设计等技术部门留在海宁，发展"总部经济"。海宁还通过建设"产业用纺织品材料技术创新战略联盟""产业用纺织品公共服务平台""经编产业特色工业设计基地""经编研究院"等创新平台，整合多家企业和多所大学的创新资源，加快形成以企业为主体、市场为导向、产学研一体的技术创新体系，促进了部分产业转移后本地产业的结构调整和层次升级。

总的来看，浙江企业实行的是一种以市场导向为主、要素利用为辅的目标模式下的对外扩张和产业转移模式，高附加值环节及生产性服务业的留存以及品牌化、商贸化发展思路，有助于本地转型升级。从浙江省温台等地的实践看，皮鞋、服装等传统产业转移主要源于土地、资源、能源、劳动等各类要素成本的迅速上升，而中西部的要素禀赋和广阔的发展空间正好提供产业转移的契机。值得注意的是，虽然浙西地区劳动力、土地等资源禀赋与沿海地区相比具有较大的比较优势，但仅仅凭资源禀赋方面的优势吸引产业转移还是不够的。实践表明，浙江企业更多的是选择向中西部省份转移，随着浙江沿海地区的产业结构升级步伐加快和产业转移浪潮的推进，传统产业向中西部地区转移正不断向深度和广度发展。

五 清醒认识杭州大湾区面临的短板与挑战

谋划杭州大湾区发展，要清醒地认识面临的机遇、风险与挑战，把面临的难点问题和复杂性估计得更充分、更深入，统筹兼顾。建设世界级湾区，属于浙江对自身发展的战略定位，以对标国际知名大湾区的要求，推动高水平地建设浙江大湾区，摆脱粗放、低端与不平衡的发展模式。然而，打造世界湾区主要面临创新力短缺与不足问题，如缺乏世界一流的科学研究载体和重大科技基础设施集群、缺少世界一流的高校资源和缺少世界级的产业创新集群，大湾区内产业多集中在纺织等传统产业，整体水平并不高。未来浙江大湾区建设的关键还在于科技创新，虽然浙江大湾区规划范围内的经济规模和发展水平已达到一定的高度，能够为大湾区建设提供有力的支撑，但与世界知名大湾区相比，总体产业发展水平并不高，产业结构仍然有较大的提升空间。

近年来，浙江始终坚持高水平建设国家自主创新示范区、强化人才集聚、建设一批创新应用示范基地、前瞻布局一批国际创新载体，积极培育新技术、新产品、新业态与新模式。在不同发展时期、不同发展阶段，短板也会有不同的具体表现形式。从"十四五"时期看，高新技术产业、战略性新兴产业和生产性服务业正逐步成为增长的主动力，但在全球产业链中的地位还有待进一步提升，创新要素还有待进一步完善，民生领域、公共服务与社会治理体系还存在不均衡、发展不足等，这都是我们面临的短板，必须高度重视并予以弥补。其重点是以数字经济引领浙江科技创新，聚焦数字经济核心产业，在人工智能、物联网、柔性电子、量子通信等领域前瞻布局，建设国家数字经济示范区，在集成电路材料、高端磁性材料、合成新材料等领域推进产学研合作，打造具有全球影响力的新材料研发制造中心。

1. 国内外发展环境的复杂性与长期性

世界经济的深度调整曲折缓慢，国际金融市场与国际大宗商品价格波动进一步加剧，地缘政治、国际新秩序与新规则，都将深刻影响世界经济走势与格局。新一轮科技革命与产业变革不断催生新技术、新业态，促使全球要素资源的配置方式、生产方式、组织方式及生活方式都随之发生新的改变。世界经济正进入以"第四次工业革命"为标志的新一轮运行周期，一些重点科技领域将发生革命性突破，一些产业领域也将形成重大变革。美国的"再工业化"、欧盟的"2020 战略"和德国的"工业 4.0"等，都使得争夺新一轮国际产业制高点的竞争空前激烈。浙江省提升制造业竞争力、扩大国际市场份额，既面临重大机遇，也面临更加严峻的挑战。国内发展进入中速增长的新常态，高质量发展成为新常态。"十四五"时期，传统增长动力将会逐步衰减，创新对经济增长的驱动力将会逐步增强。新主体和新业态的涌现、新劳动生产率的提高、创新平台的建设、科技型企业的发展和各类人才的保障，对经济社会的发展都将具有越来越重要的意义和作用。尽管浙江省在动力转换和创业创新方面已有很好基础，在信息经济、互联网和相关服务业发展方面已形成一定优势，但产业结构升级、新增长动力汇聚、创业创新平台构建，都还任重而道远。

2. 杭州等湾区城市因国家发展规划与发展定位面临的挑战

目前，我国共有 9 个国家中心城市：北京、上海、广州、重庆、天津、成都、武汉、郑州、西安。《长江三角洲城市群发展规划》（以下简称《规划》）有关浙江省城市定位、港口发展和产业布局，引起广泛关注。《规划》提出，南京定位为长三角唯一"特大城市"，杭州与合肥、苏州是"Ⅰ型大城市"，宁波是"Ⅱ型大城市"。实际上，浙江本就不以面积、人口见长，改革开放以来克服资源和定位劣势，率先探索市场化改革，走在全国前列。《规划》立足于统一规划、梯次布局，推动协调发展。但总体来看，浙江战略定位与布局规划，确实还有很大的提升空间。面对上海、江苏与安徽等地发展空间布局和产业规划，浙江面临着巨大的压力与挑战。国家中心城市是推动中国城市现代化进程的重要力量。截至目前，国家已明确，北京、天津、上海、广州、重庆、成都六大城市为国家中心城市；北京、上海、广州、南京、武汉、成都六大城市为具有全球影响力的科技中心，成都还定位为全球综合交通枢纽。可见，浙江应坚持既定发展战略和城市群发展规划，着眼全球，加快布局未来产业"新王者"，建设世界级科创大走廊；建设沪—嘉—杭信息大通道，建设"长三角信息中心"；着眼 2030 年，建设特大城市。规划杭州人口 2030 年达到 1500 万，宁波力争尽快成为千万级人口大都市，在远期 2030 年人口增长至 1200 万。人口规模小就不可能成为国际化大都市，积极谋划申办亚洲杯、奥运会、世界杯；增强对周边的辐射吸引力，规划湖州重要中心城市，增强对宣城等地辐射影响力；加快政策突破，推改革促发展，放宽人口政策，改革完善省管县体制。城市规模需要以要素集聚和人口规模为基础，否则房地产行业发展没有基础，房价是城市综合实力的一项重要指标。虽然杭州钱江新城规划早、定位高，比南京、合肥规划发展新城早很多，但南京与合肥产业布局更合理、要素集聚势头比杭州强、开发速度比杭州快。世界 500 强企业正快速向南京、成都等中西部布局，成都还建设了成都天府国际机场，高端要素集聚能力强。至于浙江的港口优势，上海依靠洋山港，削弱了浙江港口优势，提高其港口中心地位。资源禀赋最佳的宁波面临强大分流压力。南京可依托长江经济带向中上游拓展空间，合肥也有广阔的拓展空间，杭州依托钱塘

江，但钱塘江上游人口、产业和城市拓展空间极其有限。宁波舟山港
"定位偏低"，国际化遇强大分流。以宁波舟山港的辐射带动力，本可
以吸引江苏、安徽和江西等地的大量要素资源集聚，与上海竞争成为
国际港口航运中心（宁波舟山港的区位优势、港口优势明显，即使洋
山港划出，但货物吞吐量已多年居全球第一，并被评为"世界五佳港
口"）。但根据规划，宁波舟山港和连云港成为内陆与国际货运的中
转港，上海作为国际货运中心。宁波舟山港和连云港为上海国际货运
中心的配货集散地，宁波舟山港的巨大市场潜力与辐射空间大打折扣。

3. 区域竞争面临新压力，城市辐射空间与集聚力受限

围绕"一带一路"和长江经济带建设的国家战略，区域一体化进
程将进一步加快，但区域竞争也将面临新的挑战。特别是推进转型发
展，需要更多地依赖人才、技术、创新等高端要素资源。而集聚这些
要素资源，不仅会面对国际竞争，也会面对区际和区内的竞争。如何
精准对接国家战略，充分利用好浙江省的战略区位和特色优势，有效
发挥"四大都市区"和城市群的功能作用，使之成为要素集聚和产业
升级的"高地"等，都是摆在我们面前的挑战与重任。根据《规划》，
浙江应着重突出自身优势，围绕特色产业、特色经济发展。杭州已成
为长三角地区创业创新中心，"互联网+"指数位居北上广深之前，先
行优势明显。《规划》要求杭州要发挥创业创新优势，培育发展信息
经济等新业态、新引擎，加快建设国家自主创新示范区和跨境电子商
务综合试验区。杭州城市发展定位为"美丽中国先行区"，湖州为
"国家生态文明先行示范区"，与省委建设"两美浙江"相得益彰。北
京、上海、广州、深圳作为一线城市实力强劲。而杭州、南京、武汉、
郑州、成都、西安不仅连续三年全部入选新一线城市榜单，成都、武
汉、郑州、西安四城更是国家中心城市，除西安以外，GDP 规模均已

达到万亿。综合考虑经济活力、投资消费能力、人口红利和科教实力等，成都、武汉、杭州最具备率先冲击一线城市的潜质。无论从 GDP 还是从增速来看，成都都具有绝对优势。当前，与成都、武汉、合肥等中西部城市相比，杭州的竞争压力主要来自工业增加值的短板。不论是在战略性新兴产业规模上，还是在龙头企业布局带动形成的新兴产业链上，杭州近期内部难以形成领先优势。

4. 科研创新能力差距明显，部分城市面临竞争压力

湾区城市科研创新能力差距明显，杭州科研能力不断增强，宁波、绍兴与嘉兴、湖州等城市研发创新面临竞争压力。相比南京、合肥与武汉、成都等城市，杭州近年来引进国内外知名科研机构的步伐不断加快，相对而言，宁波与嘉兴、绍兴的大学、研究所等研发机构的能力还不够强，队伍规模还不够大，本土研发创新机构与队伍也面临巨大的竞争压力。与深圳、苏州相比，国内外知名研发机构在浙江省开发区、高新区和创业园设立研究中心的动力不足。2018 年，杭州确立实施"名校名院名所"建设工程，明确目标定位：通过实施"名校名院名所"工程，建设一批在国内外有重要影响力的高水平大学和科研院所，使杭州成为充满活力的创新高地和人才高地，为杭州加快建设独特韵味、别样精彩的世界名城提供强有力的人才保障、科技支撑、智力支持、文化引领。到 2026 年，杭州引进优质高等教育和科研资源、建设"名校名院名所"的具体目标为"1+5+20+30"（以签约为准），即引进世界一流大学，建设 1 所独立法人的中外合作大学；引进5 所以上国内一流大学来杭建设分校、校区或研究生院；引进建设 20 个非独立法人的中外合作办学机构或中外合作办学项目；引进国内外优质高等教育和科研资源或世界 500 强企业建设 30 个高水平科研院所。在引进的同时，加大对现有高校、科研院所的扶持力度，提升他

们的水平。引进科研院所原则上应为中国科学院及其研究所、中国工程院、国际知名科研机构、国家级科研院所，以及世界 500 强企业的研发机构。引进学科的门类要符合国家重大战略需求以及杭州市产业发展需求。

为此，当前亟须前瞻性地在西湖之江双浦、三墩紫金港区块、滨江白马湖区块规划若干大学城，引进国内外名校建立分校，校区集聚，可以统筹建设，完善生活配套设施。争取在总体规模上，媲美下沙大学城，形成东有下沙、西有之江、北有三墩、南有白马湖的大学城格局。目前之江转塘区块已经有中国美术学院、浙江音乐学院、西湖大学、浙江电影学院（筹）、国科大杭州研究院了，希望未来再增加十多所名校分校，形成规模集聚效应。北航也已经在白马湖区块筹建，西湖大学等也在三墩筹建校区，这三大区块需要扩大规模，形成高教园区。

5. 人口与产业规模的提升压力

在国家强省会与中心城市的政策下，大城市空间扩展与认可集聚趋势更为明显，这也是经济高质量发展和社会发展的必然过程。杭州要成为一线城市，其人口规模将要维持在 1500 万~2000 万。杭州未来拥有 1500 万还是 2000 万人口，取决于政策给予的资源平台的吸引力，如杭州的产业平台吸引力，城市规模的吸引力，城市本身科教文卫、经济商业资源与城市配套设施的吸引力，经济发展速度的吸引力。近年来，杭州以互联网为代表的信息经济高速发展，吸引大批人口进驻，常住人口涨幅位居国内前列。未来，亟须增强杭州对周边城市的影响力，特别是对海宁、绍兴和德清的强大带动力，对西部县改区进程的推动力以及对安徽宣城和黄山的影响力，而县改区是发达地区通过推动城市化达到统筹发展的必然路径。杭州作为中心城市，推进全域整

体统筹规划发展。早在 20 世纪 90 年代，副省级城市武汉就已经实现
"无县化"。截至目前，北京、上海、广州、深圳、天津、南京、苏
州、青岛等地辖下均已"无县"，重庆、成都也快要完成撤县设区。
特别是随着土地资源日益紧张，城镇集约化要求越来越高，原来的村
落宅基地铺开建设面积已经触及上限，农村城镇不能再无节制占用耕
地、林地建住宅了，只能推动中心城镇的集约化发展，撤村建居，改
农民房为城市高层住宅小区，农村人口逐步向城镇迁移，才能解决这
个问题。另外，农村地处偏远，没有完善的教育、医疗、交通等基础
设施，农民为了自身和后代获得更好的生活品质，必然会选择向城镇
迁移。县改区就是顺应这个趋势，通过市、区统一规划，扩大城镇建
设用地，限制农村建设占地，顺应农民向中心城镇转移的趋势，加快
中心城镇的公共设施建设，以及主城区延伸各项基础设施公共服务至
中心城镇，这是一举两得的发展模式。

6. 工业经济与招商引资方面的竞争压力

大湾区内杭州与宁波作为经济强市，但制造业显然规模体量与影
响力还不够，与周边的苏州、南京乃至武汉、成都等城市差距不小，
还有很大的提升空间。南京与合肥因区位交通、辐射范围广的优势，
德国制造业、国内外知名家电制造业企业在此大力布局，实体经济快
速成长，武汉、成都、南京、合肥的招商引资集中在半导体集成电路
行业，吸引投资动辄上千亿，带动产业链投资达到上万亿，相较而言，
杭州乃至浙江五市的外来投资规模太小。尽管近年来服务业快速发展
成为经济增长的新引擎，但对各大城市来说，工业制造业仍是城市经
济发展的基础。近年来杭州的三产比重不断提高，但如果过于强调三
产，而忽视二产制造业的转型提升，那么三产也就没有了服务的对象
和来源。放眼全球，各国都开始重新重视工业。比如，美国提出再工

业化战略，德国提出"工业4.0"，新加坡制造业占GDP比重达25%。数据显示，2018年全年深圳全部工业增加值达9254亿元，比上年增长9.0%，成为全国唯一一个工业增加值突破9000亿元的城市（见图2-2）。其中，全年实现规模以上工业增加值9109.5亿元，增长9.5%，连续两年超过GDP和三产增速，对GDP增长贡献达到44.7%，较2017年提高4.8个百分点。制造业如何从传统制造向智能制造、先进制造业转变十分关键。

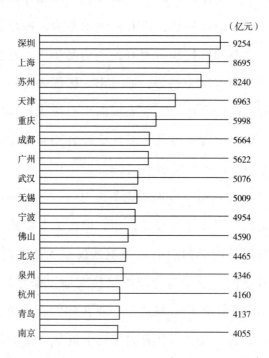

图2-2　2019年我国发达地区部分城市工业增加值

当前包括杭州、上海、南京等各大城市都在积极发展先进制造业。2019年，中共杭州市委、杭州市人民政府发布《关于实施"新制造业计划"推进高质量发展的若干意见》（以下简称《意见》）。《意见》提出，到2025年，杭州全市工业总产值要达到25000亿元，规上工业增加值达到 6800 亿元，年均增速 10%；全市企业进入中国企业 500 强 30 家、中国制造业企业 500 强 40 家等。2019 年，武汉市高位推进招商引资，签约总金额突破 2 万亿元，实际到位资金 8600 亿元以上，引进各类 500 强项目 404 个，包括长江存储、武汉新芯、华星光电、京东方、东风日产、快舟火箭等大项目。在汉投资世界 500 强企业总数突破 300 家，实际利用外资增长 12.5%。

7. 以半导体与集成电路为代表的制造业规模体量亟须大力培育提升

制造业是城市经济的根基，是确保继续走在前列的底气。浙江省政府和地方各级政府一直都重视半导体与集成电路的引进培育工作，但因土地要素限制等，进展不是非常显著。2017 年发布《浙江省人民政府办公厅关于加快集成电路产业发展的实施意见》，此后又发布《浙江省集成电路"强芯"三年行动计划》，2018 年，杭州市发布《杭州市人民政府办公厅关于印发进一步鼓励集成电路产业加快发展专项政策的通知》，明确重点扶持集成电路企业技术创新、应用创新、产业链整合等项目，重点培育若干个国内外知名的集成电路龙头企业，扶持一批"专、精、特、新"的中小型集成电路企业。杭州虽有集成电路产业发展基础、良好条件和先发优势，但是前些年规模化布局不多，错过了集成电路产业黄金十年的发展机遇，集成电路产业的投资强度有所下降，没有大力增强产业发展基础与提升产业链优势，特别是与上海、北京、武汉、深圳等发达地市相比。南京、武汉、成都及合肥等城市都是大规模投入，其集成电路制造产业链很完善，杭州与之相比差距明显，在这些产业规模与生态上，未来很可能被广州、成都、西安、南京、无锡等集成电路产业后发地市逐步超越。发展集成电路产业是"中国制造 2025"的重要组成部分，杭州出台的《杭州市集成电路产业发展规划》提出，以集成电路设计业为突破口和主要抓手，制造业重点发展特色工艺技术，兼顾封装、材料与设备，以整机应用牵引，争取国家"芯火"平台在杭州落地。具体目标方面，该规划提出到 2020 年年底，全市集成电路产业主营业务收入力争达到 500 亿元；培育主营业务收入超过 50 亿元的企业 3~5 家，超过 10 亿元的企业 5~8 家，超过亿元的企业 30 家以上；同时，创新能力显著提升，到 2020 年年底，企业创新研发投入占销售收入比重达到 8%~10%；建设一批以企业为主体的研发中心和产业技术创新战略联盟，自主研发和引进消化吸收一批关键核心技术，专利和芯片版图著作权申请数量年均增长 30% 以上。近年来深圳、成都、西安、南京、无锡和杭州等城市作为我国 IC 产业发展最快、最集中的城市，离不开当地政府部门的政策支持与鼓励，特别是强有力的人才、技术、补贴政策和产业战略规划。2018~2019 年各地集成电路发展情况如表 2-8 所示。

表 2-8 2018~2019 年各地集成电路产量比较

单位：万块，%

地区	2019 年	2018 年	增速
江苏省	5162883.00	5642402.20	-8.50
甘肃省	3898581.00	3177018.00	22.71
广东省	3632445.10	3007888.90	20.76
上海市	2075941.20	2334806.80	-11.09
北京市	1544893.00	1374911.50	12.36
浙江省	1434530.80	653605.10	119.48
四川省	772217.30	765897.40	0.83
安徽省	597447.90	12494.00	4681.88

续表

地区	2019 年	2018 年	增速
重庆市	337143. 40	54062. 30	523. 62
山东省	212873. 40	4446. 70	4687. 22

资料来源：国家统计局。

8. 湾区二线城市实现跨越式发展迫在眉睫

从经济体量上看，除杭州与宁波外，嘉兴与绍兴等杭州大湾区城市还不具备强大的经济实力，杭州大湾区缺乏世界级竞争力。温台绍等强市距离上海远，主要受杭州和宁波影响，因此更多依赖内生增长。根据规划，安徽合肥、芜湖、马鞍山、铜陵、安庆、滁州、池州、宣城等八座城市首次被纳入长三角城市群。杭州大湾区虽然相比于粤港澳大湾区优势非常明显，但它存在相对劣势。粤港澳大湾区拥有香港、广州、深圳等三座国际化大都市，经济实力均居国内前列，完全具备了与世界级湾区相匹配的经济总量。粤港澳大湾区还有一个鲜明的特点，即它是内地和香港交流的大平台，也是中国开放的重要窗口，这已经超出了杭州大湾区的跨行政区域协同发展的范畴，同时更是跨政治制度而进行合作。因此，在粤港澳大湾区发展过程中的政策倾斜力度和开放程度将是杭州大湾区不能企及的。在产业结构上，粤港澳大湾区的产业结构比较接近发达国家产业结构，其中澳门、香港、深圳和广州的第三产业占据绝对优势。而杭州大湾区城市除了上海和杭州服务业优势相对明显，其他城市如宁波、嘉兴、绍兴的产业结构还是以工业为主导，这与世界级城市群还有差距。从浙江、广东和江苏的主要城市比较来看，2000 年以来，杭州、宁波和温州、绍兴 GDP 全国排名都有所下滑（见表 2-9），嘉兴略有上升。而广东深圳、佛山、东莞排名上升，江苏除无锡以外，苏州、南京和南通排名都有所上升。

此外，湾区城市绍兴、嘉兴 GDP 远远小于江苏、广东两省的主要城市的 GDP，湖州的 GDP 规模更小。

表 2-9　2000~2019 年浙江、广东、江苏主要城市 GDP 及全国排名

单位：万元

省份	城市	2000 年 GDP 及全国排名		2010 年 GDP 及全国排名		2019 年 GDP 及全国排名		19 年来名次变动
浙江	杭州	1383	8	5949	8	15373	9	1 ↓
	宁波	1176	12	5163	14	11985	13	1 ↓
	温州	828	27	2925	34	6606	30	3 ↓
	绍兴	780	28	2795	37	5780	38	10 ↓
	嘉兴	541	49	2300	48	5370	45	4 ↑
江苏	苏州	1541	7	9229	5	19235	6	1 ↑
	南京	1021	18	5131	16	14030	11	7 ↑
	无锡	1200	11	5793	9	11852	14	3 ↓
	南通	736	30	3466	26	9383	23	7 ↑
广东	深圳	1665	4	9582	4	26927	3	1 ↑
	广州	2376	3	10748	3	23628	4	1 ↓
	佛山	957	22	5652	11	10751	17	5 ↑
	东莞	490	53	4246	21	9482	19	34 ↑

9. 亟须建立若干行业大基金，推进重大行业培育

江苏、广东、湖北纷纷成立规模高达千亿的引导扶持基金，重点引进、培育半导体和集成电路行业，通过重点引进三星、京东方和 TCL 等龙头企业，上下游带动和产业集聚，新兴产业集群高速成长。目前，杭州、绍兴等城市正大力扶持半导体与集成电路、新能源新材料等新兴产业，壮大产业规模仍需政府加强政策扶持与基金引导，切实在产业链上形成完整布局与优化。

第三章
杭州大湾区的战略定位与发展目标

从经济发展角度看，湾区经济在推动区域经济发展等方面发挥着重要作用，受到各国的高度重视。结合世界三大湾区建设与我国粤港澳大湾区的规划，从产业、物流、创新、城市群等角度进行科学定位、合理布局。打造创新大湾区，将是切实可行的首要选择。高新技术研发是湾区经济的活力来源，上海在整个湾区的创新型发展中有着举足轻重的作用，集中力量建设张江综合性国家科学中心，依托重大科技基础设施群筹划国家实验室，集聚创新单元、研究机构和研发平台，促进高精尖端新科学新技术的研发。而杭州、宁波等城市则分别在以互联网为代表的商业模式创新与众多制造业技术创新上独具特色。

一　浙江谋划高质量发展重要的新增长点在湾区

浙江的未来和关键在湾区。承载浙江转型发展的新增长点、新产业布局和新空间很大程度上在于整个湾区的规划与发展，在于湾区所在园区与平台的新产业规划与布局。目前全球公认的世界级湾区只有纽约湾、旧金山湾和东京湾，其共同特点是经济高度发达、创新资源集聚、生活环境优质、交通基础设施完善、区域发展格局功能明确。《长江三角洲区域一体化发展规划纲要》指出，长三角要发展成为全国发展强劲活跃增长极、全国高质量发展样板区，要提升科技创新和产业融合发展能力，提高城乡区域协调发展水平，打造和谐共生绿色发展样板，形成协同开放发展新格局，开创普惠便利共享发展新局面，率先实现质量变革、效率变革、动力变革，在全国发展版图上不断增添高质量发展板块。其中，杭州大湾区的发展目标不仅要立足于浙江，也要立足于国内外，打造新时代改革开放新高地。随着杭州湾区的战略意义凸显，大湾区城市群规划正给浙江沿海发达地区的未来发展创造想象空间。对于浙江当前实施的"一环一带一通道"战略而言，加上当前转型发展的深入阶段，杭州大湾区的产业布局与空间规划是引领浙江战略性新兴产业的重要阵地。

从发展空间角度看，不论是着眼于长三角还是浙江的嘉兴、杭州和绍兴、宁波，杭州湾尚有巨大的发展空间用以布局未来产业，因此未来的重要新增长点将在杭州大湾区。相对而言，传统城市空间特别是高速沿线城市空间有限，传统产业沉淀了较多的成本和压力。而城市西部地区因为人口集聚与环境因素，产业基础相对薄弱。所以杭州湾区的沪杭沿线和杭甬沿线乃至 G60 沿线将是非常重要的新兴产业布局点。目前，科技部正在牵头制定长三角 G60 科创走廊建设方案，共同打造跨区域合作平台，未来将建成具有更多优势、更强实力与更大空间的杭州大湾区，打造世界级科技湾区大有可为。上海高等教育发达、高端人才储备丰富，科技金融、知识产权等现代服务业发达；杭州以互联网信息产业为代表的创新生态体系完善，创新创业氛围浓厚；杭州、绍兴、嘉兴和宁波制造业发达，转型升级步伐加快，在很多传统产业或新兴领域具有独特优势，独角兽和隐形冠军队伍强劲。

环杭州湾作为世界重要的科技产业、金融服务业、航运物流和制造业中心，拥有比较完备的创新链、产业链和供应链，可以实现理念、筹资、研发、制造、产业化等"一条龙"的创新全过程。特别是与粤港澳大湾区相比，杭州大湾区经济实力强、优势明显，城市之间没有海关约束，联系方便，加上近些年来长三角一体化顺利推进，经济结构差异化明显、科技创新实力更强（科研机构与人才优势），而且文化认同度高，协调方便，加上政策沟通、设施联通、贸易畅通、资金融通、民心相通。

从浙江发展基础看，杭州湾地区经济一体化发展基础好、效果显著，产业结构上的分工融合与产业链分工也较为成熟。打造杭州大湾区，推动长三角加快建设世界级城市群，已成为国家战略，杭州湾将是长三角南翼非常重要的空间。着力打造杭州湾世界级科技湾区，不仅有助于我国"一带一路"倡议落实，也是落实国家创新驱动发展战略、加快建设世界科技强国的必然要求。

借助协同创新优势，打造杭州湾世界级科技创新湾区。由只注重单纯的经济增长价值向经济价值、社会价值、生态价值相协调的生态财富价值观转变。目前，杭州湾区城市已进入工业化后期，进入品质与功能的提升阶段，表现在从制造业向现代服务业转型，由舒适向社会优先、生态优先的品质转型，视野从本土性向全球一体化转型。转型不是舍近求远，而是持续发展的"远谋近施"；转型不是否定增长，而是为了更好地增长；也只有保持当前的有机增长、包容性增长，转型才能不断获取动力。如果将大学的创新比喻成一个系统的话，1.0时代是线性创新，是相对封闭的；2.0时代是协同创新，是开放式的；到了3.0时代，是生态创新，是网络化的。本着这样的思路，浙大在人才引进与聘用、考评制度、科研体系等多方面进行集成创新，力求为育人与科研提供健康的机制。

二 杭州大湾区的战略定位与目标：世界级科创大湾区

根据浙江大湾区发展与规划，杭州湾因其区位和经济条件，是浙江大湾区的建设重点。浙江大湾区要打造科创大走廊和产城融合的现代化新区，建设成为"全国现代化建设先行区、全球数字经济创新高地、区域高质量发展新引擎"。到 2022 年，浙江大湾区科技创新能级全面提升，产业结构不断优化，城市国际化、现代化水平明显提高，高质量发展格局基本形成。

1. 世界级科创大湾区的战略定位

从总的战略定位来看，杭州大湾区要建设为融合科技与智慧的现代高端产业、高端要素与创新资源集聚区，高质量发展示范区先行区，浙江大湾区建设的总目标是打造成为"绿色智慧和谐美丽的世界级现代化大湾区"。浙江大湾区规划提到两个重点：一是把杭州湾经济区作为大湾区建设的重点；二是把打造科创大走廊和产城融合的现代化新区作为大湾区建设的重点。因此，浙江大湾区战略规划一方面是浙江在省域层面提出的促进经济社会发展的平台与抓手，在基础设施、城市化建设与产业发展方面都有区域性的规划特点；另一方面，是长三角更高质量一体化发展的重要组成部分，也是后者落地的浙江探索路径。

建成具有全球影响力的国际科技创新中心。杭州湾区城市以杭州和宁波为龙头，瞄准世界科技和产业发展前沿，加强创新平台建设，大力发展新技术、新产业、新业态、新模式，加快形成以创新为主要动力和支撑的经济体系；扎实推进全面创新改革试验，充分发挥极大龙头城市及其高新区的创新引领作用，发挥中心城市和杭州湾区各类产业园的科技研发与产业创新优势，切实加大力度吸纳与培育全球领先的创新要素，进一步激发各类创新主体活力，建成全球科技创新高地和新兴产业重要策源地。

建成高端先进制造业基地核心区。根据浙江省委、省政府《关于以新发展理念引领制造业高质量发展的若干意见》，坚定不移建设全球先进制造业基地，积极吸纳国际先进生产要素，推进与上海、江苏的联动发展，培育若干具有国际竞争优势的产业集群，构建新型产业体系，奠定浙江先进制造业基地核心区地位，建成世界新兴产业、先进制造业和现代服务业基地，形成长三角地区具有全球影响力的先进制造业基地。到2035年，高水平建设具有国际竞争力的数字经济、生命健康、新材料创新高地，持续领跑制造形态变革，基本建成全球先进制造业基地。

助力谋划世界第六大城市群。增强中心城市集聚与辐射功能，统筹城乡发展，形成以城带乡、以工补农、城乡一体化发展格局，成为全省城乡一体化发展的示范区。主动服务上海国际经济、金融、贸易、航运中心建设，强化与上海及周边城市的分工协作，成为上海国际航运中心的重要组成部分、长三角游憩休闲基地和现代农业基地，与核心城市上海及长三角北翼城市共同打造世界第六大城市群。

打造改革开放与新型工业化先行区。率先建立起适应国际竞争需要、符合国际经济惯例的政府管理体制，形成比较完善的现代企业制度与规范的市场经济秩序，在更高层次、更宽领域、更广范围参与国际经济大循环；率先实现信息化与工业化互动发展，率先走上科技含量高、经济效益好、资源消耗低、环境污染少、人力资源优势得到充分发挥的新型工业化道路，率先提前基本实现现代化，成为全省改革开放与新型工业化建设的先行区。

建成科技创新先导区。充分把握当代科技发展及成果商品化、产业化趋势，发挥机制灵活、民资充裕和智力密集优势，完善科技创新服务体系，强化政府扶持和政策引导，营造优越的创新创业环境，大力推动民营企业成为科技创新主体，积极鼓励科技人才创办民营科技型企业，努力吸引国内外风险资本集聚，力争成为国内重要的科技成果转化基地；以杭州、宁波两大中心城市为重点，杭甬高速公路为主轴线，大力集聚创新资源，推动高新技术研发及其产业化，成为全省高新技术产业化的重要源头；率先形成以科技创新和人才开发为主要动力的经济发展模式，成为全省科技创新的先导区。

建设生态建设示范区。坚持以"八八战略"为统领，坚持两山理论引领，大力发展循环经济，加大生态建设和环境保护力度，集约开发和永续利用自然资源，发展资源节约型经济；发展生态产业，改善生态环境，打造生态家园，建设生态文化；创造绿色生产和适宜人居的环境，形成人、城市与自然和谐的优美景观区，打造杭州湾特色生态建设示范区。在构建具有国际竞争力的现代产业体系方面，加快制造业绿色改造升级，重点推进传统制造业绿色改造，开发绿色产品、打造绿色供应链。在战略性新兴产业发展中培育壮大新能源、节能环保、新能源汽车等产业，形成以节能环保技术研发和总部基地为核心的产业集聚带。

建设宜居、宜业、宜游的优质生活圈。坚持以人民为中心的发展思想，践行生态文明理念，充分利用现代信息技术，实现城市群智能管理，优先发展民生工程，提高大湾区民众生活便利水平，提升居民生活质量，为湾区居民学习、就业、创业、生活提供更加便利的条件，建设生态安全、环境优美、社会安定、文化繁荣的美丽湾区。

2. 杭州大湾区的战略目标体系

对浙江来说，把杭州湾打造成为世界级科技湾区作为大力促进长三角高质量一体化的重要内容和建设创新强省高地的重要战略，有利于推动浙江大湾区早日成为创新要素高度聚集、科技产业高度发展、创新生态高度成熟，具有全球要素资源配置能力和影响力的世界级科技湾区。根据大湾区规划，浙江要把杭州大湾区打造为世界级大湾区，力争在 2022 年湾区经济总量达 6 万亿元，综合实力显著增强，合作更加深入广泛，区域内生发展动力进一步提升，发展活力充沛、创新能力突出、产业结构优化、要素流动顺畅、生态环境优美的国际一流湾区和世界级城市群框架基本形成。

一是 2020 年浙江省科技领导小组办公室发布的《环杭州湾高新技术产业带发展规划》提出，力争把环杭州湾高新技术产业带（包括杭州、宁波、嘉兴、湖州、绍兴、舟山）建设成为以数字经济为主导的、具有全球重要影响力的创新创业高地。这是浙江瞄准"高质量、竞争力、现代化"，践行"'八八战略'再深化，改革开放再出发"的重要举措。开放型经济新体制加快构建，成功的转型需要着眼全球经济格局和产业分工。在经济全球化的背景下，需要在世界经济格局和世界分工体系中确定经济转型升级的方向。杭州湾区六市都要紧紧抓住太平洋经济圈持续发展的机遇，网罗全球资金和人才发展高科技产业和现代服务业，实现城市国际化。产业转型要时刻着眼于全球制造业竞争力，并在研发设计、物流服务和文化品牌等方面提供核心支撑。

二是力争到 2022 年，将环杭州湾高新技术产业带建设成为具有全球一流的数字经济产业创新中心和全国先进制造业产业基地。打造产业转型升级版，不仅要大力推进传统产业加快转型升级，新兴产业和制造业核心竞争力不断提升，数字经济迅速增长，金融等现代服务业加快发展；转型升级首要目标是提高劳动生产率。成功的转型需要统筹传统产业和新兴产业发展。转型的本质是产业转型，是谋求产业的"涅槃新生"。培育战略先导产业是转型的重点，现在不去抢占发展的制高点，将来只能跟在别人后面以低端产品搞配套。但这并不意味着忽视和放弃传统产业，完全放弃或忽视传统产业既不符合杭州实际，也会对转型本身造成伤害。相反，对传统产业改造升级正是转型的"重头戏"，这是由所处发展阶段决定的。当前，最重要的转型目标是以"四换三名"为契机，提高劳动生产率，提高技术进步对经济增长的贡献水平。提高有很多方式，技术是关键，但杭州的特色是不仅限于技术，提高附加值，重点通过研发、设计、树立品牌来实现。同时要鼓励商业模式创新，形成一些新的业态和商业模式。

三是根据《环杭州湾高新技术产业带发展规划》，力争到2025年实现创新资源的全球整合配置，形成一批具有国际竞争力的数字技术，新材料、智能制造在全球产业分工和价值链中的地位明显提升，建成全球领先的先进制造业基地。要努力打造全球领先的湾区数字经济，打造互联网产业联动模式。21世纪是互联网时代，一切传统产业都要及时变革，并成为互联网产业的一个环节和支点，杭州具有做大做强互联网产业的基础条件与优势。为此，必须着眼于互联网应用的技术创新、管理创新、制造方式创新和商业模式创新，重点推进基于互联网应用的产业转型与创新发展、基于互联网应用的城市转型与智能发展以及基于互联网应用的社会转型与智能服务。

四是到2035年，大湾区形成以创新为主要支撑的经济体系和发展模式，经济实力、科技实力大幅跃升，国际竞争力、影响力进一步增强；大湾区内市场高水平互联互通基本实现，各类资源要素高效便捷流动；协同创新环境更加优化，创新要素加快集聚，新兴技术原创能力和科技成果转化能力显著提升。创新是转型升级的根本动力。杭州不仅要整合内生创新要素资源，更要加强吸纳全球高端创新要素资源，整合和发挥各种生产要素的潜力，避免过分依赖单一生产要素的消耗，提高生产要素配置效率。创新具有放大功能，转化出来的生产力呈现级数效应，可以开辟经济发展新天地。必须真正把实施创新驱动发展战略摆在核心位置，加快从要素驱动发展向创新驱动发展转变。

五是努力实现湾区区域发展协调性显著增强，对周边地区的引领带动能力进一步提升；人民生活更加富裕；社会文明程度达到新高度，文化软实力显著增强，中华文化影响更加广泛深入，多元文化进一步交流融合；区域发展更加协调，分工合理、功能互补、错位发展的城市群发展格局基本确立；促进均衡协调是转型发展的基本要求，要以生态补偿、重点支撑等拉动实现区域经济健康发展。

六是实现资源节约集约利用水平显著提高，生态环境得到有效保护，宜居、宜业、宜游的国际一流湾区全面建成。保持合理的增长速度是转型升级的基础，提高质量效益是转型升级的核心内容。不能片面追求GDP高增长，不考虑经济成本、环境成本、社会成本，忽视质量和效益。要在生态环境容量和资源承载力的约束下解决"三高"问题，增强发展可持续性，实现绿色发展，建立合理的经济结构。转型期经济增长具有脆弱性，需要通过社会发展予以弥补。事实证明，在转型期，如果决策者贸然采取一些曾经见效的措施试图恢复过去的高增长水平，将会适得其反。因此必须切实抛弃曾经的高增长预期和思维定式。综合研究国际经验，重要的是从社会发展层面入手，再塑转型期的经济增长动力，从而努力打造健康经济新模式，实现有质量、有效率、有幸福的增长。

三 谋划世界级科创大湾区的建设思路和重点内容

当前，湾区城市普遍处于转型发展的关键期，社会利益关系复杂，各种矛盾和风险增加，传统增长动力受到严峻挑战。进入新的增长阶段意味着新的机遇，但能否抓住这些机遇，释放增长潜力，形成新的竞争优势，取决于能否形成适应新增长阶段要求的体制机制和政策体系。如果能够顺利实现增长动力转换，将会迎来一个更加注重质量、效益和可持续性的新增长阶段。因此，深入研究和推进增长动力转变，在错综复杂的经济社会矛盾中抓住主要的、重大的矛盾，通过深化改革推动杭州在中速增长阶段加快转型发展，意义十分重大。

1. 国际大湾区的总体思路

拉高"标杆"向国际化标准看齐，创国际大湾区是杭州大湾区的战略目标。金融与科技是杭州大湾区的关键和核心，围绕金融与科技两大主题，重点规划推进数字湾区、智慧湾区、金融湾区、品质湾区的一体化建设。一是坚定不移地贯彻落实科学发展观，与时俱进地全面实施国际化战略、工业强区战略，全力以赴地建立"新产业体系、新社会结构、新城市空间"，使杭州大湾区成为国内外知名的"战略新兴产业集聚地和创新高地"。二是坚持创新驱动、改革引领。实施创新驱动发展战略，完善区域协同创新体系，集聚国际创新资源，建设具有国际竞争力的创新发展区域。全面深化改革，推动重点领域和关键环节改革取得新突破，释放改革红利，促进各类要素在大湾区便捷流动和优化配置。三是坚持人才优先战略。坚持不懈引进高端人才，建设全球创新人才"栖息地"。打造创新湾区需要强大的创新型人才作为后盾。创新型人才是发展创新型经济的强大动力。创新推动转型要特别关注产业高地、人才高地、创新高地的相关性。以产业高地吸引高端人才，高端人才建立产业高地。四是坚持协调发展战略。实施区域协调发展战略，充分发挥各地区比较优势，加强政策协调和规划衔接，优化区域功能布局，推动区域城乡协调发展，不断增强发展的整体性。尤其是要把改善民生福祉放在重要位置，让改革发展成果更多更公平惠及全体人民。保障和改善民生，加大优质公共产品和服务供给，不断促进社会公平正义，使大湾区居民的获得感、幸福感、安全感更加充实、更有保障、更可持续。五是坚持绿色发展战略。在打造绿色湾区的目标下，大力推进生态文明建设，树立绿色发展理念，实行严格的生态环境保护制度，推动形成绿色低碳的生产生活方式和城市建设运营模式，为居民提供良好生态环境，促进大湾区可持续发展。六是坚持湾区建设的开放合作模式。构建开放型经济思路，打造高水平开放平台，尤其是在四大新区建设上更要高标准对接贸易投资规则，加快培育国际合作和竞争新优势。

2. 杭州大湾区建设的主要任务

2019 年，浙江省政府正式对外发布《浙江省数字大湾区建设行动方案》，提出到 2022 年浙江数字大湾区经济总量较 2017 年翻一番，总量达到 3.5 万亿元以上的目标。提出加强湾区智能通信网、智慧高速公路网等数字基础设施建设，先行先试城市大脑、未来社区和智慧海洋等数字化标志性项目和工程。还提出建立与完善数字产业化和产业数字化体制机制，以数字经济推动浙江金融创新。杭州大湾区不仅要依托已有的各类园区或高新区建设，要推进传统经济结构实现动力升级、结构升级、产业升级、区域升级、社会升级、生态升级等全面战略提升，更要加快四大新区建设，以创新为抓手实现提高劳动生产率，打造产业转型升级版，打造创新经济新模式，不断提升湾区经济生态价值。从产业结构体系看，要以高端引领和未来重大主导产业为核心、战略新兴制造业和生产性服务业为内圈，其他金融服务以及生态产业为外圈的空间体系为基础，形成不同层次要素合理流动、不同层次产业合理布局和不同层次服务合理配置的一体化格局；从空间结构体系看，要以促进均衡协调为转型发展的基本要求，要以湾区中心城市、内圈带外圈，以生态补偿、重点支撑、内外结对、园区分立等形式拉动湾区外圈层的发展，实现湾区经济整体健康协调发展；从创新平台建设看，整合湾区内生创新要素资源，更要加强吸纳全球高端创新要素资源，提高要素配置效率，形成若干个在国内外具有重要影响力的大湾区平台；从特色产业竞争优势看，要做大做强互联网产业，构建湾区信息大数据平台和信息网络体系。着眼于互联网应用的技术创新、管理创新、制造方式创新和商业模式创新，重点推进基于互联网应用的产业转型与创新发展、基于互联网应用的城市转型与智能发展以及基于互联网应用的社会转型与智能服务；从杭州大湾区体制机制看，构建湾区跨越式发展的协同机制和保障机制，特别是联动协商机制、结构分工机制、合作推动与一体化机制等，切实通过共赢共享共建共商实现湾区发展。

3. 杭州大湾区建设的重点与难点

大湾区建设最根本的是基础设施建设，特别是在信息经济时代，更加注重基础设施建设，不仅包括城市群建设、产业发展与对外开放，还包括5G时代的信息公路建设和数据中心建设等内容。目前阶段的浙江大湾区建设，需要从交通等基础设施建设着手，来推动湾区内部城市群之间的分工与协作，从而促进大湾区的产业分工与形成发展优势，在此基础上逐渐扩大对外开放。推进杭州大湾区建设、实现高质量发展的根本出路在全面深化改革，着力推进以往改革开放传统理念和政策的改变，带动动力升级、产业升级、区域升级、社会升级、生态升级等全面的战略提升。

重点与难点是多方面的，但建设高效率网络体系和高质量结构体系，强大创新力是必不可少的。一是湾区城市群体系和城市群结构。既要考虑怎样发展沿海城市群，在进一步推动基础设施建设的同时，又要形成浙江大湾区在产业发展方面的独特优势，如将杭州的数字经济推广至杭州大湾区，进而带动浙江全省发展。规划细则提出浙江大湾区将围绕产业、创新、城市、交通、开放与生态六大重点领域分别实施建设行动。二是湾区交通体系建设问题。在交通领域，浙江将开展湾区现代交通建设行动，打造高水平互联互通的交通设施网络，打造世界级港口集群，打造通达全球的世界级机场群，以及推进大湾区智慧化交通建设等。根据此前公开的战略规划，浙江将在之后 5 年重点推进交通项目共计 70 项，估算总投资约 1 万亿元，5 年计划完成投资约 7500 亿元。三是建立长效化的引进人才机制的问题。国家在推行人才引进的时候政策衔接是非常重要的，目前发现高端人才在进入地方定居时，考量的不只是钱的问题，更多的是教育、住房、交通等问题。因此，如果地方政府能从这些角度出发，多做一些考量和改良，相信会吸引更多更优秀的、来自世界各地的人才精英。四是发展科技金融业的资金问题。积极发挥浙江民间金融优势和现代金融特色体系，增强金融对杭州大湾区产业发展的支持特别是对创新力的推动和促进，可提出一些先行先试的政策和路径。大力发展科技金融产业，为创新创业提供资金支持。成功的转型需要构建适宜创新的生态系统，创新推动的转型需要强大的生态系统作支撑。转型首先需要金融、市场等制度环境与服务质量的改善，其次要发挥企业创新主体作用，把创新成果转化为产品、生产力，形成创新产业。优化湾区科技和人才环境，为初创型创新企业提供更多资金支持。以科技金融为驱动，鼓励互联网银行、移动支付平台等金融新业态在移动支付、金融安全、跨境人民币业务应用等方面加快探索、试点互认，促进湾区金融市场互联互通，打造具有更强国际影响力的科技驱动型金融产业链。五是如何发挥强企培育世界一流跨国企业作用的问题。龙头企业特别是新经济领域的头部企业对产业发展会产生巨大的带动作用，目前杭州湾地区的阿里、蚂蚁集团和海康威视、大华股份，以及舜宇光学科技等依托产业链形成产业生态，其产业竞争力也不断增强。

第四章

推进杭州大湾区的产业规划与融合

《长江三角洲区域一体化发展规划纲要》指出，长三角一体化发展要推进科创产业融合发展体系建设。到 2025 年，区域协同创新体系基本形成，成为全国重要创新策源地。优势产业领域竞争力进一步增强，形成若干世界级产业集群。创新链与产业链深度融合，产业迈向中高端。到 2025 年，研发投入强度达 3% 以上，科技进步贡献率达 65%，高技术产业产值占规模以上工业总产值比重达 18%。杭州大湾区的产业规划布局更要先行一步，以促进产业分工和提升全球资源配置力为根本；以大湾区产业价值链提升为重点；以要素与动力升级和产业价值升级全面提升大湾区产业国际竞争力；进行空间一体化的产业发展规划、布局与管理。

一 加快推进现代化产业分工与融合

当前，杭州大湾区在政策支持、产业聚集、创新能力、金融服务等领域优势明显，有意愿、有条件、有能力打造世界一流科技湾区，抢占未来全球科技革命和产业变革领先位置。在区域经济发展进程中，产业分工与合作问题一直是人们关注的重点。协调有序的产业分工与合作不仅有助于提升企业经营质量、提高产业组织效率与产业水平，对整体推进湾区城市构建高效有序的产业空间结构，也是非常必要与关键的。总体上看，目前的产业分工合作有些还是基础性的、零散的，产业缺乏整体性和竞争力，缺乏一体化的产业制度安排。各地还是从当地出发专注于产业规划、产业布局和转型升级，缺乏一体化的产业规划、空间梯度和层次性推进的转型研究；专注于各自区域内的制度建设与改革，缺乏一体化的产业制度安排和对策思路。在具体的产业发展规划与政策制定中，在各地"强势政府"影响下的各自为政、市场分割、地方保护等问题还普遍存在，严重阻碍了产业要素资源的自由流动。城市之间争夺不同产业要素，造成财力、物力和人力的浪费；各地盲目进行产业扩张和重复布局，同类、同档次的产业区使要素压力增加，也在一定程度上降低了杭州大湾区的产业效率；在产业布局上"抢新又抓旧"，造成产业同构化严重；大湾区内部联系甚至还要少于与国际的联系，损害了杭州大湾区产业体系的整体利益。

在经济发展进程中，在市场与政府"两只手"的综合影响下，杭州大湾区产业分工与合作逐步经历分散、竞争向融合的方向发展。在杭州大湾区产业分工与合作的实践上，总体上是企业主导的，形成了政府推动、市场导向、企业主导的区域分工与合作模式。政府推动主要集中在要素布局、产业规划与环境建设上，为企业参与市场活动提供良好的环境，而企业则通过市场机制的作用，参与市场竞争，开展相互间和企业内部的跨区分工与合作，成为区域产业分工合作的主导者。杭州大湾区区域经济一体化进程加快，促进了全面、紧密的区域合作。杭州大湾区区域产业分工合作的空间结构，也表现了较为明确的圈层合作模式特征，但同时带有轴带合作的模式特征。

1. 坚持专业化产业链原则，推进杭州大湾区的产业分工与合作

杭州大湾区产业竞争力应更多源于产业分工与合作效率与价值的提升，应更加着眼于向产业链上的高附加值领域延伸和结构优化转型，在杭州大湾区产业分工与合作空间上要以创新和人才为核心形成产业要素流动的新秩序。根据专业化机理，区域产业分工与合作模式研究主要包括对分工产生的原因、影响因素、分工演化机理、分工形态与特征、分工效应等进行研究，对不同区域基础上的分工模式进行研究，以及关于产业分工与合作模式的阶段性研究。总体上看，相关研究从传统分工研究开始转向以产业链为特色的新型分工研究。最初主要是对部门间或产业间分工的研究，即不同区域发展不同的产业部门，进行专业化生产。这种专业化可称为部门专业化，它是经济发展早期阶段的产业分工形式。然后是对部门内或产业内分工的集中研究，即不同区域都在发展同一个产业部门，但其产品种类是不一样的，这种专业化可称为产品专业化。当前，更多是关于产业链的分工研究。研究认为，跨国公司主导型国际分工模式正在全面取代传统分工模式，跨国公司将生产过程分解为若干价值增值环节，按照不同生产环节的要素需求特征，将这些生产环节配置到具有不同特征的国家或地区，在全球范围内进行分工整合，使分工既具有企业内部分工特征，又呈现国际区域分工的空间分布格局。

坚持专业化、市场化原则，推进有效的产业分工与合作。从发达国家和地区发展经验看，有效的区域产业分工定位和优势互补是在市场中自我调节出来的，不是由行政手段规划出来的。根据市场化主体，形成区域产业分工合作模式。任何主体之间合作都会表现为一定的合作模式，从而使经济主体在合作中形成不同的经济关系，获得不同的合作利益。由于参与合作的经济主体不同，合作的对象与内容不同，

寻求的合作利益不同，同时合作的实现还受经济制度、地域、经济发展水平、技术和文化传统等多种变量的影响，对合作模式进行研究较为困难。近年来，杭州大湾区各地既有政府主导的行政一体化合作模式，又有市场主导的区域经济合作模式，二者都有其存在的合理性和产生了显著效果。实际上，在市场失灵或政府失灵的情况下，在比较优势综合影响下，要素配置产生的产业布局分工往往采取政府推动、市场导向、企业主导的区域经济合作模式，这也是最优模式选择。随着当前杭嘉湖绍甬舟一体化的推进，在一体化条件下，要素可以自由流动，分工主要由规模经济主导，分工模式是一体化规模经济条件下的新的分工模式。单一产业内部已经没有明显的比较优势，基于规模经济效益和城市间的分工合作逐渐发展成为分工的主导机制。

坚持产业链价值化原则，推进高端的产业分工与合作。面对新的发展机遇，杭州大湾区城市主动求变转型。积极布局信息经济、高端制造等战略性新兴产业，积极打造城市差异化核心竞争力，把大数据和人工智能、数字经济等产业提升至战略高度。目前，湾区城市之间的产业分工合作存在这样或那样的问题，根本原因在于产业要素供需不均衡与结构缺陷。各自为政导致深层次的产业分工与合作受阻；"GDP政绩观"背景下区域竞争加剧产业同构化矛盾；产业要素资源的自由流动体制机制尚未真正形成，一体化的管理和约束机制也尚未建立；现有地区政策与产业政策也影响了杭州大湾区产业分工合作与融合进程。围绕改革与创新建立市场主体机制、联动协商机制、结构分工机制和一体化机制等；推进一体化产业要素配置、布局、管理与约束跟踪，建立大湾区产业价值链模型；提升大湾区产业分工与合作效率；以动态环境容量为依据，建立大湾区内不同城市的产业布局约束调控机制；以数字化和智能化为方向，加强产业信息技术推广应用；

技术层面逐步探索建立产业分类分级信息化管理系统。

2. 坚持开放式共享原则，推进杭州湾区产业合作

传统产业合作需求下降，新经济合作将成为重要抓手。随着传统产业逐步衰退，新兴产业快速发展，国际合作需求也急速扩张。在以互联网经济为代表的新经济、新产业领域，浙江极具特色优势和竞争力。加快推进新经济、新产业向国际化迈进，推进浙江在国际产业链中占据高端环节，实现"弯道超车"，这也同样符合浙江开拓增长空间和提升国际竞争力的需要。当前，阿里巴巴与支付宝等互联网企业已在全球积极寻求合作，为医药行业的企业（华东医药等）、文化旅游行业的企业（宋城演艺等）、快递物流业以及信息安防产业的企业（海康、大华等）树立了榜样，一定程度上也为其开展广泛合作提供了平台支持。一是松散型合作缺乏竞争力，集聚型合作将成为主要方式。要从以往的单纯甲乙方合作、简单松散型合作，向上、中、下游主体型合作转变，进而形成以用户（市场需求）、数据（基础平台）和制造服务为主体的智能型合作结构。当前，阿里巴巴、浙江龙盛等已在各自行业围绕品牌、技术、数据等展开新型合作，围绕生产链上的上、中、下游产业链展开全面合作，或围绕消费链上的旅游、度假、会展、餐饮等展开合作，这都将成为拉动经济增长的新亮点、新动力。二是封闭式合作日益僵化，开放合作将成为主要形式。从合作目标、合作内容与领域看，要逐步由封闭型的园区合作、生产合作，逐步向技术领域的研究合作、市场环节的全球化合作转变。万向、华立等制造类企业在全球化进程中积累了一定的经验，未来应重点加快人才引进与技术合作，加强研究开发的全球化合作，从而延长新技术生命周期，降低研发风险并提高竞争力。以阿里巴巴、支付宝和海康威视的合作模式为代表的新经济合作应尽可能地开放生态链，加强全面合

作。三是独占独享型合作不受欢迎，共享合作将成为主要诉求。随着全球绿色发展理念深化，合作地区也日益重视生态与社会建设，这就要求浙江企业在推进产业国际合作时，必须坚持内外并举，推进自身特色优势产业扩张，有计划、可持续地吸纳高端要素资源，吸收当地特色的先进经营管理经验，推进"共享"企业发展，构建良性伙伴关系。必须坚持效益多元，把经济效益和社会效益、生态效益放在同等地位，履行社会责任，注重资源节约和环境保护，实现"共赢共享"。

3. 多领域多元化推进杭州大湾区产业有效分工与合作

抢机遇、强优势，必须重点扶持，推进更多新经济领域、新产业体系框架下的有实力、有意愿的企业"走出去"，全面参与国际分工和全球化配置，争当开放型经济"排头兵"，成为我国在"一带一路"进程中，探索推进产业国际合作的模范生。一是聚焦补短板，实现优势融合。浙江传统特色产业和现代高端特色优势产业同样都面临技术与人才短缺，独特性还不够明显和领先优势还不够强。增强浙江产业国际竞争力，必须加快推进国际化来补短板、强优势。补短板、强优势，不仅要立足新经济、瞄准新技术、走出新路子，更重要的是一定要围绕浙江当前新经济、新产业的技术短板，坚持前瞻性、大产业和国际化方向，推进合作方式与路径改革。二是占据主导权，推进核心层合作。在产业国际合作过程中，浙江一定要在核心要素尤其是关键技术与人才、关键环节等方面谋求控制，增强合作主导力，把以往的低端合作，逐步推向核心层高端合作。要占领技术发展的制高点，建立起广阔的市场，从而最终形成"突破中游、掌控上游、开发下游"的全面合作模式。三是增强产业链，推进共赢式合作。当前的互联网时代，不再是单体企业或单个行业竞争，而是产业链条的整体价值竞争，是产业链中所有创造价值的成员企业构成的商业生态系统之间的竞争。推进浙江产业国际合作，一定要着眼于以新经济为龙头的生态系统构建，必须对整个产业链进行整合、加强、管控，形成产业链优势。同时国际合作也不是产业转移，推进国际合作，必须要坚持开放与引进相结合，实现产业链利益共享。四要创新合作方式，推进虚拟型合作。在合作方式上，浙江要逐步推进由实体制造向"虚拟制造"型合作方式转变。在合作框架内，积极协调全球化范围内的多元主体，通过虚拟化的计算机模拟，完成设备设计、生产和总成，降低研发成本，整合资源或进行资源调配；逐步实现由单纯制造向制造服务业合作转变，将合作重点从制造转向品牌、物流、设计、服务等多种虚拟形式的合作。五是借力城市化，推进产城融合型的合作。在产业合作进程中，应借力城市化打造综合产业基地，并尽可能积极推动浙江小镇建设经验的成功复制。通过国际合作示范区建设，推进一批国际产能合作项目、支持建设一批境外经贸合作区、创建一批国际产业合作园、培育扶持一批国际化企业、引进培养一批国际化人才。推进当地城市化建设，要重点聚焦浙江省建材、石化、汽车、轻纺等重点产业和重点企业，在重点国家加快推进重点项目，加快当地城市化进程。

4. 依托产业互联网与智能化应用，推进产业分工与合作

要深化推进杭州大湾区发展，提升湾区产业竞争力。从互联网发展的角度看，消费互联网市场已趋于稳定与饱和，而对实体资源有充分把控能力的企业仍有很大探索空间，他们尝试与移动互联网融合，创造全新的价值经济，进而推动互联网行业迈向产业互联网时代。消费互联网的商业模式则是以"眼球经济"为主，即通过高质量的内容和有效信息的提供来获得流量，从而通过流量变现的形式吸引投资商，最终形成完整的产业链条。在消费互联网时代，互联网以消费者为中心，以提供个性娱乐为主要方式，虽能迅速吸引眼球，但由于其

服务范围的局限性，以及未触及消费者的本质生活，也易迅速淹没于互联网发展的大浪潮中。建立产业园区促进双方融合。产业园区的搭建，有利于吸引龙头企业，形成产业链和产业集群，通过电子商务等手段进一步实现产业集群向"在线产业带"的转型，互联网金融千人会华南分会秘书长曾光认为，重点发展产业互联网需要着重推动传统产业与互联网金融结合，从打造在线要素交易融资平台入手，盘活存量资产，用电商和互联网平台推进企业信用信息服务平台建设，在产业园区内最终建立起专业市场投融资体系。同时，积极推进生产性服务业发展。生产性服务业的发展水平，是衡量一国经济现代化程度的重要标志。当前，新兴信息网络技术已经渗透和扩散到生产性服务业的各个环节，催生出各种基于互联网的新兴服务业态，并成为互联网经济背景下成长性最高的产业群，在生产性服务业领域引发一系列深刻变革，在技术应用、服务内容、商业模式各方面都给现有的服务业带来巨大的提升。因此促进生产性服务业的发展壮大将是下一个重点融合方向。一方面，传统行业要借助互联网的力量，从互联网思维出发，仔细研究互联网环境下产业的走向问题，积极应对在互联网迅速发展下所产生的危机；另一方面，互联网企业需要担负起自身责任，在理念、战略定位和经营方式上向传统行业提供相关咨询服务，从而使两者在产业互联网时代共同迅速发展。

5. 要以大都市圈规划建设为抓手，推进大湾区产业有效分工与合作

进行大都市区规划，形成以杭州为中心的大都市圈，形成更加高效合理的城市形态、空间结构和都市圈发展格局，高效配置各类资源、完善城市基础设施和综合服务功能、提升城市品质和竞争力，增强城市的核心地位、辐射效应。一是要强化创新驱动，着力构建现代技

术创新体系。树立大科技理念，构建大孵化格局，通过打造产业、企业、成果转化、人才支撑等"四大创新平台"，为经济转型升级提供科技支撑。二是要强化投资拉动，着力构建现代产业投资体系。重点围绕"扩总量、提质量、抓存量、促增量"的方针，切实加大有效投入，通过实施央企军企对接一批、杭商回归投资一批、融资并购催生一批、市内企业挖掘一批等工程，确保落户项目量质齐升，增强发展后劲。三要强化人才支撑，着力构建现代人才支撑体系。积极推动"创新人才推进计划"，尤其是加强战略性新兴产业等领域紧缺人才的引进和培养，特别要引进和培养重大装备研制和系统设计的带头人才。以现代产业体系规划为指导，加大财政引智力度，逐步改变过去的企业或个人扶持政策，向项目扶持或团队扶持政策转变。四是强化管理推动，着力构建现代企业培育体系。实施龙头企业发展战略，引导企业向"总部企业、上市公司、高新企业、著名品牌和国标行标制订者"五位一体的五型企业方向发展。实施成长型企业升级工程，启动"小微企业成长计划"，对小微企业实行入库培育，促进小微企业提档升级。引导企业加强内部管理，启动产品质量"三强"示范创建活动，支持企业运用卓越绩效式、精细化与信息化管理等模式，推进企业生产制造、设计研发、管理运行等全过程控制化。

6. 要以大企业、大集团带动为抓手，推进大湾区产业有效分工与合作

深入实施大产业、大平台、大企业、大项目带动战略。确立100~200家主业突出、核心竞争力强、带动作用大的龙头企业进行重点培育。鼓励资本运作，通过收购、兼并、控股、联合、上市等方式做大做强。鼓励龙头企业提高研发能力，积极开展技术引进，推动企业间、

企业与科研机构间的合作与重组。发挥龙头骨干企业引领和整合作用，以产业链延伸、品牌联盟为纽带实施优势互补和分工合作，提升产业整体竞争力。尤其是要积极实施民企强优工程。要创造宽松自由发展环境，以"放权"和"放手"结合，激发市场和企业活力；以十年为周期，根据产业发展趋势和战略要求，每年选择500家中小民企重点培育，强化政策支持重于资金支持，解决发展难题；突破资本运作瓶颈，放开知识入股比例限制，吸引国内外知名科研机构在各类集聚区设立专门"孵化"平台。重点是加大要素、平台、人才、市场、科技创新和品牌建设等全方位支持，以技术为支撑、以市场为导向，实施名企培育工程；强化政策与金融支持，大力推进中型民企并购或发展产业联盟，提升国际市场占有率和国际竞争力。

7. 着眼于产业质量的提升与产业结构的优化升级，推进大湾区产业有效分工与合作

杭州大湾区发展要升级和迈上中高端水平，质量极为关键，必须把质量放到更突出的位置。必须在着力提升质量上下功夫，以质量的提升"对冲"速度的放缓。必须发挥好市场配置资源的决定性作用，必须发挥好政府监管的有效作用，必须发挥好社会共治的积极作用，努力构建"放、管、治"三位一体的质量提升格局，同时加强国际合作，共同推动世界经济发展进步。深入推进"负面清单"管理模式，改善监管思路和方式，净化市场环境；进一步发挥社会力量的作用，调动行业组织、新闻媒体、广大消费者的积极性，形成社会崇尚质量、人人监督质量的浓厚氛围。首先是实施推进创新主体培育工程。营造公平竞争、有利于创新的环境，切实做到不同所有制的企业平等使用生产要素和创新资源、不同职业与地区的百姓公平享有、享受发展机会和公共服务，尤其是要以涌现一批创新型的行

业领先企业为突破口，推动创新取得实质性进展。引导支持企业成为技术创新决策、投入、研发、技术转移和受益的主体，加快产学研用紧密结合，提升企业自主创新能力，使一批企业尽快进入国家级和省级创新型企业行列，使 90% 以上的规模以上企业拥有自主知识产权。其次是实施推进创新引领工程。着力攻克若干项重大关键技术，储备若干前瞻性技术，掌握一批核心自主知识专利，实现高新技术产业快速增长。通过实施科技创新引领工程，培育形成销售收入百亿元以上科技创新企业 100 家，以科技创新引领全市经济社会发展。借助浙江大学等科研机构和"重磅应用团队"或"尖端人才"的力量，实施尖端应用科学攀登计划工程，围绕"基因计划"（可引领带动基因技术研发和重大创新药研发及其产业化）、"云计划"（云计算产业、设备、数据库以及物联网发展计划）、"机器人计划"（应对新工业革命和智能工业占据制高点），未雨绸缪，抢先布局。

二 大力推进战略性新兴产业规划与布局

2008 年全球经济危机后，全球经济增长前景堪忧，经济复苏一再遭遇"欧债危机""贸易较量"等挑战，新兴市场国家崛起，促使先发国家的工业化进程再次开启。各国纷纷制定规划（见表 4-1）。2013 年，德国在《工业 4.0 战略实施建议书》中提出国家战略，致力于全面提升制造业数字化、网络化和智能化，试图在新一轮工业革命中占领先机。2014 年，韩国推出的《制造业创新 3.0 战略》，标志韩国版"工业 4.0"战略正式确立，确立了韩国制造业转型升级的方向。日本积极衔接"第四次工业革命"战略思想，推出"安倍经济学"等新理念，加快产业转型升级，并通过《未来投资战略 2017》，肯定了"第四次工业革命"的历史地位和潜在经济价值，将提升效率和结构性改革作为发展方向。①

表 4-1　主要国家"第四次工业革命"战略规划

主要国家	战略规划文件	重点发展领域	发展目标
德国	《工业 4.0 战略实施建议书》	互联网+制造业、智能生产、工程数字化集成	巩固其作为全球工业 4.0 装备领先供应商地位，促进价值创造，提升德国在国际竞争中的地位
日本	《未来投资战略 2017》	人工智能、大数据、物联网、机器人等新兴产业，航空航天、汽车产业、能源产业和健康医疗产业	带动整体经济结构调整，引领"第四次工业革命"，带动生产方式向更高层级递进
韩国	《制造业创新3.0 战略》	智能工厂、融合新兴产业，中小制造企业"智能化改造"	促进制造业与信息技术（ICT）相融合，创造新产业，提升韩国制造业竞争力
中国	《中国制造2025》	新一代信息通信技术产业、航空航天装备、新材料、生物制药等十个重点领域	通过"三步走"战略，综合实力进入制造强国前列

资料来源：根据互联网资料整理，截至 2019 年 10 月。

　　美国在社会挑战的驱使下，开始注重对战略性新兴优先产业领域的培育和支持，而且重视人力资本培养以满足新兴产业对于高技能劳动力的需要，即通过优先领域的扶持和创新人才的培养来提高国家竞争力。小布什政府在 2001 年发布《国家纳米战略》、《国家能源政策报告》和《国家氢燃料研究计划》，将纳米和新能源列为战略性新兴产业的优先领域；2004 年发布的《创新美国》、2005 年的《超越风暴》、2006 年的《美国竞争力计划》和 2007 年的《美国"竞争"法》作为美国创新能力建设的行动方案，明确基础研究和人才培养是美国国家竞争力提升的核心内涵，而支持基础科学研究和构建多层次的产

---

① 邓宇：《后发国家工业化的优势与劣势，以及中国结构性改革的逻辑》，https://www.huxiu.com/article/328648.html。

业技术创新人才培养体系成为提升美国国家竞争力的重要产业政策。①
在第二次世界大战后的60多年里，美国政府产业政策的核心从国家安
全与基础研究，转变为产业创新与技术扩散，再到社会挑战和人才培
养（见图4-1），不断加强产业创新力的培养和提升竞争力。联邦政府
通过出台一系列创新法案，初步构筑起以创新政策为核心的产业政策
体系，整个产业政策框架条件以尊重市场机制和公平竞争基本原则为
前提，政府发挥作用，创造良好的制度环境，促使创新主体之间形成
更为良好的竞争与合作关系，在产业政策工具选择上主要采用功能
性、服务性政策工具，如完善市场经济制度体系，创造良好的营商环
境，支持基础科学研究与通用技术研究开发，重视产业技术人才的培
养与劳动者技能的提升等。

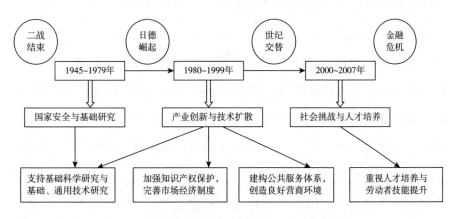

图4-1 二战后美国产业政策核心演变示意图②

对于国内城市来说，城市的转型发展建立在战略性新兴产业基础

---

① 沈梓鑫、江飞涛：《美国产业政策的真相：历史透视、理论探讨与现实追踪》，《经济社会体制比较》2019年第6期。
② 沈梓鑫、江飞涛：《美国产业政策的真相：历史透视、理论探讨与现实追踪》，《经济社会体制比较》2019年第6期。

上，才能实现升级版的高质量发展。深圳正是依靠信息新经济高科技形成众多行业龙头，形成高新技术产业集群，成为中国特色社会主义先行示范区。杭州、宁波和嘉兴、绍兴等城市也正在谋划大力发展高科技、战略性新兴产业，形成一体化的杭州大湾区产业转型升级版健康经济新模式，新增长模式，互联网背景下的产业联动模式等。推动产业转移与转型升级相结合，以构建创新生态系统和强大创新结构为支撑，以统筹区域经济发展与生态建设为保障，以整合大湾区创新资源和平台为手段，以着力提升创新服务与生态动力。

1. 杭州大湾区产业变迁及产业结构演变

杭州大湾区作为浙江省现代化进程最快的区域，在改革开放 40 多年里，通过加快高技术产业集聚和现代服务业发展、优化城市功能、改善发展环境，发展优势进一步增强。在近几年国家统计局公布的中国综合实力地级以上百强城市报告中，环杭州湾地区的六个城市均被列入百强城市行列。1979 年，环杭州湾地区的三次产业构成比为 37：45：18，同年全省产业构成比例为 42.9：40.6：16.5，环杭州湾产业结构明显优于全省的产业结构。20 世纪 80 年代末和 90 年代，杭州湾地区产业呈现"二、三、一"构成，结构明显优化。1992 年，浙江省的三次产业占比为 21.5：53.5：25.0，与全省相比，环杭州湾产业带的三次产业结构中，第二产业比重比全省高 2 个百分点，第三产业比重高 1.1 个百分点，并且第三产业比重超过了第一产业比重。1990~2004 年，杭州大湾区产业由传统轻纺产业向现代轻工业升级，重工业向重化工业调整。此外，外向型经济的发展，推动该地区经济发展逐步完成自我积累向开放型经济转变，产业链开始向省外和国外延伸，参与国际产业分工和协作。第二产业中技术和资本密集的高技术产业蓬勃兴起，工业创新能力不断提高，具有较强的比较优势和市场竞争力。这一时期产业结构演变的另一显著特点，是第三产业的新突破，金融保险业、信息传输、计算机服务和软件业、现代物流业、文化传媒业、中介服务业、房地产业、会展业等现代服务业迅速崛起，并成为经济发展中最有活力的产业，从而带动了该地区第三产业比重从1990年的26%上升到2006年的39.6%，提高了13.6个百分点，产业结构的高级化和具有区域特色的产业体系的形成，为沿海发达地区率先基本实现现代化奠定了坚实的基础。

从发展历程看，杭州大湾区产业结构发生两次大的转变，一是1980年第二产业比重首次超过50%，达51%，高于全省4.2个百分点，这表明工业化进入加快推行的轨道。二是1989年第三产业比重首次超过第一产业比重，这成为向现代产业结构转型的重要标志。杭州大湾区在之后的十多年里第二、三产业比重同时稳步提高，并且第三产业比重变动快于第二产业。其主要特征：第一，产业结构的优化与经济发展的规律基本相符。对比产业结构变动可以发现，环杭州湾产业结构的演变趋势符合经济发展的国际一般规律，即随着人均GDP的不断提高，第一产业比重不断下降，第二和第三产业的比重逐渐上升。2006年与1979年相比，第一产业比重下降了31.4个百分点，第二和第三产业比重分别上升9.8和11.6个百分点。第二，产业结构的优化主要通过加速工业化进程、发展比较优势产业、提升产业素质实现。多年来，区域经济通过轻纺工业的快速发展获得了先发优势，经济得到较快发展。从1980年到1990年，纺织、服装等行业产值比重从23%上升到30%左右，进入20世纪90年代，在传统轻纺工业继续保持一定的发展优势的同时，医药、电子、化工等行业的发展加快，形成了较大规模的产业基地，医药、电子、化工等占工业产值比重由1990年的14%上升到1999年的22%，说明了地区工业基本走出了依靠大量劳动力投入实现增长的发展阶段，开始向以资本高投入为特征的高加工度方向发展，产业技术基础和产业素质得到提升，传统产业获得了新的比较优势。第三，在产业结构的演变进程中，区域第三产业发展缓慢和第一产业剩余劳动力留存，是影响产业结构高度化的两个重要因素。2006 年环杭州湾三次产业的从业人员之比为 17.7：50.6：31.6，与三次产业构成 5.6：54.8：39.6 相比可以看到，第三产业发展水平还相对低下，其增加值占 GDP 的比重比全省水平（40%）还低 0.4 个百分点。目前第二产业吸纳农村劳动力的能力已经大大下降，因此加快第三产业发展，推进城市化进程，应该是一条吸纳农村剩余劳动力的有效路子。这在浙江改革开放后 30 年的历史发展中已经得到证实。

2. 培育新兴技术，推进新兴产业规划布局

湾区发展的关键，在于重点培育新兴技术与新兴引领性产业，大力推进战略性新兴产业规划与布局。对于杭州大湾区而言，需要紧紧围绕数字经济，着眼于打造"数字强省"和将杭州打造为"数字第一城"，积极构建具有国际竞争力的现代产业体系。2018 年，中国数字经济规模已达 31.3 万亿元，占 GDP 比重为 34.8%。规模壮大的同时也拓展了就业新空间，2018 年数字经济领域提供的就业岗位为 1.91 亿个，占当年总就业人数的 24.6%，同比增长 11.5%，明显高于同期全国就业总规模增速。数字经济将新技术、新产业基因源源不断地注入中国经济高质量发展中。5G 核心技术研发和标准制定取得突破，IPv6 规模部署提速；云计算、工业互联网成为驱动企业数字化转型的重要动力；北斗三号基本系统建成并提供全球服务；等等。中国经济越来越呈现数字化特征，从数字经济中汲取发展新动能。

形成完善的现代产业体系，加快发展先进制造业。"四业并进"，

积极构建现代产业体系。传统优势产业、现代服务业、战略性新兴产业、时尚新兴产业，是现代产业体系的主要内容。积极推进现代产业体系建设，是杭州经济转型升级的产业之基。改造提升传统优势产业。以坚决淘汰落后产能为突破口，大力推进传统产业改造提升，努力形成传统优势产业竞争新优势。重点推进传统产业集聚升级、产业整合提升试点等工作，全力培育一批具有国际影响力和核心竞争力的现代产业集群。深入实施纺织服装、建筑材料、食品饮料、家用电器等四大传统优势产业提升规划，采用高新技术和信息化技术，以总部经济、工业设计、金融与软件服务、总集成总承包等改造提升传统产业。同时要以先进制造业战略支撑为抓手。依靠先进制造业提高创新能力、促进经济增长。加大研发投入力度，建立健全研究和试验税收减免制度，并使之成为永久化措施；加快实施高档数控机床与基础制造装备等国家重大科技专项，切实构建企业主导的产业技术研发体系，着力促进产学研等各创新主体的协同创新，提高企业原始创新能力。推动具有核心自主知识产权的成果应用和产业化，培育发展战略性新兴产业，提升制造业的总体创新水平。积极推进产业提升工程。从加快农业创新发展、改造提升主导产业、培育发展战略性新兴产业几方面着手，建成若干个现代农业园区；改造提升纺织服装、装备制造、医药、食品、家电等主导产业，实现20%以上的稳定年均增长；着力培育发展信息、新材料、生物产业、文化创意等战略性新兴产业，实现40%以上的高速年均增长，抢占新一轮经济发展制高点。

以高端前沿产业布局为抓手，培育壮大战略性新兴产业。将培育发展战略性新兴产业作为经济转型升级的重要切入点和突破口，着力构建"四大"基础上的以"创新驱动、规划引导、要素支撑、人才推进"为主要内容的支撑体系。重点培育发展先进装备制造、新材料、生物医药、节能环保、新能源、新兴信息等战略性新兴产业，提升创新集群和战略性新兴产业集聚区国际化水平，力争形成具有杭州特色、具有国际竞争力的战略性新兴产业发展体系。杭州应扶持引导，把握全球新技术革命发展趋势，超前部署由前沿科技带动的新兴产业，特别是大力布局物联网、云计算、大数据、基因生物工程、智能机器人、先进储能材料等先导型新兴产业。通过制定 2015~2025 年工业转型升级行动计划，筛选若干重点领域如电动汽车、机器人、先进材料技术和生物技术等未来市场规模大、经济增长动力强的产业予以扶持，可助推杭州在全球产业链分工中的国际地位提升。根据有关资料，未来 12 大新兴技术是移动互联网、人工智能、物联网、云计算、机器人、次世代基因组技术、自动化交通、能源存储技术、3D 打印、次世代材料技术、非常规油气勘采、资源再利用等。目前日本就是全力投入上述这 12 个方面的研究，而且在 90% 的领域的研究水平已经排到了世界前三，某些领域的科研水平已经排名世界第一，比如大数据、云计算、新材料、资源再利用、能源存储、机器人等。目前的日本是处于蓄力期，等到发力期，其技术储备让日本有机会在下个一百年又领先一步。

加快发展现代服务业，积极扶持时尚新兴产业。坚持将现代服务业作为产业转型升级的优先方向，大力发展工业设计、现代物流、现代金融、研发创意等生产性服务业，加快发展健康医疗、商贸流通、文化旅游、社区服务、养老地产等生活性服务业，积极发展信息咨询、服务外包、文化创意、电子商务等新兴服务业。实施现代服务业培育重点工程，重点培育建设若干集聚平台、重大项目、重点企业，加快形成服务业发展的"龙头"和"拳头"。着重抓住高收入阶段需求结构升级契机，优先发展提升生活品质的新兴业态。杭州人均 GDP 已突破 2 万美元，浙江也已突破 1 万美元，正迈向高收入阶段，居民消费结构已由生存型向更高的精神型、享受型、体验型、娱乐型消费升级，应抓住需求结构升级契机，优先发展时尚创意、数字媒体、移动商务、智慧医疗、网络教育等代表着更加智能、更好体验的未来新生活形态的时尚新兴产业。杭州市江干区数字时尚创业大街"第九大道"规划发展数字时尚产业，以新服妆、新零售、新媒体"三新"产业联动融合，通过 5 年时间实现税收 10 亿元以上、集聚相关总部项目 100 个以上、营收 1000 亿元以上，打造成为全国最具影响力的数字时尚产业高地，助推钱塘智慧城成为全国数字时尚产业的头部区域、世界级企业总部集聚地。"第九大道"紧盯"三新"类头部企业职能（区域）总部、被投企业及配套机构，已引进或在谈今日头条网红加速器、淘宝时尚频道、泰盛创新中心、伊芙丽总部、得力集团、苏宁易购、物产云商等"数字产业化""产业数字化""城市数字化"典型企业或头部项目。正在积极对接新浪微博"超级红人"、北京电影学院网红学院星播秀（网红孵化）等品牌落地。配套服务方面，将以演出经纪、网红孵化、品牌管理、线下代理等为主；商业配套以新零售、外资银行、外资品牌餐饮、国际康体运动中心、签证中心、海归人才服务为主；同时积极争取引入美中贸易协会（NGO 组织）、杭州国际社区、杭州国际投资创新服务中心、数字时尚产业中心等，为数字时尚产业发展提供保障。

重点聚焦布局智慧物联产业。物联网产业是覆盖面广泛、行业带动力强的、规模达到几万亿乃至几十万亿的巨大蓝海。预计 2025 年，全球物联网市场规模将达 11.2 万亿美元，主要集中在智慧智造、智慧城市、智慧健康、智慧零售等领域。以显示为代表的物联网智慧端口数量呈现爆发式增长，预计 2025 年将达 700 亿台。相对于互联网，物联网需要更有深度的内容和服务，以及更加差异化的应用。因此，未来所有的公司都是物联网企业。它们享受着物联网的各种便利，利用物联网工具和技术，生产物联网产品，为人们提供物联网服务。物联网应用中的三项关键技术，即传感器技术、RFID 标签、嵌入式系统技术。传感器技术是计算机应用中的关键技术。我们都知道，到目前为止绝大部分计算机处理的都是数字信号，需要传感器把模拟信号转换成数字信号，计算机才能处理。RFID 标签也是一种传感器技术，RFID 技术是融合了无线射频技术和嵌入式技术的综合技术，RFID 在自动识别、物品物流管理方面有着广阔的应用前景。嵌入式系统技术是综合了计算机软硬件、传感器技术、集成电路技术、电子应用技术的复杂技术。作为互联网的延伸，物联网利用通信技术把传感器、控制器、机器、人员和物等以新的方式联系起来，形成人与物、物与物相联，而它对于信息端的云计算和实体端的相关传感设备的需求，使得产业内的联合成为未来必然趋势，也为实际应用的领域提供无限可能。由此带来的巨大市场潜力已经成为美国科技公司新的增长引擎，包括思科、AT&T、亚马逊、苹果、通用电气、谷歌与 IBM 等在内的美国公司争相抢占在物联网产业的主导地位。

重点布局 5G 通信、量子信息和半导体产业。半导体与集成电路（IC）产业是国民经济和社会发展的战略性、基础性和先导性产业，是培育发展战略性新兴产业、推动信息化和工业化深度融合的核心与基础，是调整经济发展方式、调整产业结构、保障国家信息安全的重要支撑。在当前政府部门高度重视下，深刻认识到集成电路既是信息技术产业发展的内部动力，也是工业转型升级的内部动力。特别是在重庆、成都和武汉等中西部城市大力布局半导体集成电路产业压力下，浙江已经逐步把半导体集成电路产业布局上升为重要战略。随着半导体技术的发展，还有计算机产业化的进程，现在的电脑越来越便于携带，而且它的计算功能、信息处理能力也是越来越强。量子信息学以量子力学为基础，对信息的编码、操控、传输以及存储都给予了新的诠释，量子信息技术也是人类文明发展的重要一环。迄今为止，它吸引了物理学家、计算机科学家、工程师、材料科学家、数学家等诸多领域的科研工作者。同时，它会促进相关的高新技术产业的发展，给整个科学界都注入了新的动力。

坚持数字赋能大力推进人工智能（AI）和云计算产业。人工智能是引领新一轮科技革命和产业变革的战略性技术，具有溢出带动性强的"头雁"效应。随着新一代移动互联网、大数据、超级计算等新理论、新技术的不断发展迭代，新一代人工智能加速发展并日益呈现深度学习、跨界融合、人机协同、群智开放、自主操作的新特征，对经济社会发展模式和国际政治经济格局产生重大影响。人工智能是万物互联时代科技发展的新引擎。互联网发展历经高速发展，大数据、云计算及移动互联等新技术涌现，互联网金融、互联网医疗等全新业态革新，驱动产业快速崛起。人工智能有望为互联网的发展提供全新的动力引擎，再次掀起颠覆性革命浪潮。为深入贯彻落实国家有关产业规划尤其是省委、省政府关于加快发展新一代人工智能的各项决策部署，切实将人工智能发展作为实施数字经济"一号工程"的重中之重，加大人工智能核心技术攻关和深度融合应用力度，不断催生新产业，培育新动能，抢占制高点，促进全省经济社会智能化升级和高质量发展。以数字经济为引领，力争到2022年，在关键领域、基础能力、企业培育、支撑体系等方面取得显著进步，成为全国领先的新一代人工智能核心技术引领区、产业发展示范区和创新发展新高地。

文化娱乐产业和海洋经济同样具有广阔的空间。特别是文娱产业代表软实力，有望成为未来重要的"新王者"。近年来，中央和省市密集出台了一系列文件政策，推动文化产业与资本、科技加速融合，文化资本融合呈现新趋势。浙江省委、省政府把文化产业作为推动经济结构战略性调整、转变经济发展方式的重要着力点。浙江布局这些"新王者"具有众多优势。扩大文化娱乐产业优势，开拓文创产业发展空间。2016年，浙江文化产业11只基金签约成立，300亿资本助力文化产业发展。据清华大学国家文化产业研究中心和台湾亚太文化创意产业协会联合发布的调研报告，杭州文创实力居大陆城市第三位。2016年，浙江省共有各类文化产业园区135个，文化企业近10万家，文化工作室超过10万家。另外，还涌现了一大批代表性民营文化企业，包括华媒控股、思美传媒、禾欣股份、华谊兄弟、华策影视、唐德影视、浙报传媒、宋城演艺、美盛文化、长城影视等10余家文化传媒公司登陆A股市场。海洋经济也具有广阔的发展空间。舟山要定位谋划建设东部沿海海洋中心城市的底气和信心，来源于国家的重视及自身的优势。舟山遵循习近平总书记关于"舟山开发开放具有国家战略意义"和"牢牢抓住海洋经济"的重要指示，大力培育现代海洋产业，形成了以临港制造、绿色石化、港贸物流、海洋旅游等为支撑的现代海洋产业体系。

三 以阿里、海康、大华等头部企业为引领打造强大产业链

产业链上的分工与合作，主要是指依托互联网巨头与"独角兽"形成的产业间的分工与合作。一是全球头部企业，如阿里、海康。杭州有阿里巴巴、海康威视、大华股份等，有不少代表性企业，但也有不少地方是没有代表企业的，尤其是缺少完全市场竞争出来的头部企业。二是部分新兴子行业的独角兽企业（见表4-2）。

表 4-2　浙江新经济"头部企业"概况

单位：元

新兴行业	企业名称	2018 年主营收入	2018 年利润	市值	行业全球排名	主要竞争对手
平台服务	阿里巴巴	3768 亿	802 亿	41293 亿	2	亚马逊
金融科技	蚂蚁金服	/	13.8 亿	估值万亿	1	腾讯金融、陆金所
人工智能	海康威视	498 亿	114 亿	2909 亿	1	大华股份
光学科技	舜宇光学	259 亿	24.9 亿	1438.7 亿	1	欧菲光
智慧物联	新华三	297 亿	24.8 亿	估值千亿	2	华为、思科
云计算	阿里云	213.6 亿	-11.6 亿	估值5000 亿	3	亚马逊 AWS、微软 Azure

注：阿里巴巴、蚂蚁金服、阿里云的 2018 年数据均为 2019 年财年数据（2018.4.1～2019.3.31）。

1. 以阿里生态链为引领，拓展提升数字经济产业体系

阿里巴巴的核心业务可以分为四大板块：核心电商业务、云计算业务、数字媒体与娱乐业务、创新业务及其他。2018 年 3 月，阿里巴巴宣布全面进军物联网，这是继电商、金融、物流、云计算后的新业务方向。按 2018 年收入计算，阿里云是全球第三大、亚太最大的基础设施服务和基础设施公用事业服务提供商。阿里作为战略投资者，侧重于加强阿里的生态系统、创造战略协同效应，并提高公司整体价值。从分布到各个领域的投资金额来看，在本地生活、电子商务与物流领域，阿里投入力度最大，截至 2019 年 11 月，投资金额分别为 1176.6 亿元、943.5 亿元和 615 亿元，而这三个领域都与阿里本身的电商业务息息相关。阿里系通过整合商贸、金融、银行、保险、物流、人工智能等各方面，挖掘各行各业潜在价值。

阿里云计算规模位居全球前列，仅仅次于亚马逊 AWS、微软 Azure。升级云智能之后，阿里巴巴的技术跟阿里云的技术将完全一致，客户可第一时间使用跟阿里巴巴完全同样技术。未来阿里巴巴所

有技术、产品和 to B 的能力都会通过阿里云平台对外输出。目前，已有上万家企业全面迁移到阿里云上，如飞利浦中国、迅雷、万科物业、百丽、Salesforce 中国、居然之家、大润发、西贝莜面村、虎扑、得到、千寻位置、115 科技、众安保险、网商银行、龙湖地产、振华重工、洛可可、首汽租车、优信二手车、安联救援等。大型企业逐渐放弃自建 IT 基础设施，整体迁移到公共云，IT 基础设施的云化已经是大势所趋。

目前随着传统 IT 向云计算全面转移，云计算带来巨大的生产效率提升和变革，全面替代传统 IT 产业发展模式和路径。从 19 世纪末内燃机替代蒸汽机、20 世纪初汽车替代马车、20 世纪 70 年代电话替代电报，新旧技术的交替往往以拐点的形式出现，全面上云是当下时代的必然。根据 IDC 2019 年发布的《全球云计算 IT 基础设施市场预测报告》，2019 年全球云上的 IT 基础设施占比超过传统数据中心，成为市场主导者。技术层面，云计算在成本、稳定性、安全和效率方面已经远超传统 IT。2019 年的数据显示，过去 5 年间，阿里云不断释放规模红利，核心基础产品价格累计降低 66%。以业内通用的 TCO 标准（总拥有成本）计算，用云可比传统 IT 节省一半以上的成本。阿里云经过 10 年发展，将以重点布局的"四张王牌"——飞天云操作系统、飞天大数据平台、阿里巴巴双中台和智联网 AIoT，帮助政企客户实现技术和商业的指数级增长。飞天是中国唯一自主研发的云操作系统，调度全球数百万台服务器，在全球 200 多个国家和地区为数百万客户提供服务，包括中国 80% 的科技公司与一半以上的上市企业。2017 年"飞天云操作系统核心技术及产业化"项目获得中国电子学会颁发的科技进步奖特等奖，这是该奖项设立 15 年以来首次颁发的特等奖。飞天大数据平台是当前国内规模最大的计算平台，可扩展至 10 万台计算集群，曾创下四项海量数据排序世界纪录。在阿里巴巴经济体中支撑了全局数据存储和计算，单日数据处理量超过 600PB。数据中台和业务中台让阿里巴巴经济体多元业务互联互通，业务创新层出不穷，人机协同大量运用，数据智能开创全新的商业形态。

杭州市一直以来大力支持阿里巴巴在云计算、大数据、人工智能等领域的技术研发，鼓励新技术与新模式在杭州先行先试。阿里巴巴将继续扎根杭州发展，发挥数字技术和商业基础设施优势。杭州市与阿里巴巴将立足各自优势，深化移动办事之城、移动支付之城、新零售示范之城建设，合力共建基于飞天操作系统的全国云计算之城，为杭州建设"全国数字经济第一城"提供战略支撑，助力杭州打造"全国数字经济第一城"。杭州和阿里巴巴全面深化战略合作，重点在五大方面精准发力：围绕数字基础设施深化战略合作，携手打造安全自主可控的数字经济基础设施和飞天产业集群，共建"全国云计算之城"；围绕数字技术创新深化战略合作，强化双方在创新平台和研发中心建设、技术推广应用、国内外市场开拓等方面的对接与合作，加快核心关键技术和重大创新成果在杭落地，推动产业化应用与科技孵化，争创国家新一代人工智能创新发展实验区；围绕数字赋能产业深化战略合作，深入实施"新制造业计划"，加快制造业数字化转型，加快建设数字化工业园区、数字化工厂，加快推进"双街示范"工程和智慧商圈建设，全面提升跨境电商综试区和 eWTP 杭州实验区发展水平；围绕数字金融服务深化战略合作，巩固和发展移动支付之城建设成果，优化杭州金融科技产业生态，共同推动杭州成为具有全球影响力的新兴金融中心；围绕数字城市建设深化战略合作，在社会治理和公共服务领域开放更多应用场景，深化"城市大脑"建设，提高城市综合治理和公共服务水平。

2. 以海康威视与大华股份产业链为引领，打造视频产业体系

视频 AI 实在是未来人工智能市场最好的入口，值得以此为支点撬动下一个万亿市场。以安防产业为基础发展起来的涵盖各行各业的视频经济产业链发展空间巨大。据推算，到 2030 年，潜在空间达万亿美元。一直以来，安防产业是浙江重要的优势产业，在国家"雪亮工程"和地方"平安工程"政策的支持下，安防产业飞速发展。近十几年来，政府、企业、机关、城市、社区都纷纷配合国家的安全工作部署，得益于平安城市和智慧城市的打造，安防产业始终保持高增长态势。据数据统计，2018 年我国安防行业总产值将近 7500 亿元。随着安防市场需求增长，2019 年我国安防行业总产值达 8269 亿元。安防行业经过多年的发展，已经形成较为完整的产业链。在安防产业链中，硬件设备制造、系统集成及运营服务是产业链的核心，渠道推广是产业链的经脉。目前，在全球安防 50 强中，海康、大华一直位居前二，前五家企业的收入占 50 强公司总收入的 68.4%，牢牢占领全球安防市场，保持领先优势。

海康威视是以视频为核心的物联网解决方案提供商，为全球提供安防、可视化管理和大数据服务。海康威视是博士后科研工作站单位，在国内设有五大研发中心，在海外建立蒙特利尔研发中心和硅谷研究所。海康威视拥有视音频编解码、视频图像处理、视音频数据存储等核心技术，以及云计算、大数据、深度学习等前瞻技术，为公安、交通、司法、文教卫、金融、能源和智能楼宇等众多行业提供专业的细分产品、IVM 智能可视化管理解决方案和大数据服务。在视频监控行业之外，海康威视基于视频技术，将业务延伸到智能家居、工业自动化和汽车电子等行业，为持续发展打开新的空间。海康威视从 2009 年开始探索行业解决方案，不断洞察用户需求。基于深厚的技术和实践

积淀，在人工智能时代来临的时候，海康威视以不断提升用户应用价值为核心，迅速将积累的技术转化为产品、解决方案与服务。目前，海康威视已开启 AI Cloud+行业解决方案的应用，AI 项目陆续落地全国 30 多个省级行政区域，为应急指挥、民生服务、城市运营、交通管理、商业决策等领域提供 AI 解决方案服务。技术的优势转化在产品线上，海康威视已形成了覆盖云中心、边缘域、边缘节点的 AI Cloud 产品家族，在"边、云、用"方面构建了良好的产品生态链。

大华股份是全球领先的以视频为核心的智慧物联解决方案提供商和运营服务商，以技术创新为基础，提供端到端的视频监控解决方案、系统及服务，为城市运营、企业管理、个人消费者生活创造价值。公司现拥有 16000 多名员工，研发人员占比超 50%，自 2002 年推出业内首台自主研发 8 路嵌入式 DVR 以来，一直持续加大研发投入和不断致力于技术创新，每年以 10%左右的销售收入投入研发。基于视频业务，公司持续探索新兴业务，拓展了机器视觉、视频会议系统、专业无人机、智慧消防、电子车牌、RFID 及机器人等新兴视频物联业务。大华股份的营销和服务网络覆盖全球，在国内 32 个省市区设立 200 多个办事处，在亚太、北美、欧洲、非洲等地建立 53 个境外分支机构，为客户提供快速、优质服务。产品覆盖全球 180 个国家和地区，广泛应用于公安、交管、消防、金融、零售、能源等关键领域，并参与了中国国际进口博览会、G20 杭州峰会、里约奥运会、厦门金砖国家峰会、老挝东盟峰会、上海世博会、广州亚运会、港珠澳大桥等重大工程项目。2008~2018 年连续 11 年被列入国家软件企业百强；连续 13 年荣获中国安防十大品牌；连续 13 年入选《A&S：安全 & 自动化》"全球安防 50 强"，2018 年排名全球第二位；在 IHS 2019 年发布的报告中全球 CCTV& 视频监控市场占有率排名第二位。大华股份推出

"大华 HOC（Heart of City）城市之心"战略，在"全感知、全智能、全计算、全生态"能力支撑下，为城市、行业和消费者市场提供面向实战的系列化解决方案与产品。这表明公司的相关技术商业化落地。

近年来中美贸易较量表明，浙江省以安防产业为基础的视频产业体系，亟须增强国产替代、发展产业链上的配套生产，厂家提高省内配套比重也显得比较重要。从产业链看，上游包括视频、算法提供商以及芯片制造商；中游包括软硬件厂商、系统集成商和运营服务商；下游主要是终端应用，包括政府（平安城市）、行业应用和民用。安防产业链上的浙江厂商包括舜宇光学、富瀚微等企业，依托海康与大华已经形成一定的规模与优势。

随着 5G 时代的来临，大连接、高带宽、低时延的网络传输将成为现实，人类将进入一个万物互联的时代。5G 是路，应用为车，大安防的各应用场景，将随着网络和终端的成熟而实现应用形态与组网变革。原有的视频安防领域一直受限于视频流数据量大、网络带宽窄以及视频画面实时性差等问题，5G 时代的到来，其实对安防领域是一次质变。5G+8K 的结合可以将更高清、更有价值的视频数据向后端同步传输，并让视频监控获得了更强的可移动性。海康威视、大华股份正在加速 5G 技术与自身业务的融合，不断尝试将 5G 与摄像机、无人机、机器人、新能源汽车、云视讯等结合，并加载边缘计算、人工智能等能力，打造一流的端到端解决方案与示范项目，探索有利于复制推广的商业模式。

根据 2019 年浙江省科技发展战略研究院和浙江省科技信息研究院联合开展的高新技术企业创新能力评价。从浙江信息经济创新十强企业看，安防企业占据三席（见表 4-3）。高新企业是全省工业经济的核心支柱。2018 年全省规模以上工业企业（简称"规上企业"）营收收入中，高新技术企业收入占比 43.1%，增加值占比 57.5%，利税占比 65.3%，新产品产值占比 74.5%。综合各类指标，高新技术企业处于绝对优势地位。

表 4-3　浙江电子信息行业创新力十强企业（2019 年）

企业名称	地区
新华三技术有限公司	杭州
浙江大华技术股份有限公司	杭州
杭州海康威视数字技术股份有限公司	杭州
杭州海康威视系统技术有限公司	杭州
浙江宇视科技有限公司	杭州
恒生电子股份有限公司	杭州
杭州富通通信技术股份有限公司	杭州
淘宝（中国）软件有限公司	杭州
赛尔富电子有限公司	宁波
浙江天猫技术有限公司	杭州

3. 以华为与新华三等产业链为引领，打造提升 5G 产业生态体系

5G 带来巨大的产业机会。从技术的角度来讲，不同于 3G、4G 只是宽带的延伸，5G 是一个根本性的创新，在运营商的协议方面发生了根本的变化。5G 非常大的一个场景是万物互联。"华为的创新发展会带动华为产业链的创新发展"，同样地，"华为产业链的创新发展也会进一步推动华为更高层次的创新发展"，这是一个产业链生态圈的互动过程。

5G 网络将为网络带来数倍的能效提升，提供高接入速度、低时延、高可靠性和更好的用户体验。5G 网络目前处于基础建设阶段，但其提供的高速网络将是泛安防服务的基础。目前，阿里、腾讯、平安、百度、华为等企业已纷纷入局，提出了基于云计算的数字城市、智慧

城市计划方案。2019 年 4 月，中国人工智能产业发展联盟 2019 年第一次全体会议在未来科技城人工智能小镇举行。会上，中国工程院院士潘云鹤、中国信息通信研究院总工程师余晓晖等为中国信息通信研究院人工智能（杭州）研究中心揭牌。继之江实验室、阿里达摩院、浙大超重力离心模拟与实验装置等重量级研发机构之后，又一高端科研平台落户余杭未来科技城。中国信息通信研究院人工智能（杭州）研究中心将充分发挥中国信息通信研究院的智库、平台优势，以及未来科技城的产业、人才优势，通过开展规划编制、政策咨询、产业集聚、平台建设、人才培养、应用推广等多领域务实合作，共同推动人工智能及 5G 产业发展。目前，华为研究所成为 5G 研究和建设的重要加速器，特别是投资建设"华为全球培训中心"、升级华为杭州研究所以及利用华为芯片、网络等核心技术，为浙江企业提供物联网开放平台。华为全球培训中心每年都会有 2000 人常驻杭州，而来自全球的华为员工将达到上万人。

在实体应用层面，随着 5G 基础建设和相关应用领域的快速推进，全球芯片需求迅速扩大，全球芯片代工龙头台积电 7 纳米制程早就满载，8 英寸芯片代工产能供不应求。超薄型屏下指纹辨识、5G 手机、PMIC/CIS 升级都让整体芯片需求大增。浙江各地围绕 5G 建设纷纷布局相关产业链，包括第三代半导体技术和芯片，以及 5G 建设前端射频芯片领域。在杭州成立 5G 产业基金，助推 5G 产业发展。2019 年12 月 28 日，由杭州萧山区人民政府主办，中国移动等协办的"5G 产业基金暨 5G 展示中心发布会"在钱江世纪城内的中国（杭州）5G 创新谷举行。5G 产业基金总规模 20 亿元，一期 10 亿元已完成关账组建。5G 产业基金由 5G 产业背景投资团队容亿投资组建和管理，由社会战略投资方与政府产业基金共同出资，获得了政府产业基金和战略投资方的重点支持，其中战略投资方有上汽资本、浙报传媒、圣奥集团、中际旭创、大华投资、吉华集团、大胜达、荣晟实业、海天集团、麦达数字、百合集团等知名投资机构和上市公司。5G 产业基金重点投资全国范围内 5G 上中下游细分行业龙头企业，携手产业链战略合作方共同培育千亿级的 5G 产业市场。

四　重点布局人工智能与新能源汽车产业链

人工智能（AI）将是人类历史上最大的革命。AI 革命，将比过去的农业革命、工业革命更大、更广泛。未来，是 AI 的未来，是人工智能的未来。亚马逊、谷歌、阿里巴巴、腾讯，这些公司正在不断朝 AI 发展。人工智能可分为基础层、技术层、应用层，美国的从业者集中在基础层与技术层，中国的从业者集中在技术层与应用层。中美同在人工智能领域投资巨大。美国在机器学习、处理器/芯片、自然语言处理上从业人数多于中国，中国在自动驾驶、语音识别、技术平台领域从业人数多于美国。基础层与技术层的投资巨大，但易形成垄断性优势（比如 AI 芯片就在该层面），因此，从技术角度而言，智能科技的投资首选美国；技术层与应用层不确定性较小，且可直接转化为利润，因此，集中在该层面的中国企业也值得重视。

1. 发展空间巨大的人工智能产业

国务院在 2017 年 7 月印发了《新一代人工智能发展规划》，为中国的人工智能产业定下两大目标：其一，到 2020 年，中国人工智能总体技术和应用与世界先进水平同步，人工智能核心产业规模超过 1500 亿元，带动相关产业规模超过 1 万亿元；其二，到 2030 年，中国人工智能理论、技术与应用总体达到世界领先水平。如果一切按照政府计划进行，中国有望在 2030 年之前成为全球人工智能的领导者。这不仅会影响中国经济和社会发展，更会改变全球政治格局。根据中国物联网发展年度报告显示，2019 年全球人工智能芯片市场规模达到 110 亿美元，预计到 2025 年将达到 700 亿美元，增长迅猛，发展空间巨大。《浙江省促进新一代人工智能发展行动计划（2019—2022 年）》提出，未来将从包括技术、硬件、产品、应用、人才等各个方面来发展人工智能，争取到 2022 年，在关键领域、基础能力、企业培育、支撑体系等方面取得显著进步，成为全国领先的新一代人工智能核心技术引领区、产业发展示范区和创新发展新高地。

2018 年 9 月 12 日，《2018 中国 AI 计算力发展报告》摘要版在 2018 人工智能计算大会（AICC 2018）上正式对外公布。这份报告由浪潮集团联合 IDC 研究发布，报告中值得关注的地方是，杭州力压北京成为 AI 的城市计算力排名第一的城市。中国几大城市中，在 AI 计算力方面的投入竞争非常激烈。第一梯队的 TOP 5 依次是杭州、北京、深圳、上海、合肥，第二梯队的城市包括了成都、重庆、武汉、广州、贵阳（排名不分先后）。有意思的是，第一梯队基本都在东部，第二梯队则向西偏移。不可否认的是，在这些城市中，当地成熟的市场环境以及良好的产业政策为人工智能的发展奠定了坚实的基础，特别是位居前三位的杭州、北京、深圳已经聚集了一大批 AI 领域的高科技公司，形成了良好的 AI 创业创新氛围，也形成了聚拢效果。

人工智能将深度引发浙江各行业的深刻变革。作为万物互联时代最前沿的基础技术，人工智能能够渗透至各行各业，并助力传统行业实现跨越式升级，如人工智能可以辅助医生更快更准确发现患者病症，或者加速新药研发；在金融行业则可以实现投资咨询与投资决策制定等。客观而言，人工智能的应用领域几乎涉及生活的方方面面，当前国家力推的工业 4.0、智慧医疗、智慧安防等无一例外均是"AI+

行业场景"的形态。人工智能产业将使社会制度产生颠覆性的变革。各色岗位被智能取代，大批劳动者成为"无用阶级"。如何自处的问题不光困扰着无数个体，亦成为政府的隐忧。尽管危机重重，各国发展人工智能的热情从未退却。人工智能是智能产业的战略制高点，是浙江进一步提升新兴产业竞争力的重要抓手。人工智能作为战略性和前瞻性新兴产业，是智能产业发展的核心，直接决定着智能产业发展的进度。近期，IBM、Google、微软、百度等知名高科技公司纷纷斥巨资在人工智能领域布局。"智能+"将引领社会变革，推进浙江"智能大省"建设。互联网变革人类生活方式，人工智能将会切实带动整个社会生产力的提高，引领新一轮科技浪潮发展。人工智能技术一方面提升生产效率，另一方面也逐渐变革着生活方式，如"智能+"机器人能够让生产加工更加高效，"智能+"汽车能够代替人类从事单调枯燥的驾驶工作。人工智能将人类从低层次的体力和脑力劳动中解放出来，转而从事更加有意义的创新性劳动。此外，浙江应抢先布局，发挥政策与基金的先导作用，加速推进相关领域布局。当前浙江正处于产业转型升级的关键阶段，正逐步迈向新兴产业引领，亟需新的动力引擎带动新经济进一步向前发展，人工智能也是进一步巩固现有信息互联网产业领先优势、再创新优势的重要基础和方向。另外，浙江应主要推进以多元化创新为引领的发展，加快人工智能在各行各业的广泛布局，包括对制造业［工业4.0，智能制造和信息物理系统（CPS）应用，打通生产环节的数据连通，实现机器与机器对话，更好地预测需求、调整产能、实现定制化生产］、教育、医疗、文化传媒、法律、家居和农业等诸多领域进行跟踪与分析，提供预测数据和决策建议。

当前，运用人工智能技术推进政府治理改革。进一步推进浙江在人工智能领域的布局，加速与浙江现有行业交织融合，如智慧医疗、智慧交通、智慧家居、智慧农业，提升信息安全，促进经济及社会发展，重塑产业链条，力助企业提高核心竞争力，都具有非常重要的现实意义。围绕人工智能领域前沿技术，建设一批国际水准的创新载体，吸引集聚一批高端人才和团队，培育一批"双创"平台，打造具有全球影响力的人工智能科技创新中心。大力推进之江实验室、阿里巴巴达摩院、西湖大学、阿里巴巴城市大脑国家人工智能开放创新平台、海康威视视频感知人工智能开放创新平台、浙江大学人工智能协同创新中心和杭州电子科技大学人工智能研究院共同探索人工智能基础研究。2017 年 10 月，阿里巴巴在云栖大会宣布成立全球研究机构达摩院，研究对象涵盖机器智能、智联网、金融科技等多个产业领域，在机器智能、区块链、量子计算、自动驾驶等基础性技术领域进行深度布局。阿里巴巴在 AI 平台、AI 算法、AI 引擎框架、AI 云服务、AI 芯片、产业 AI 等多个领域进入市场，以"云+AI+IOT"的模式完成从单点系统到技术生态的全面布局。数据作为人工智能算法的重要燃料，是推动人工智能商业化的基础支撑，云计算的布局与分布式存储能够让人们更加方便、快捷地自助使用远程计算资源。

科技部根据《国务院关于印发新一代人工智能发展规划的通知》的部署，按照《科技部关于印发〈国家新一代人工智能创新发展试验区建设工作指引〉的通知》，支持杭州、深圳、合肥和天津建设国家新一代人工智能创新发展试验区。试验区建设要围绕国家重大战略和杭州市经济社会发展需求，探索新一代人工智能发展的新路径、新机制，形成可复制、可推广经验，发挥人工智能在引领浙江数字化转型、全方位融入长三角一体化发展中的重要作用。试验区要强化高端资源集聚效应，提升人工智能创新发展水平。发挥杭州在人工智能领域学术研究、应用场景、产业基础等方面优势，发挥领军企业、高校和科研院所的重要作用，加强人工智能基础研究和关键核心技术的研发，开展重大创新成果应用示范，打造人工智能产业聚集高地，支撑引领杭州进一步壮大数字经济、实现高质量发展。同时，试验区要创新体制机制，营造有利于人工智能发展的制度环境。开展人工智能政策试验和社会实验，健全人工智能人才培养、创业孵化等政策体系，创新研发组织模式，加强人工智能技术标准、安全框架、法律伦理等方面研究，建立开源、开放、共享新机制，探索城市治理智能化的新模式。

人工智能在城市的全面应用离不开其核心即城市大脑。2010 年以来，除谷歌、百度、阿里、腾讯、华为、360 提出的"大脑"系统以外，2015 年城市大脑、城市云脑、城市超级大脑、城市超脑、城市神经网络等"泛城市大脑"概念也涌现出来。当互联网类脑架构与智慧城市建设结合时，就产生出诸如城市大脑、城市云脑、城市超级大脑、城市超脑、城市神经网络等"泛城市大脑"概念。2015 年 2 月，中国科学院研究团队根据互联网的类脑特征与智慧城市结合，在程序员网站 CSDN 发表文章《基于互联网大脑的智慧城市建设》，提出"城市大脑"的概念和定义：城市大脑就是城市建设伴随着 21 世纪互联网架构的类脑化过程，逐步形成自己中枢神经系统（云计算）、城市感觉神经系统（物联网）、城市运动神经系统（工业 4.0，工业互联网）、城市神经末梢发育（边缘计算）、城市智慧的产生与应用（大数据与人工智能）、城市神经纤维（5G、光纤、卫星等通信技术）。[1] 在上述城市类脑神经系统的支撑下，形成城市建设的两大核心：第一是城市神经元网络系统（城市大社交网络），用来实现城市中人与人、人与物、物与物的信息交互；第二是城市大脑的云反射弧，用来实现城市

---

[1]　刘锋：《一文理解"泛城市大脑"的起源、定义与三个建设重点》，http：//www.chinavalue.net/Biz/Blog/2019-3-27/1775476.aspx。

服务的快速智能反应。云机器智能和云群体智慧是城市智慧涌现的核心动力。这样基于互联网大脑模型的类脑城市架构被称为城市大脑。2015 年之后,"泛城市大脑"出现了突飞猛进的发展势头。在产业领域,2016 年,阿里提出阿里城市大脑;2017 年,华为提出城市神经网络;2018 年,腾讯提出城市超级大脑,科大讯飞提出城市超脑。在城市建设方面,从 2016 年起,杭州、上海、北京、广州等城市各自提出和实施了不同的城市大脑建设方案,其中上海市实施了以建设城市神经元系统为重点的顶层方案。

2. 潜力无限的新能源汽车产业

和苹果产业链、华为产业链相比,汽车在产业链的长度和深度上要远远超过智能手机,有望持续受益的供应商名单也更长。新能源汽车产业链包括上游的化工与金属非金属原材料、中游的汽车磨具以及汽车零配件、下游的汽车组装与销售等业务。近年来我国在汽车产业链上已经形成极大的竞争优势和配套优势,在新能源汽车产业链上,以动力电池为代表的新能源产业链也已经逐步形成一定的竞争优势,特别是以宁德时代为代表的新能源汽车动力电池,以天齐锂业和华友钴业为代表的新能源汽车电池重要金属原材,以比亚迪、蔚来等为代表的新势力新能源汽车厂商为代表的产业链,在国内外都具有一定的规模与领先优势。在最上游原材料领域,我国相关厂家在隔膜、电解液以及电解液上游的有机硅领域,都在国际上规模领先,特别是近两年受新冠肺炎疫情影响,国外化工巨头厂商生产受到波及与影响,我国部分企业生产订单交付期大幅延迟,生产产能严重不足。在中游新能源汽车零配件领域,浙江、江苏的众多企业也极具价格竞争优势,有部分厂家更是把配套工厂设立在特斯拉组装工厂周边与附近地区。特斯拉上海工厂飞快投产以及产能不断扩张,就是得益于配套优势完备。目前特斯拉国内供应商中，与自动驾驶相关的国内企业有联创电子（车载透镜）、三花智控（毫米雷达）、均胜电子（人车交流）、四维图新（导航地图）、长信科技（中控屏模块）等。其他一些电子系统类企业或也将受益，如车载摄像头（欧菲光、保千里）、雷达（沪电股份、巨星科技）、高精度地图（四维图新）。判断系统方面，推荐芯片算法、人工智能（东软集团）。执行系统方面电子刹车（亚太股份、万安科技，以及拓普集团），电控油门（宁波高发）等，其中很大部分都是浙江企业。

浙江新能源汽车品牌有吉利和知豆、零跑、万向，新能源汽车零部件厂商有万向、均胜电子、三花智控等，新能源电池材料生产商有杉杉股份、正泰能源等。浙江已经拥有全球较完整的锂电池产业链和最强的成本控制能力。目前已有20余家中国优质供应商进入国产Model 3一级供应链序列，其中，旭升股份、三花智控、均胜电子、宁波华翔、万丰奥威、拓普集团等6家浙江企业进入一级供应链梯队。此外，杉杉股份、爱柯迪、银轮股份、金固股份、舜宇光学、继峰股份、天成自控、亚太股份等8家公司进入特斯拉新供应商行列。

五　扶持更多龙头企业成为世界一流企业

一个大国、一个强省都需要有一批全球一流企业和受人尊敬的伟大企业。全球一流企业是浙江走向世界、迈向基本现代化的举足轻重的力量，也是浙江提升国际竞争力的重要基础。浙江培育一批全球一流企业，应扶持龙头名企、加快优化整合，加强政策引导、提升服务配套和完善制度建设，培育全球一流品牌、一流人才团队、一流技术创新实力和一流企业家队伍。浙江省第十四次党代会报告提出，要"在提升综合实力和质量效益上更进一步、更快一步，努力建设富强浙江"。打造富强浙江，就必须拥有一批重量级的产业，必须拥有一批全球一流的企业。

1. 浙江培育全球一流企业的基础与目标

美国《商业词典》认为"国际一流"企业位居顶尖企业前列，能够成为其他企业的标准和标杆。世界三大"质量奖"将领导力、战略规划、客户与市场等作为衡量一流企业的关键指标。[①] 美国《财富》杂志则主要从创新能力、产品服务质量、管理水平、社区与环境责任、吸引与留住人才、国际经营运作能力等方面对一流企业进行评价。总体来看，国际一流企业普遍具有较大规模和持续良好的业绩表现、强大的品牌影响力、卓越的产品和服务、较高的国际化水平等共性特征。

浙江培育一批全球一流企业具有明显的优势和现实基础。培育一批全球一流企业，一般遵循从行业领先到行业领军，并最终培育成为全球领导者企业的路径。当前，浙江具有以下优势：一是浙江产业基础好、实力强，拥有诸多重量级行业龙头或隐形冠军企业，特别是近年来实施战略新兴产业战略，七大万亿级产业涌现出了一批知名企业。二是拥有一批强大创新力的民营企业。浙江民营经济是培育全球一流企业的重要力量。民营企业既有新兴企业，也有突破传统模式实现转型的企业，品牌与竞争力不断增强。三是全球化浙商，浙江企业在全球市场竞争与拓展、在全球化资源配置上不遗余力，极具全球领先优势，为浙江企业全球化和一流企业建设提供了支撑。

培育全球一流企业的目标要求是，力争经过5~10年努力，浙江着力重点培育10~15家企业向全球一流企业迈进，到2035年能够在互联网、物联网、人工智能、先进制造、信息技术等行业培育有20家全球一流企业，2050年能拥有30家左右的全球一流企业。一流企

---

① 周原冰：《怎样才算"国际一流企业"》，《企业文明》2012年第3期，第41页。

业必须具有以下特征与优势。其一，在国际资源配置中占主导地位的领军企业。一流企业必定是跨国扩张的典范，位居顶尖企业前列，是其他企业国际化标杆。其二，行业巨头或重量级的行业领先企业。在行业内拥有最多标准与专利的企业，是在改革开放、创新发展和转型升级上做出表率或成为新经济排头兵的企业。其三，在全球产业发展中拥有话语权和影响力的企业。一流企业具有强大的抗风险能力，是在技术上、产业链上都占据尖端前沿地位的重量级企业。其四，在世界上受人尊敬且始终坚守社会责任的伟大企业。受人尊敬的伟大企业必是诚信、规范、透明、负责任的企业。受人尊敬的伟大企业能参与全球竞争，与全球伙伴合作共赢持续发展。

近年来，浙江很多企业在世界舞台上已经取得很大突破，如万向通过海外并购，获得品牌、渠道、技术、知识产权，实现产业链延伸和整合，但有些企业还没有得到全球认可。总体来看，浙江龙头企业与国际一流企业相比，在规模、质量与效益上还有一定的差距，创新实力还不够强，品牌认知度还不够高，国际化步伐还不够快。

2. 国内外培育全球一流企业的经验模式

国内外经验表明，作为全球行业领袖的一流企业，不仅要有成为全球市场领导者的雄心和目标，更重要的是专注、专业、研发，把创新视为生命，坚持以品质为基、创新助力、全球共享和责任共担。

首先是以"环境"促"一流合力"。政府高度重视，积极完善制度环境，推进企业国际化与一流建设。推进规划并购，引导合理分工。德国在制造业领域往往有多家世界一流企业。政府在推进兼并重组时，规划保留完整产业链，并合理指导分工，如化工领域，巴斯夫以原材料为主，拜耳以农用化学品、医药用品为主，汉高以涂料、化妆品、洗涤剂等为主，既保证对化工领域全面掌控，又减少企业间竞争，提高行业整体竞争力。推进协同创新，提升竞争力。德国经常组织企业共同研发通用技术，使技术达到世界一流，然后在多元化生产中通过产业链加强合作，将通用技术运用在产业链的不同环节，这种分层化的发展模式既减少企业间竞争，又提高产业链质量。把全球一流企业视为综合国力支柱。美国非常重视大力扶持公司国际化，跨国公司与美元国际地位、军事优势是美国霸权的三大支柱，跨国公司扩张又是美国国际政治和军事地位的支柱。树立价值导向，营造追求和创造财富的文化氛围。欧洲很多家族企业传承百年，始终坚守追求与宗旨，有"家族宪法"，并对成员的各项行为有相应规定。在美国，长期形成的浓厚追求与创造财富的文化氛围，不但形成了美国创新创业的精神，还从根本上形成美国社会发展的激励结构，构成一流企业做强做大的文化根基。

其次是以"开放"谋"一流优势"。全球一流企业，必须具有强大的国际化市场优势、品牌领先优势、产品定价优势、技术创新优势、渠道突出优势、海外布局领先优势、经营管理战略优势以及人才优势等。推进全球业务扩张。国际化是一流企业的必然战略。20世纪70年代以来，为确保跨国企业绝对优势，美国倚仗高科技优势，通过"超级301条款"和"特别301条款"，单方面向对方国进行经济制裁或以制裁相威胁，清除产品进入世界各国市场的障碍，迫使对方开放市场。美国推行贸易自由主义和贸易保护主义双重政策，针对不同贸易伙伴、不同问题，通过双边谈判和单方面施压迫使对方在金融、玻璃制造、汽车及其零部件、航空运输、农产品、知识产权保护等领域达成协议，从而为跨国企业迈向一流企业创造极其有利的条件。推进跨国资源布局。提升全球资源配置能力，尤其是以人才为核心的要素全球化布局。全球一流企业微软、思科与GE等在全球构建一张张大网，覆盖全球资源体系、全球创新体系、全球市场体系，整合全球优质资源，更好地服务消费者。二战后美国还通过实施"马歇尔计划"，参与欧洲和国际经济重建，为美国跨国公司大规模对外直接投资创造极好条件。美国采掘业海外扩张还得到美国税法中优惠条款的支持，杜鲁门总统专门建立原材料政策委员会。完善开放制度与服务。德国实施《对外经济法》和《对外经济法实施细则》，与其他国家签订境外投资保护协定，建立境外投资促进机制，提供信息服务，提供境外投资政府担保，提供境外投资融资服务。并积极建立政府间混委会/联委会、经济论坛等双边合作机制，与新兴国家签订双边投资促进与保护协定，推动欧盟与重要伙伴国商签自由贸易协定。

坚持以"品质"创"一流品牌"。品牌领先、品质提升、全球布局、以变应变及强大的渠道推广能力，是一流企业领先同业的综合竞争优势。坚守一流产品品质。德国始终坚持产品品质优先，考虑更长远的可持续发展，宁愿在保证基本利润的同时，让部分利润转化成更高质量的产品和更加完善的服务。德国企业产品大都是具有世界领先水平的产品，他国难以复制，从管理者到普通员工，都始终践行"德国制造能用一百年"的理念。坚定推进一流品牌。欧美消费者对产品与服务非常苛刻，长期信赖有品牌价值为后盾的冠军企业。一流企业品牌不是通过广告炒作或超强营销方案形成，而是几十年甚至上百年品牌积累形成。西门子等百年一流企业在面对分歧时，都宁愿牺牲个人与股东利益，让位于市场消费者与社会，以保护品牌价值不受损害。提升品牌社会价值。品牌建设、传播与管理，是企业对自身价值和社会的一份责任，也是成为一流跨国企业的标识和内核的体现。美国自20世纪70年代起就逐步发布一系列要求企业承担社会责任的法律法规，涵盖58种行为，包括人权与平等、污染、效率、培训等行为。美国一流企业也非常重视社会责任，并设置直属领导下的企业道德委员会或道德责任者等专门机构。

坚持以"创新"为"一流动力"。以创新作为核心动力，可持续的创新包括技术创新、商业模式创新和管理创新，是一流企业区别于一般企业的最重要标志。要抢占标准专利走高端，坚持技术创新不动摇。一流企业具有强大的技术研发能力和自主知识产权的核心技术，在国际专利与标准制订上具有话语权，成果转化率高。微软统治 PC、谷歌掌控 Android 智能手机。GE 电气、ABB 等均在全球设立研发机构，实现研发系统共享，实现基础研发支撑和满足不同市场研发需求有机统一。要不断推进管理创新。ABB 曾在 20 年时间里，经历 6 次以上的组织架构变革。英特尔始终围绕价值链高端环节，不断优化战略联盟、区域竞合等组织方式，扩大市场规模、开发专利技术与制定技术标准，抢占战略制高点，掌握技术主导权、资本主导权、市场主导权。要不断推进商业模式创新。苹果公司利用完美的客户体验、共赢的战略联盟、优质的关键资源和严格的生产流程，成功在全球范围内掀起苹果产品的新风尚，实现公司价值和客户价值的提升共赢。

坚持以"生态"建"一流体系"。建立自身生态链，发挥产业集聚优势，提升市场占有能力。苹果拥有移动领域最完整的生态系统，即硬件掌控力、操作系统、应用商店、庞大的开发者群体及高客户黏性，每年赚取几百亿美元净利润。要建立稳定而竞争有序的供应商体系，从而集聚、整合与提升资源优势能力。苹果、Google、三星围绕产品链环节拥有上下游上千家的供应商，并根据产品转型升级和技术标准化要求，适时更新、调整。上下游共同形成的技术门槛和标准化要求，对行业内排名第二、第三的企业构成壁垒和"护城河"。要建立完整的产业链体系。一流企业必须通过资本市场整合上下游要素资源，围绕产业链并购，补短板强优势，从而增强竞争力。思科自1993年起并购150家与自身六大业务领域紧密相关的公司；伊莱克斯自1969年开始短短20年间，收购欧美200余家家电企业，成为无可置疑的全欧洲第一的家电品牌。在全球化进程中，也面临诸多风险。跨国扩张不是简单地复制，跨国经营是多数集团型企业会考虑的发展途径，但如何突破语言与经营文化上的隔阂、熟悉各地生态系统与法规限制、建立起与本土沟通顺畅的领导团队、吸纳当地人才，都是需要面临的共同课题。

3. 强化政策与环境支持，培育全球一流企业

要紧紧围绕重点行业与领域，包括当前及符合未来发展趋势的关键行业如电子信息、互联网、物联网、先进制造、文化旅游、生物医药、大数据、云计算等，培育一批在全球行业发展中具有引领作用的企业。

积极开发构建一流的政策环境。首先是创造一流的制度环境。建议省领导分别牵头培育强企，有关部门专门开展研究，推进科研机构与培育强企对接，联合攻关。发挥强企引领作用，协调推动通用技术研发，支持向创新科技型提升。其次要创造国际一流的市场环境。推动开展多层面、多领域交流，可在杭州设立国际人才特区，简化外籍科技人士就业签证，放宽入境，增加技术移民签证数量，实行便利海外人才的绿卡制度。此外还要建设一流的科技园区。推动若干全球一流大学与研发机构落户，集聚若干具有全球影响力的创新型企业，集聚更多跨国公司研发总部及研发中心，鼓励支持跨国企业对接，发展知识型、科技型、创新型等产业和业务。

积极开发构建一流的人才团队。一流企业不仅要抢先布局整合全球优质自然资源、要素配置，还要整合全球人才、技术等智力资源，

打造全球智慧链，用全球智慧来推动企业创新。其一是一流的、健康的人才梯队。鼓励、培育企业制定完善制度规划，确保足够的人才储备以进行快速调动，强化人才团队意识，传授业务运营能力、企业价值观与文化。其二是坚持不懈引进高端人才，尤其是全球创新人才的引进。支持一流企业制定人才培养和引进整体方案，省有关部门或单位组织，可设立国际人才招募基金，提升人才吸引力。其三是全方位的股权激励机制。积极推动龙头品牌企业开展股权激励，鼓励各地区推进混合所有制改革，通过设立专项扶持资金对符合股权激励条件的团队和个人，给予股权认购、代持或股权取得阶段所产生的个人所得税代垫等资金支持。

积极构建一流的企业制度。打造伟大企业，关键还在于企业制度、文化和团队，要按照参与全球竞争并能获胜的要求，不断完善和优化企业体制机制。一是建立一流的现代企业制度与党建。浙江民营企业有良好的党建传统与优势。大型民营企业应该把党的建设与现代企业制度建设深度融合，保证党组织领导核心和政治核心作用的充分发挥，这也是落实党的十九大精神的具体体现。二是建立一流的企业文化。坚持把发展企业文化作为提升企业竞争力的重要途径、产品竞争力的重要支点和转变经济发展方式的重要着力点，以文化创新引领一流。三是建立完善一流的供应链体系。应对互联网、物联网和人工智能带来的巨大变革，不断优化品牌运营管理。引导企业设立共享服务中心（GBS），为不同品类的业务提供标准化的财务、人力资源、行政管理、数据运营、IT信息系统等服务，增强竞争优势。

大力构建一流的技术支撑。全球一流企业，必须是不论技术如何迭代都能引领潮流的企业，是不论市场景气与否都能稳定增长的企业。针对浙江关键技术环节与领域，组建若干个混合体制实验室，组建若干专家团队，制定"跟随—并肩—超越—领先—领军"的技术突破路径。特别是影响深远且市场前景广阔的柔性电子、信息、互联网、物联网、人工智能、生物基因等领域，建立世界一流的研发平台与产业孵化基地，开展探索性、前沿性、创新性的技术研究。确保在稳定增长的同时，保持对未来科技的准确判断。鼓励、支持、培育企业在企业研究院基础上优化设立研究部门和开发部门。研究部门聚焦于未来5至10年可能产生颠覆性影响的前沿技术，不承担任何短期考核指标。开发部门评估未来5年内新兴技术商业化程度，并推动具体产品的创新。鼓励培育企业应用全球化资源，加快在全球的技术研发布局，以国内创新研发中心为依托，建立海外研发中心，既能网罗全球顶尖研发人才，又能接触全球创新科技的前沿，捕捉最尖端技术。

大力构建一流的企业家队伍。浙江的富强需要一批一流企业家。打造受人尊敬的伟大企业，需要有理想、有担当的一大批企业家在全球竞争中承担责任。一要加强一流企业家培训。当前是大连接、大数据和大合作的时代，企业家要有开放心态。企业家不仅是转型主体，也是企业国际化的最大动力，企业家心态更开放，更能接受全球化理念与需求。二要加强精神、心理建设，培育一流企业家精神。企业家精神是经济和技术的，也是文化和心理的。一流企业家，不仅是实业家，也需要资本家、金融家，需要交易型、管理型尤其是创新型企业家。三要开展龙头企业国际竞争力评价。将领导力、战略规划、客户与市场、创新力等作为衡量一流企业的关键指标，每年对达到一定规模（如500亿元）的龙头品牌企业开展评价，从创新能力、产品服务质量、管理水平、社区与环境责任、人才、国际经营运作能力等方面进行评价，并加大宣传表彰力度。

第五章
推进杭州大湾区的空间布局与整合

《长江三角洲区域一体化发展规划纲要》指出，发挥苏浙皖比较优势，强化分工合作、错位发展，提升区域发展整体水平和效率。发挥江苏制造业发达、科教资源丰富、开放程度高等优势，推进沿沪宁产业创新带发展，加快苏南自主创新示范区、南京江北新区建设，打造具有全球影响力的科技产业创新中心和具有国际竞争力的先进制造业基地。发挥浙江数字经济领先、生态环境优美、民营经济发达等特色优势，大力推进大湾区大花园、大通道、大都市区建设，整合提升一批集聚发展平台，打造全国数字经济创新高地、对外开放重要枢纽和绿色发展新标杆。发挥安徽创新活跃强劲、制造特色鲜明、生态资源良好、内陆腹地广阔等优势，推进皖江城市带联动发展，加快合芜蚌自主创新示范区建设，打造具有重要影响力的科技创新策源地、新兴产业聚集地和绿色发展样板区。

一　优化大湾区空间规划与城市体系

坚持极点带动、轴带支撑、辐射周边，推动大中小城市合理分工、功能互补，进一步提高区域发展协调性，促进城乡融合发展，构建结构科学、集约高效的大湾区发展格局。不同于城市群必须以中心城市为核心，带动周边城市发展，杭州大湾区完全可以拥有多个中心城市，从目前的城市等级和竞争力看，上海、杭州和宁波成为一级中心城市，嘉兴、绍兴和湖州、舟山是二级城市。对于浙江来说，一是重点打造杭州、宁波两大都市圈，建设特色科创城市；二是要重点谋划培育绍兴、嘉兴为半导体与集成电路集聚城市；三是重点培育湖州、舟山为国际知名花园宜居城市。

1. 打造结构高效、层次合理的大湾区城市群空间体系

大湾区空间规划最重要的是不断优化提升中心城市，不断增强大城市集中集聚力。毫无疑问，上海的带动引领是核心，对于浙江来说，重点在于提升杭州、宁波中心城市的集聚功能，这两座城市作为区域发展的核心引擎，继续发挥比较优势，做优做强，增强对周边区域发展的辐射带动作用。依托上海的国际金融、航运、贸易中心和国际航空枢纽地位，强化其全球离岸人民币业务枢纽地位、国际资产管理中心及风险管理中心功能，推动金融、商贸、物流、专业服务等向高端高增值方向发展，大力发展创新及科技事业，培育新兴产业，建设亚太区国际法律及争议解决服务中心，打造更具竞争力的国际大都会。而杭州则要发挥全球重要的互联网中心城市、全国性经济中心城市和国家创新型城市的引领作用，建设世界旅游休闲中心、基于互联网平台的与全球国家商贸合作服务平台，努力成为具有世界影响力的创新创意之都，打造以互联网信息经济为主体的交流合作基地。宁波要充分发挥国家中心城市和综合性门户城市的引领作用，全面增强国际商贸中心、综合交通枢纽功能，培育提升科技、教育、文化中心功能，着力建设国际大都市。

同时要加快建设重要节点城市。支持嘉兴、湖州和绍兴、舟山等城市充分发挥自身优势，深化改革创新，增强城市综合实力，形成特色鲜明、功能互补、具有竞争力的重要节点城市。增强发展的协调性，强化与中心城市的互动合作，带动周边特色城镇发展，共同提升城市群发展质量。此外，还要大力发展特色城镇，促进城乡融合发展。充分发挥特色城镇数量多、体量大的优势，培育一批具有特色优势的魅力城镇，完善市政基础设施和公共服务设施，发展特色产业，传承传统文化，形成优化区域发展格局的重要支撑。建设更多的科创型、产业型、智慧型小镇，开展智能技术应用试验，推动体制机制创新，探索未来城市发展模式。加快推进特大镇行政管理体制改革，在降低行政成本和提升行政效率的基础上不断拓展特大镇功能。建立健全城乡融合发展体制机制和政策体系，推动城乡一体化发展，全面提高城镇化发展质量和水平，建设具有江南特色的宜居城乡。加强分类指导，合理划定功能分区，优化空间布局，促进城乡集约发展。提高城乡基础设施一体化水平，因地制宜推进城市更新，改造城中村、合并小型村，加强配套设施建设，改善城乡人居环境。

根据浙江大湾区发展规划，杭州大湾区作为建设重点，把打造科创大走廊和产城融合的现代化新区作为建设重点。目前，湾区城市杭州、宁波在科创走廊建设上成效显著，新兴产业加速布局。嘉兴、湖州与绍兴分别围绕主导产业规划加快引进与培育，新兴产业投资大力扩张，钱塘新区、滨海新区、杭州湾前进新区等新区建设也蓬勃推进。根据《长江三角洲区域一体化发展规划纲要》，推动都市圈同城化，要以基础设施一体化和公共服务一卡通为着力点，加快杭州、宁波都市圈建设，提升都市圈同城化水平。加强都市圈间合作互动，推动杭州都市圈与宁波都市圈的紧密对接和分工合作，实现杭绍甬一体化。

建设宁杭生态经济带，强化南京都市圈与杭州都市圈协调联动。加强都市圈间重大基础设施统筹规划，加快大通道、大枢纽建设，提高城际铁路、高速公路的路网密度。加快建立都市圈间重大事项协调推进机制，探索协同治理新模式。

2. 打造产城融合和城市联动的大湾区都市圈空间结构

强化平台与产业的融合互动。根据规划，从宏观层面的具体规划来看，浙江大湾区的总体布局是"一环、一带、一通道"，即环杭州湾经济区、甬台温临港产业带和义甬舟开放大通道。在中观层面，规划指出环杭州湾经济区将是大湾区建设的重点，而围绕环杭州湾经济区建设，未来将构筑"一港、两极、三廊、四新区"的空间格局。其中，"一港"是指高水平地建设中国（浙江）自由贸易试验区，争创自由贸易港。"两极"是指增强杭州、宁波两大都市区辐射带动作用，带动环杭州湾经济区高质量发展。"三廊"是指加快建设杭州城西科创大走廊、宁波甬江科创大走廊、嘉兴 G60 科创走廊。"四新区"是着力打造杭州江东新区、宁波前湾新区、绍兴滨海新区、湖州南太湖新区，将新区建设成为产城融合、人与自然和谐共生的现代化新区。在具体落实发展的微观层面，着重提出了"产业集群"与"发展平台"的作用。规划细则指出，浙江大湾区的建设既要发挥现有产业优势，瞄准未来产业发展方向，整合延伸产业链，打造若干世界级产业集群；也要推进产业集聚区和各类开发区整合提升，打造若干集约高效、产城融合、绿色智慧的高质量发展大平台。实现高质量融合发展，推进产业集群共育共强，建立跨区域产业转移与合作机制，支持产业组团式承接和集群式发展。要共同抓好产业布局，建立区域产业转移与合作机制。

同时要坚持六个城市四大联动原则，即实现杭州、宁波、绍兴、嘉兴、湖州、舟山六个城市四大联动。以联动布局发展环杭州湾产业为核心，以联动发展环杭州湾城市连绵带为依托，以联动发展各类园区为抓手，以联动建设基础设施为支撑，形成大园区、大企业、大项目联动的发展模式，促进环杭州湾区域快速、健康、协调、有序发展。目前，环杭州湾各城市的政府高层已经形成共识：将环杭州湾产业带建设成"城市的新区和重要功能区"、"外资民资的集聚区"、"先进制造业基地的核心区"和"体制、机制创新的试验区"。在环杭州湾产业带规划发展的初步设想中，对六个城市基础设施联动建设确定了大致的框架。其中对接"长三角"网络的重点是：加快沪杭城际快速轨道交通、湖嘉乍铁路连接上海浦东铁路建设；拓宽沪杭高速公路、杭州湾跨海大桥和杭宁高速公路建设，推进沪杭甬高速公路二通道规划建设；推进甬舟港域一体化建设；加快长湖申线、杭甬运河等内河航道改造；加快天荒坪第二抽水蓄能电站前期工作，推进上海至杭州天然气支干线建设。

3. 积极推动杭州大湾区都市圈实现同城化发展

国际经验表明，创新型城市可以通过建立完善的城市创新体系，摆脱传统的依赖土地、资本和劳动力等要素投入的发展模式，主要依靠科技、知识、人力、文化、体制等创新要素而实现经济社会的发展。这样一种城市发展形态，是走出一条新型城市化道路的内在要求。湾区建设要着力构建现代交通体系、现代产业体系、现代城镇体系，加强区域协同、山海协作，做强做大杭州湾，加快建设象山湾、三门湾、台州湾、乐清湾，努力建设全面对接"一带一路"、具有全国乃至国际影响力的大湾区。推动杭州、嘉兴、绍兴以及宁波、舟山一体化、同城化发展，无疑是做大做强杭州大湾区的必由之路。高水平、高质量推进甬舟一体化发展，要充分发挥甬舟两地各自的优势和特色，共同推动系列国家战略在该区域的实施落地，实现更高质量一体化发展，建成长三角一体化先行区、示范区。当前，较为紧迫的是统一规划建设都市圈内路、水、电、气、邮、信息等基础设施，加强中心城市与都市圈内其他城市的市域和城际铁路、道路交通、毗邻地区公交线路对接，构建快速便捷都市通勤圈。实现都市圈内教育、医疗、文化等优质服务资源一卡通共享，扩大公共服务辐射半径，打造优质生活空间。推动中心城市非核心功能向周边城市（镇）疏解，在有条件的地方打造功能疏解承载地。推动都市圈内新型城市建设，打造功能复合、智慧互联、绿色低碳、开放包容的未来城市。推进都市圈一体化发展，实现都市圈内同城化，需要以人为本，立足于人流与信息流，着眼于快捷交通等民生工程，依托以高速铁路、城际铁路和高等级公路为主体的快速交通网络与港口群和机场群，构建区域经济发展轴带，形成主要城市间高效连接的网络化空间格局。

加快形成一体化空间结构。在集聚型均衡结构中，大城市集聚中有均衡，中小城市均衡中有集聚。与一般性均衡、非集聚型均衡相比，集聚型均衡首先是要以大城市集聚功能的有效发挥为前提。可见，集聚型均衡的核心是强调大城市集聚功能得到有效发挥，才能更好地实现相关服务和功能向周边地区（郊区和中小卫星城市或城镇）延伸转移。这也就是集聚型均衡与对称型均衡、主导型均衡、分散型均衡的主要差异。总而言之，集聚型均衡是保持长三角区域城市化水平，处于边际聚集效益等于边际聚集成本的动态均衡、处于集聚与分散的动态均衡点上，是以上海、南京与杭州等大城市要素集聚为主导动力、以中小城市公共服务均衡发展的空间格局。因此，片面地强调大城市集聚是不合理的，片面地强调中小城市均衡也是不合理的。事实上，从大城市到中小城市的发展，是集聚效应不断加强的结果。中小城市的发展必须以大城市的存在及其集聚效应的充分发挥为前提。随着交通成本的下降，大城市辐射范围不断扩大，中心城区的集聚效应进一步加强，但同时也导致地租、工资等商务成本的上升，这种拥挤效应就促使一部分产业向周边地区转移，带动周边中小城市的发展，从而形成经济功能互为补充的"城市圈"或"城市带"，使大城市的规模效应得到充分发挥。更多样化的产品需求与供给、更好的公共产品提供以及更高的城市治理水平都将在大城市的发展中得到体现。

4. 推动城市"有机更新"，实现城市集约发展

加快城市有机更新有赖于城市在经济、社会、文化等各方面的不断创新，有赖于城市立足自身实际、借鉴国际经验，创新理念、创新思路、创新实践。这就需要通过建设"创新型城市"，强化创新基础、改善创新环境、集聚创新人才、培育创新龙头、提高创新效率、体现创新价值，尽快走上经济高效、资源节约、环境友好、社会和谐的道路。在资源环境约束日益趋紧的条件下，主要依赖增加要素投入来实现城市发展的路子已经越走越窄，而以集约发展为特征的新型城市化道路已成为唯一选择。集约发展是通过技术进步和管理改善，通过生产要素质量和效益的提高来实现发展的。它要求在人力资源利用上不断提高劳动生产率，不断提高科学技术在经济增长中的作用；在物质资源利用上不断降低物耗水平，不断降低产品成本；在财力资源利用上不断提高投资收益率和资金使用效果；等等。显而易见，这种集约发展在很大程度上将取决于科技创新、管理创新和制度创新。这就需要通过建设"创新型城市"，提高自主创新能力，打破技术垄断，改变依赖引进或对引进技术消化不良的现象，形成杭州科技的核心竞争力。这就需要通过建设"创新型城市"，进一步改革不适应集约发展、科学发展要求的体制机制，营造有利于自主创新的良好外部环境。这

就需要通过建设"创新型城市"，改善对物的管理和对人的管理，有机协调各生产要素的关系，特别是激励人的创造性，发挥杭州生产力的整体功能。

首先要进一步提升大城市的集聚功能。大城市是推动长三角实现现代化的重要动力，在集聚高端要素资源和重大技术创新等具有重大影响的领域，大城市是唯一的选择。但同时，中小规模的县域城市化又直接关系着城乡统筹发展，关系到扩大内需、转变发展方式和实现可持续发展，是长三角迈向基本现代化的一条必由之路。经验表明，"均衡"和"非均衡"城市化模式，在许多地区发展持续性不强，而控制城市规模的"分散结构"体系也受到挑战，强化集聚而推进大城市化、增强大城市对经济的带动作用越来越成为各地发展的共识。城市始终是生产要素、资源的聚集中心和产业的孵化器、扩散源，城市化具有超前性，推动引导着经济社会的发展。尤其是在工业化中后期，高级生产要素进一步在大城市的空间集聚显得越来越重要，其中服务投入与知识、资本要素对大城市加强集聚的重要性更是越来越突出。同时，传统生产要素向郊区、中小城市转移分散的趋势也是不可抵挡，甚至为降低土地等运营成本，部分大企业总部也开始向郊区转移，总体呈现出从人才、资源向大城市的单向流动转向"大城市与中小城市的双向对流"的趋势。在此基础上，城市化发展速度加快，尤其是大城市集聚功能进一步提升，城市系统开始趋向集聚型均衡。

同时也要进一步均衡区域公共服务建设。从均衡的内涵来理解，在城市化发展前期，强调城市化发展的空间均衡，更多的是解决城市之间的发展不均衡问题。当前，在城市化发展日益成熟的中后期，强调城市化空间均衡，更多的是追求在要素资源、设施建设及公共服务等方面，大城市内部城区与郊区、中小城市内部以及彼此之间的发展均衡。因此，与传统的城市化进程由农业人口向城市人口转变相比，新型城市化背景下的集聚型均衡重在实现城市要素如人口和空间结构的两种转变，即由城市人口变为郊区人口、城镇人口，由乡村人口与城镇人口变为城市人口，从而实现城乡平衡。在发展空间上，更是以城乡空间为载体，以人口转移和集中为前提，以经济活动的集聚为主要内容，以社会经济结构转型为核心，以农村和城市的统筹发展为根本。具体来说，城市规模等级体系中的不同等级城市的居民能够享受相同水平的公共基础设施、教育、医疗服务。人才、资源等要素在不同等级规模城市之间能够自由流动，逐步实现城市居民与农村农民的自由流动以及权利与收益的基本相等。其最终目标是实现大城市强力带动、大城市与中小城市均衡发展，使得在不同地区、不同规模等级城市的居民有相同的生活水平和享受公平的竞争机会。

二　重点打造两大科创领先城市：杭州与宁波

极点带动，增强核心城市集聚，形成杭州、宁波两大科创领先城市。发挥上海引领带动作用，深化沪杭合作和杭甬合作，加快杭绍同城化建设，提升整体实力和全球影响力，引领杭州大湾区深度参与国际合作。

1. 杭州全力打造"数字经济第一城"与自主创新示范标兵城市

近年来，从杭州产业结构看，结构转型进程明显加快，增长方式转变成效显著，以数字经济为代表的信息产业已成为重要的增长推动力。信息技术产业、电子商务和科研等生产性服务业已成为主导产业。未来的目标定位不仅要成为全球最幸福城市和全球知名文化城市之一，更要定位成全球互联网产业的引领城市和战略高地之一、全球最具发展潜力的文化创意产业城市之一。特别是，杭州围绕建设"创新型城市"，以"理念创新为先导、体制创新为动力、科技创新为核心、服务创新为保障"，统筹推进理念、体制、科技、服务"四位一体"的创新，取得了明显的成效，奠定了坚实的基础。2018年，杭州提出打造"全国数字经济第一城"。依托阿里巴巴等头部互联网企业，杭州在数字发展上一直走在全国前列，不仅是全国最早实现公交地铁"扫码乘车"、电子社保卡全流程就医的城市，还拥有全国首家跨境电子商务综合试验区。多年来，杭州数字经济连续保持两位数以上增长，对经济增长贡献率超过50%；上市企业中有近半数属于数字经济领域。不仅如此，杭州在实施数字经济"一号工程"的过程中，创造了多项全国第一：第一个提出"城市大脑"概念；第一个开展5G车联网试点并有成果落地的城市；国内自主研发"飞天"超大规模通用云计算操作系统的诞生地。数字经济已成为引领杭州经济发展的"头号引擎"，而制造业的落后则是制约发展的"最大短板"。

2019年上半年，杭州规模以上工业实现增加值1651亿元，增长3.9%，其中战略性新兴产业增加值增长9.7%，而数字经济核心制造业增加值增长12.5%，快于规上工业8.6个百分点。2019年9月，杭州全面实施"新制造业计划"动员大会，发布《关于实施"新制造业计划"推进高质量发展的若干意见（征求意见稿）》，未来，杭州将重点培育引进生物医药、集成电路、新能源新材料、高端装备等战略性新兴产业，改造提升机械、化纤、化工、橡胶、纺织、服装等传统制造业，保护传承丝绸、茶叶、工艺美术、中药等特色产业，全面整治"低散乱"企业和淘汰落后产能。其中，百家企业派驻政府事务代表的设立，则是"新制造业计划"中的一个创新举措。杭州市抽调100名机关干部，进驻阿里巴巴、吉利控股、娃哈哈等第一批100家重点企业，服务重点企业，为企业协调解决各类政府事务、开展信息沟通交流、政策解答和项目落地推进等提供全方位的保障。2019 年，杭州人均 GDP 突破 2.5 万美元，开始迈向 3 万~5 万美元的高收入发展阶段。在此阶段，推动科学发展，创新的战略地位更加重要，对经济社会发展的引擎作用更加凸显。加快"创新型城市"的建设，已成当务之急。必须有部署、有重点、有针对性地在一些关键环节中实现新的突破。当前，应着重围绕新的发展动力，围绕互联网应用推进技术创新、管理创新、制造方式创新和商业模式创新，着力实现人本、绿色、创新、均衡发展及转型提升。

一是紧紧围绕打造"全国数字经济第一城"，做强做大数字经济产业链。在 GDP 万亿元俱乐部的 16 个城市，都把数字经济、算力经济作为经济发展的发力点，竞争程度可见一斑，但相比之下杭州显然具备自身独特优势。从杭州全市范围看，2018 年全市数字经济核心主营业务收入突破万亿元大关；城市大脑入选全国四大人工智能创新平台；互联网人才净流入率居全国城市第一位；数字化产业化示范企业，杭州有网易、诺尔康、同盾科技等；城市数字化应用场景方面，有阿里未来酒店、华为的智能网联车、小河街道"城市眼云共治"等。2019 年数据显示，杭州数字经济增加值约占全市经济总量的 25%，对全市经济增长贡献率达到 50%，在全省数字经济中的比重达到 50%。杭州市将以信息产业为中心，重点发展"1+6"产业集群。"1"指万亿级信息产业集群，"6"指六大千亿级产业集群，其中包括高端装备制造产业等。杭州不仅要学习"上海改革开放、深圳转型升级、天津美丽建设"，更要学习硅谷、德国创新经验，向国际化目标看齐。要求以国际化为标杆，加快集聚高端要素。青山湖科技城的发展不能急功近利，必须坚持高标准。招商引资要注重关联性和带动性。深入开展精准化专题特色招商，着力引进一批重大项目、龙头企业、品牌公司；积极引进外资，寻求跨国资本兴奋点和国家重大政策切入点，抢先布局一批现代产业项目。招才引智要注重高层次和紧缺型人才的引进。在积极引进领军人物和高层次创业团队的同时，大力引进高技能紧缺实用人才。同时，要以法治化为重点，切实优化发展环境。

二是率先打造"长三角创新型发展先行区示范区"。加快建设"创新型城市"，需要拉高学习的"标杆"。杭州不仅要在经营城市与发展服务业上学习"迪拜"，更要在创新型城市建设方面学习"硅谷"，着力把杭州打造成为"创意创新之都"。城市定位是引领城市发展的灵魂，是城市经济、社会、文化发展的坐标，也是城市的标志和名片，决定着一个城市的发展取向和发展模式。近年来，杭州在科学谋划城市定位方面，进行了不懈的探索，提出了将杭州定位为与世界名城相媲美的"生活品质之城"，并将原有的发展战略调整充实为"六大战略"，即城市国际化、工业兴市、服务业优先、软实力提升、环境立市和民主民生战略。这具有非常积极的意义。但着眼于杭州现阶段的发展特征，着眼于转变发展方式的中心任务，着眼于"创新型城市"的加快建设，杭州似应进一步突出"创新"的战略地位和引擎作用，将城市定位为"生活品质之城，创意创新之都"。进入人均GDP 2.5万美元的发展阶段后，杭州在发展"创新引领型经济、创新进取型社会、创新服务型政府、创新创业型环境空间"方面，已明确了思路，加快了步伐。但建设"创新型城市"，杭州的标杆是什么？我认为，鉴于杭州已拥有的创新基础和有利条件，完全可以"硅谷"为标杆和模板，寻求和深化在城市功能、科技、文化、产业、制度等领域的全方位创新，使杭州成为一个类似于硅谷的全球性知识集散、科技研发、高新产业、制度创新和文化创意中心。

三是着力打造以杭州大都市圈为核心的城市经济圈。以杭州为中心的都市圈优势不断增强。杭州具有较强的区域集聚力、辐射力、带动力，已形成了先进制造业与现代服务业"双轮驱动"的产业格局。通过市区"退二进三""优二进三"的产业结构调整，推进市区一些较低层次的制造产业向周边城市转移，市区已成为周边大企业、大集团，尤其是民营企业总部、研发机构的集聚之地，杭州中心城市的集聚、辐射、带动作用正在逐步显现。2019 年 11 月 27 日，杭州都市圈第十次市长联席会议审议通过《杭州都市圈发展规划（2020～2035 年）编制大纲》，规划范围为杭州、湖州、嘉兴、绍兴、衢州、黄山等 6 座城市，区域总面积 53441 平方公里。该规划将"具有全球影响力和竞争力的现代化大都市圈"作为总体定位。在此基础上，提出将杭州都市圈建设成为"全球数字经济创新高地、亚太国际门户重要枢纽、全国绿色生态宜居样本、长三角南翼核心增长极"。愿景目标分三步走：到 2022 年，都市圈同城化、一体化发展取得明显进展，基本建成现代化都市圈；到 2025 年，初步建成国际化大都市圈；到 2035 年，建成具有全球影响力的国际化现代化都市圈。

四是大力抓工业经济，做强工业经济。从 2003 年杭州市第九次党代会提出"建设现代化经济强市名城"，杭州市"十一五"规划提出"和谐杭州"，第十次党代会和"十二五"提出"生活品质之城"，第十一次党代会提出着力建设学习型城市、创新型城市、生态型城市。浙江省"十一五"规划也提出强化长三角重要中心城市地位，构筑杭州都市经济圈，成为全省高新技术研究开发与产业化核心区、现代服务业集聚区；省"十二五"规划和《长三角地区区域经济发展规划（2009—2020）》，明确提出将杭州建设成为高技术产业基地和国际重要的旅游休闲中心、全国文化创意中心、电子商务中心、区域性金融服务中心。力争到 2025 年，杭州全市目标工业总产值达 25000 亿元，规上工业增加值达 6800 亿元，年均增速 10%；主营业务收入千亿元以上的企业达到 5 家，百亿元以上的 30 家，十亿元以上的 400 家，规上工业企业数 8000 家，制造业国家级高新技术企业 2000 家；进入中国企业 500 强的 30 家、中国制造业企业 500 强的 40 家；创建国家重点实验室 3 家、国家技术创新中心 5 家、国家企业技术中心 45 家。

五是大力吸纳引进国际高端创新要素，打造全球创新高地。杭州在创新高地建设上全面开花，东西南北都形成各有特色的创新高地。城西是最为集中的创新源泉。杭州未来科技城是中共中央组织部、国务院国有资产监督管理委员会确定的全国 4 个未来科技城之一，是第三批国家级海外高层次人才创新创业基地。通过科技和产业驱动带来国际化，用内生力量推动一座城市向前。2014 年开始筑基，随着后来的未来科技城逐步升级，扩大为如今的杭州城西科创大走廊。清晰的定位背后，核心是缔造世界一流的企业和产业园区，推动这座城市经济、产业等达到国际高度。

杭州作为全国自主创新示范城市，必须紧紧围绕新经济打造新空间，在全域范围内大力推进创新创业。将城杭州西科创大走廊打造成国家级科技创新策源地，辐射带动大城西地区形成"1+1+4+X"的空间布局，全力支持之江实验室争创国家实验室，加快阿里达摩院、云栖工程院等一批创新载体发展，推进浙大超重力离心模拟与实验装置建设，开展重大前沿基础研究和关键技术攻关。重点项目有阿里云计算有限公司总部项目（云计算大数据产业园一期项目）、天堂镓谷、浙大校友总部园项目、之江实验室、菜鸟网络总部及智慧产业园、中电海康研发中试基地项目、中电海康新型自主可控存储芯片产业化项目、西湖大学项目、云计算产业园、浙大超重力实验室、城西科技文化中心、淘宝四期项目、中电海康集团总部基地建设项目、中国移动杭州信息技术产品生产基地一期、阿里巴巴网商银行、华立（青山湖）先进制造基地、易辰汽车年产20万套漆后车身总成项目、浙江大学医学院附属第一医院余杭院区项目、浙江大学医学研究中心建设工程一期、杭州云谷学校、龙湖西溪天街。之江实验室选址南湖区块，园区总用地1358亩，一期工程用地536亩。主要包括大科学装置和核心装备、研究院、研究中心等核心研究区域及综合服务配套设施。阿里云计算有限公司总部项目（云计算大数据产业园一期项目）主要开展云计算、国产智能操作系统和大数据相关领域的研发应用。地处西湖区紫金港科技城云谷板块，规划用地面积为19.82万平方米，总建筑面积为45万平方米，其中地上约为28万平方米，地下约为17万平方米。浙大校友总部园项目总用地300亩以上，建设以浙大校友企业和以校友企业为纽带的社会企业集聚的，全球性、全国性或区域性的企业总部，形成以企业总部集群为特征的新型经济业态，打造以高新技术为核心的研发、孵化、产业化高地。天堂镓谷项目由微波毫米波产业联盟共同投资建设天堂镓谷产业园，打造晶圆流片线、芯片设计、封装测试以及可靠性验证的微波毫米波射频集成电路基地。城南以滨江高新区为代表，新兴的创新园区也纷纷建立，包括享有"杭州中关村"之誉的智慧网谷数字经济小镇。智慧网谷数字经济小镇是杭州首个以创新型产业用地为主的数字经济产业小镇，以数字经济为发展方向，突出数字传媒、云服务和大数据应用三大核心内容，并以科技金融为纽带，在产业区内构筑四大板块，以面向全球。首先是依托新浪、天格等打造数字传媒板块，吸引产业上游IP制作企业和下游IP消费企业，完善产业链，打造数字传媒产业平台。其次是依托华为云创新中心打造云服务板块，重点打造拱墅区新兴产业和软件外包服务基地。再次是以58同城、360、招商蛇口、省国贸为重点，打造大数据应用板块。四是依托顺丰、联想的创新中心，打造未来产业板块，重点聚焦 AI、VR、区块链等新兴智能产业。城南还有萧山国际机场、杭州湾生物科技谷园区。首批落户项目包括健新原力全产业链生物医药基地、京新生物生命科创中心、吉华（生物）创新产业园、极马创新园、中吉电商产业园和吉华仓储产业园。2019 年 8 月 19 日，浙江大学与萧山签署共建浙大杭州国际科创中心。科创中心重点围绕前沿研究、技术研发、成果转化三个方向，推进物质科学、信息科学、生命科学等多学科会聚融通，构建全链条、开放式、国际化的创新体系，打造引领支撑未来产业发展的重大创新平台，建成后将设立专门科技引导基金和产业引导基金，用于支持科创中心高质量创新项目的产业化。科创中心整体规划建设用地 1200 亩。科创中心实行组团式布局，由公共技术平台、产业创新平台和园区配套设施组成。产业创新平台包含卓越中心、研发中心、孵化中心、产业中心。城东以钱塘新区为代表。G60 科创走廊生物医药产业联盟在杭州钱塘新区杭州医药港。

六是大力布局半导体与集成电路产业。目前，全球半导体产业正面临第三次转移，即从韩国、中国台湾地区转移到中国大陆，加上国内各大城市积极布局集成电路产业（见表 5-1），除北京、上海、深圳等传统设计企业聚集地外，无锡、杭州、西安、成都、南京、苏州、合肥等城市设计企业蓬勃兴起，企业都超百家。杭州是国家集成电路产业设计基地（全国共 7 个）之一，在集成电路设计若干领域已经取得了比较优势。近年来，作为浙江省集成电路的核心区域，以集成电路设计业为核心的集成电路产业快速发展，从全国看，除深圳、北京、上海以外，杭州在设计领域发展良好，但在制造领域相对薄弱。与上海、南京、武汉和成都、合肥等城市相比，产业发展存在不足。近年来杭州正大力布局补产业短板，杭州积海半导体有限公司月产 2 万片

12 英寸集成电路制造项目计划总投资 350 亿元，总用地约 400 亩，项目计划分两期建设。芯迈 IDM 模拟集成电路芯片生产线项目总投资 180 亿元，拟建设 IDM 模拟集成电路芯片生产基地，总用地面积约 700 亩。青山湖科技城高端储存芯片产业化项目总投资 180 亿元，规划用地 180 亩，总建筑面积 10 万平方米，拟建成月产 20000 片 12 英寸 28 纳米新型高端集成电路生产线。杭州目前重点实施项目计划还包括 Ferrotec 杭州中欣晶圆大尺寸半导体硅片项目、士兰集昕微新增年产 43.2 万片 8 英寸芯片技术改造项目、"杭州镓谷"射频集成电路产业园项目、求是半导体年产 200 台套半导体外延设备项目（杭州）等。其中杭州中欣晶圆半导体股份有限公司是国内规模最大、技术最成熟，拥有自主核心技术并真正可量产半导体大硅片的生产厂。2020年，计划投资 400 亿元的富芯半导体项目在富阳落户。

表 5-1　我国部分城市集成电路行业发展状况

单位：亿元

城市	销售收入		产业特色	代表企业
	2017 年	2018 年		
深圳	759	1099	本土为主	华为海思、中兴微、汇顶科技、华润半导体、敦泰科技、远望谷、国民技术
北京	550	680	本土为主	寒武纪、北京君正、兆易创新、紫光展锐、智芯微、大唐半导体、中星微
上海	480	577	本土、外资	中芯国际、华大半导体、富瀚微、韦尔股份、博通集成、盈方微、复旦微电子
杭州	118	135	本土为主	士兰微、海康、阿里达摩院、新华三、国芯科技、中天微、中科微、华澜微
无锡	110	132	外资为主	SK 海力士、华润微、长电科技、宏湖多芯片、海太半导体
西安	76	101	外资为主	三星、英飞凌、西安亚同、西安深亚、联圣科技有限公司、中芯微

续表

城市	销售收入		产业特色	代表企业
	2017 年	2018 年		
南京	66	70	外资为主	台积电、思科、安谋、芯驰科技、新思科技、南京拓微、晶门科技
珠海	60	68	本土为主	全志科技、艾派克、杰理科技、中星电子、炬芯科技、英诺赛科、英集芯
成都	57	68	外资、本土	英特尔、德州仪器、芯原微、亚光科技、澜至电子、国科微
武汉	51	66	外资、本土	长江存储、武汉新芯、武汉弘芯、新思科技、聚芯微、兆芯、芯动科技

资料来源：中国半导体行业协会集成电路设计分会。

七是大力拓展新空间，在下属县区开展合作。杭州高新区（滨江）富阳特别合作区已经整理产业用地 3166 亩。在杭州高新区（滨江）富阳特别合作区首次集中开工仪式上，开工重大项目之一的宏华数码项目，投资 10 个亿，建成后将成为全球最大的工业喷印数字化装备基地、全国领先的智能制造示范基地，为亟需高新基因的富春湾新城抢占产业制高点创造了机会，甚至可以带动新城弯道超车。正泰集团智慧能源 5GW 智能制造项目等 4 个项目正式签约落户，正泰 5GW 智能制造项目计划投资 32 亿元，总用地 400 亩，3 年产值为 80 亿元到 100 亿元。

八是重点培育一批新经济龙头企业。当前，阿里巴巴和阿里云、新华三、海康威视、大华股份等已成为行业龙头，杭州还有一批新经济"独角兽"，都有巨大的成长潜力。2019 年 10 月 20 日，胡润发布了全球独角兽胡润榜。胡润独角兽的标准是估值 10 亿美元及以上，全球范围一共 494 家独角兽企业，分布在 24 个国家的 118 个城市，平均估值 239 亿人民币，总估值 11.8 万亿人民币。中美两国拥有世界 80% 以上的独角兽公司，其中，中国 206 家、美国 203 家，中国独角兽企业数量超过美国。在独角兽城市榜上，杭州有 19 家，在全球城市中排第五，高于南京与广州的排名，低于北京与上海的排名（见表 5-2）。

表 5-2　各城市拥有独角兽企业数量排名

单位：家

排名	1	2	3	4	5	6	7	8	9	9	9	12
城市	北京	旧金山	上海	纽约	杭州	深圳	南京	帕洛阿尔托	班加罗尔	雷德伍德城	伦敦	广州
数量	82	55	47	25	19	18	12	10	9	9	9	8

资料来源：《2019 胡润全球独角兽榜》。

近年来，杭州龙头企业发展迅猛，除省属、市属国有企业外，民营经济发展势头良好。民营经济是衡量一个城市经济活力及创造力的重要参考指标。2019 年 8 月 22 日，全国工商联公布"2019 中国民营企业 500 强"榜单，杭州有 36 家企业进入"2019 中国民营企业 500 强"行列，企业数连续 17 次蝉联全国城市第一、全省第一。根据 2019 年 9 月 1 日中国企业联合会、中国企业家协会发布的"2019 中国企业 500 强"榜单，杭州上榜前十企业营收均超千亿（见表 5-3），500 强企业数量紧随北京、上海、深圳与广州，领先于南京、苏州与武汉等城市。

表 5-3　2019 年中国企业 500 强杭州上榜前十企业（按营收排名）

单位：亿元

排名	公司名称	营收	所属行业
1	阿里巴巴	3768.44	互联网经济
2	吉利控股	3285.21	汽车制造
3	物产中大集团	3005.38	贸易与零售
4	中南控股集团	2225.43	建筑、科技、文化、投资
5	浙江恒逸集团	1473.93	化纤纺织与新材料
6	浙江交通投资集团	1376.91	交通、建设、投融资

续表

排名	公司名称	营收	所属行业
7	荣盛控股集团	1285.99	石化、地产、投资
8	万向集团	1121.00	汽车零配件、新能源、地产金融
9	浙江省兴合集团	1105.11	农业、贸易物流、地产、投资
10	杭州钢铁集团	1031.49	钢铁、环保、数字经济

资料来源：中国企业联合会、中国企业家协会发布的"2019中国企业500强"榜单。

2. 宁波着力打造创新城市与产业活力新城

宁波市是杭州湾空间上的重要节点城市和湾区建设产业布局上的重要极点，在港口物流等领域拥有上海与杭州等城市所没有的独特优势。而且根据《上海市城市总体规划（2016—2040）》，宁波被纳入上海大都市圈，宁波的发展地位和优势不言而喻。近年来，宁波扎实推进"六争攻坚、三年攀高"行动，依托国家自主创新示范区、全国首批科技成果转移转化示范区和宁波"一带一路"建设综合试验区等先行先试优势，以高质量发展为导向，全面加快人才、技术、资本等各类要素集聚，推动项目落地、企业集聚发展和企业创新主体培育，使战略性新兴产业成为宁波市产业高质量发展的引领力量和宁波市经济社会发展的新动能。

2010年，宁波确定将新材料、新一代信息技术等八大产业作为战略性新兴产业重点发展，相关产业取得了较快发展，新材料等领域发展成效明显，同时财政扶持力度不断加大，相关产业规模不断扩大。战略性新兴产业成为宁波高质量发展的助推器。2019年全市战略性新兴产业实现规上工业总产值4898亿元，同比增长5%。其中，新一代信息技术、生物、新能源等产业增加值增速分别为18%、30%和28%。数字经济核心产业（制造业）、高新技术产业增加值分别增长13%、7%，分别达362亿元、2143亿元。2019年全市战略性新兴产业实现规上工业增加值 1120.9 亿元，同比增长 8.7%，首次突破千亿元大关，占规上工业比重为 28%。据中国企业联合会、中国企业家协会发布的"2019 中国企业 500 强"榜单，宁波有 7 家企业（见表 5-4）。

表 5-4 2019 年中国企业 500 强宁波上榜企业名录（按营收排名）

单位：亿元

排名	公司名称	营业收入	所属行业
1	雅戈尔集团	879.26	服装、地产、投资
2	奥克斯集团	860.03	家电、地产、投资
3	宁波金田投资控股	839.90	金属加工、新材料、投资
4	中基宁波集团	578.79	贸易、能源化工
5	宁波均胜电子	561.81	汽车电子及系统、新能源
6	浙江前程投资	425.67	贸易、物流、投资
7	宁波富邦控股集团	371.61	贸易、地产、能源、投资

资料来源：中国企业联合会、中国企业家协会发布的"2019 中国企业 500 强"榜单。

一是战略规划先行。近年来宁波大力推进实施《宁波市建设"中国制造 2025"试点示范城市实施方案》《关于推进战略性新兴产业倍增发展的实施意见》，产业政策更加多元化。2018 年，宁波发布科技新政 46 条，重点计划甬江实验室，全面建成引领型国家创新城市。2018 年 11 月 29 日，宁波发布《关于推进科技争投 高质量建设国家自主创新示范区的实施意见》。通过建设国家自主创新示范区，打造全国一流的民营经济创新创业高地，努力建设成为新材料和智能制造创新创业中心，推进宁波市创新能力迈入全国第一方阵，率先建成引领型国家创新城市。

二是坚持引进行业龙头，聚集战略性新兴产业集群。战略性新兴产业发展规划强劲，重大项目不断聚集。力争到 2025 年，在全市培育形成绿色石化、汽车两个世界级的万亿级产业集群，高端装备、新材料、电子信息、软件与新兴服务 4 个具有国际影响力的五千亿级产业集群，关键基础件（元器件）、智能家电、时尚纺织服装、生物医药、文体用品、节能环保 6 个国内领先的千亿级产业集群。"246"万千亿级产业集群建设规划时间长达 6 年多，涉及的产业和地域涵盖了宁波大部分县市区、功能区。通过"246"的打造，掌握一批重点领域关键核心技术，涌现一批世界级领军企业、单项冠军企业和知名品牌，建成功能布局合理、主导产业明晰、资源要素集聚、产城深度融合、特色错位发展的产业集群平台体系，构建形成适应产业集群发展的制度体系和政策体系。从引进项目看，吉利汽车杭州湾 PMA 项目、宁波容百新能源动力锂电材料综合基地等投资额超过 50 亿元的产业项目已落地开工，宁波舜宇光电信息有限公司年产 6.5 亿颗光电模块的项目正在加速建设，中芯国际宁波芯片制造、甬矽电子集成电路及模块封装一期等项目实现投产，汽车、高端装备、新材料、电子信息等万千亿级产业集群未来发展动能十足。

三是坚持完善提升服务与环境竞争力，大力培育单项冠军，助力跨越式发展。近年来，创新发展理念与意识不断深入人心，各行各业创新能力不断增强，各级政府部门产业政策环境和公共服务环境更加完善优化。企业和群众到政府办事"最多跑一次"，重大产业项目、重大创新平台与重大创新企业"一事一议"，产业专业园区和创业创新服务平台建设加快。2019 年，宁波发布《关于实施"246"万千亿级产业集群培育工程的意见》《宁波推进制造业高质量发展实施方案（2020—2022 年）》《宁波市新一代人工智能发展行动方案（2019—2022 年）》《宁波市 5G 应用和产业化实施方案》等，加快推进人工智能、5G 产业、氢能及共享经济场景应用，进一步完善战略性新兴产业政策体系。宁波市经济和信息化局通过建立常态化机制，建立制造业单项冠军培育库。通过"好中选优",在资金奖励的同时,一对一精准对接,优先提供生产要素保障。对于列入培育库的企业,要求在细分领域行业,市场占有率要达到国内前五位,对于单项冠军示范企业,必须达到国内行业第一位。截至 2019 年 2 月,宁波已培育国家级制造业单项冠军 39 家,数量居全国首位。这些仅占全市 0.5% 的企业,创造全市规上工业企业 11.82% 的企业利润,同时带动一大批中小企业走上"专精新特"的道路,形成多个先进制造业集群。

四是坚持持续引进科研机构,提升创新力。2018 年以来,宁波全力引进大平台、大团队,为全市企业开展科技工作和产业创新发展提供重要支撑。截至 2019 年年底,已引进或共建产业技术研究院 61 家。宁波一定要重视名校的引进,大力推动名校引进和落地,大幅增加名校大学生和科研机构的存量。近年来,中国科学院大学建立宁波材料工程学院(简称"国科大宁波材料学院")。大连理工大学设立宁波研究院,与宁波共同推进五大领域合作:启动建设大连理工大学宁波研究院,适时建设大连理工大学宁波研究生院;成立重大科技创新平台分支机构,引进国际一流的创新团队,建设若干个高水平创新中心;共建宁波大连理工大学全球校友创新创业园,打造科技成果转化、创新创业基地;共建宁波大连理工大学知识产权与科技服务中心,建设质量品牌、标准、知识产权和科技成果转化等公共服务平台;实施各类研究生、国际教育等高层次人才培养和继续教育,条件成熟后建设大连理工大学宁波校区,开展本科生人才培养。宁波市与武汉大学合作共建武汉大学宁波国家保险发展研究院,围绕保险服务经济转型、社会治理、民生改善这一主线,致力于打造成全国知名的保险智库、中国保险研究的领军院所和宁波保险学术文化交流的新地标。英国诺丁汉大学设立卓越灯塔计划(宁波)创新研究院暨国际创新博士培养基地。研究院从事以智能制造、绿色化学与能源和生命健康（基于大数据）为主的创新研究、成果转化、技术转移及国际技术合作，培养以三大领域为主的国际博士人才。复旦科技园在奉化建立浙江创新中心，首批10个重大项目签约总投资190亿元，重点导入新能源、新材料、互联网、车联网、人工智能、信息技术、医学科技等细分产业与科研机构。北京航空航天大学宁波创新研究院入驻梅山产业集聚区。北航宁波研究院将集中院士领衔的六个创新研究中心的科研力量，依托北航工程科学领域的国家级实验平台，在新型复合材料、智能协同制造、新能源汽车、精密仪器和机电控制系统等方面，开展前沿技术研发和产业化。此外，西北工业和天津大学也积极设立研究院，哈尔滨工业大学设立宁波智能装备研究院。

五是推进产业集聚空间优化整合。在空间上，前湾新区、甬江科创大走廊、南湾新区三大重要平台是宁波参与长三角一体化的重大平台。其中前湾新区和甬江科创大走廊都是浙江省建设大湾区的功能性平台，南湾新区的定位是宁波乃至浙江未来产业和先进装备制造业的重要基地。前湾新区、甬江科创大走廊、宁波软件园、沪嘉甬铁路和沪甬跨海通道、临空经济示范区、宁波南湾新区、东钱湖区域是建设"246"万千亿级产业集群的承载条件。杭州湾智慧城市项目是国家级示范项目，战略总投资13亿元，以杭州湾新区作为试点区域，12.8平方公里滨海新城启动区块作为重要试点范围，分阶段推进。"国家地方联合新能源汽车智能制造工程研究中心"在宁波杭州湾新区启动，由吉利集团和华中科技大学共同组建，是国家与地方在新能源汽车领域的深度实践。吉利汽车集团与宁波杭州湾新区管委会签署宁波杭州湾智慧城市项目战略暨吉利杭州湾新区智能汽车制造产业基地扩建的框架协议，与中科院以及宁波市政府共同签订关于宁波智能制造研究院项目框架协议，中国汽车技术研究中心杭州湾新区国家级检测中心等战略项目先后签约。重点发展新能源乘用车和汽车现代服务业，力争到2022年实现汽车产值5000亿元，成为国际知名的汽车及零部件研发、制造、物流基地。宁波前湾新区建成国内新产业示范平台；提升发展宁波梅山集聚区，大力发展中高端自主品牌汽车。

六是全力打造科创走廊。甬江科创大走廊以打造长三角地区具有全球影响力的引领性科创策源地为战略目标，着力建设成为全球新材料创新中心、全国智能经济发展高地，以及创业、创新、创造生态最优区。重点扶持"246"万千亿级产业集群、未来产业、创新空间、产学研协同创新以及科技服务业等科创领域。南湾新区将打造成绿色智造高地，重点聚焦高新制造产业，主要发展航空航天、生命健康、新能源汽车、新材料等战略性新兴产业。当前，这一新区正在谋划布局宁东新城和环石浦港两大核心区域，将加快打造宁海智能汽车小镇、宁波模具产业园、宁波象保合作区、宁波影视星光小镇等一批特色产业平台。

七是完善新政策与资金扶持。布局离岸科技创新园，积极争取国家新经济市场准入、海外人才流动、国际技术转移、新闻与文化监管等体制机制改革试点，赋予离岸科技创新园特别的体制机制。试点开展上海、南京、合肥等"科技飞地"合作，布局建设市外宁波研发园，按照运营绩效给予每年最高500万元奖励。对经备案的海外科技孵化器或者孵化团队，五年内按绩效给予每年最高200万元基本稳定支持，对于运行绩效特别好的，再给予一定的奖励。对海外研发投入纳入宁波市年度研发投入统计的研发机构，根据运行绩效可按实际投资不超过10%、最高500万元支持。

八是积极推进区域一体化进程。2019年8月，宁波市发布《宁波市推进甬舟一体化发展行动方案》，提出一体化行动方案目标——到2025年，甬舟一体化发展取得实质性进展。甬舟两地将以宁波舟山港深度一体化为突破口，共同推进舟山江海联运服务中心建设。联合舟山创建宁波—舟山港口型国际物流枢纽。谋划建设甬舟合作区，协同推进重大创新平台建设。积极推动甬江科创大走廊向舟山延伸，协同推进中科院宁波材料所、宁波大学、浙江海洋大学等重大创新平台建设。与舟山联合打造海洋经济发展高地，谋划共建区域性海洋科教中心。与舟山共建海洋生物医药基地，共同打造世界级石化产业基地。与舟山共同打造高端船舶和海洋工程装备制造产业链。加强与舟山市在航空产业上的合作，谋划共同建设航空航天产业园。根据规划将要创建浙江自贸区宁波片区，优化完善浙江自贸试验区宁波片区方案，积极向国家争取浙江自贸试验区赋权扩区，争取早日纳入实施范围。争取更多符合条件的区域成为自贸试验区联动创新区，与舟山市共同探索自贸试验区制度创新。推动舟山群岛新区政策延伸，争取国家赋予舟山群岛新区的航运服务、大宗商品交易等优惠政策向宁波延伸，实施船舶特案免税登记、启运港退税等政策。

3. 打造杭甬两大创新引领城市

打造杭甬两大创新引领城市，建立协同创新优势，打造世界级科技湾区。以改革优势谋划领先地位，必须坚持发展浙江特色经济、坚定优化浙江城镇规划和坚定不移补短板。

在要素集聚上，要加大力度补创新技术与创新人才短板。认真落实省委人才政策，大力引进具有全球竞争力的人才，引进全球顶级科研机构或科研团队。2016~2019年，杭州分别引进人才17万、28万、33.8万和55.4万，快速增长且持续增加。要着眼2050年，建设特大城市。没有人口规模就不可能成为国际化大都市。不为"规划"束手脚，做强杭州、宁波两大都市区，规划 2030 年成为拥有 1200 万人口的大都市，远期 2050 年成为拥有 2000 万人口的大都市。在筹备亚运会同时，未雨绸缪，积极谋划申办亚洲杯、奥运会、世界杯。2018年，界面商学院联合中国人民大学信息分析研究中心和 BOSS 直聘发布了《从抢人到留人——2019 中国城市人才品牌吸纳度 50 强报告》，对各地人才争夺战做了全面评估。根据其评估结果，上海、北京、深圳和杭州、广州、佛山、东莞、苏州、成都、西安为人才品牌吸纳得分前十名。前六名毫无例外都属于东部沿海地区，在 50 强中，中西部地区除了河南郑州、洛阳占据了两个名额，其他省份如湖北、湖南、山西、江西、安徽、贵州、四川、云南、陕西都只有一座城市入选。如果再把人才品牌吸纳度 50 强按省份做一个归档，可以看出浙江对人才的吸引力排在全国前列（见表 5-5）。

表 5-5　2019 年各省份拥有人才品牌吸纳度 50 强城市数量排名

排名	省份	50 强城市
1	浙江	杭州、嘉兴、金华、绍兴、台州、温州、宁波
2	山东	济南、青岛、威海、临沂、潍坊、泰安
	广东	广州、惠州、中山、珠海、佛山、东莞
3	河北	保定、邯郸、石家庄、廊坊、唐山
4	江苏	南京、苏州、无锡
	福建	福州、厦门、泉州

在空间结构上，首先要跳出"长三角"，面向全球。不争眼前"规划"的定位高低，着眼全球化，放眼国际竞争舞台，争取建设具有全球竞争力的"创新省份"，未来必定超越成都、武汉、南京等地。要加快建设沪—嘉—杭—甬信息大通道。在客流和货物流上，上海—苏州—南京通道建设早、起步快，实力强。上海—嘉兴—杭州通道建

设，就必须在信息流上扩大优势，在未来竞争中进一步领先。以信息经济为纽带，"无缝"接轨上海。在嘉兴、海宁和临平区块，规划若干信息产业园，大力引进信息设备制造业；推进杭州向东扩展，形成连绵区与嘉兴连绵；向北扩展与德清湖州连绵。并积极发挥全省创业创新优势，培育新经济新引擎；杭州无法占据地理中心，必须成为"长三角信息中心"，尤其是互联网经济、核心科技公司、生物、高端教育和健康产业中心。

同时，要积极增强对周边的辐射吸引力。增强对宣城、黄山的辐射影响力（因其受合肥、南京辐射影响较小），并主动与上海、苏南产业互动，才能释放竞争性优势。规划湖州成为浙江重要的中心城市，增强对江苏宜兴、安徽宣城及黄山等城市的吸引力；主动对接内陆地区。优化探索税收与通关服务，发挥浙江省港口优势，吸引安徽南部、南京南部和江西等地要素集聚和货物周转；突破行政约束，加强大中城市为核心的都市圈、城市带发展，强力推进杭绍甬舟、杭金丽温、宁台温等城市带建设。进一步推进杭州城市东扩北延、旅游西进；加快与嘉兴、绍兴一体化，形成大都市圈；宁波都市圈强化与台州联动。高效整合海港资源和平台，打造全球一流大港、国际航运服务基地和国际贸易物流中心。要加快政策突破，推改革促发展。省管县体制，加快了县域经济发展，但也导致省市利益分割不清，协调远远不够，地级城市发展活力不够，对于打造大城市来说，必须加快改革。放开放宽人口政策。全省放开人才引进、人才落户、外来务工人员落户及投靠落户等政策，规划2030年杭州拥有1200万人口；改革完善省管县体制。优化县级财政的分配机制和比例，特别是杭州必须探索制度改革，加快萧山、余杭一体化，增强杭州钱塘新区与萧山、绍兴的融合发展，加强余杭与临安创新走廊凝聚整合从而带动周边地区高质量发展。

在产业布局与培育方面，要强化产业升级与新兴产业优势。积极发挥浙江省资本优势，加快布局未来产业"新王者"，引进创业领军企业，在物联网、文娱产业和生物基金产业等领域；建设世界级科创大走廊（周边科研力量相对薄弱，仅有杭师大、西湖大学等，亟须加快科研机构助力杭州城西科创带的发展规划），必须加快引入全球知名研发机构（如清华大学杭州研发院、哈佛大学杭州研究院等）。尤其是要强化头部企业的龙头带动和总部经济的引领作用。从 500 强企业数量和个税排名看就非常明显（见表 5-6）。在 2019 年拥有世界500 强企业数量排名当中，北京以 56 家的绝对优势领先于其他城市，深圳和上海以 7 家并列排名全国第二，而杭州则以 4 家排名第三，广州以 3 家排名第四。

表 5-6 2019 年上半年我国内地个税排名前十城市

单位：亿元

排名	1	2	3	4	5	6	7	8	9	10
城市	上海	北京	深圳	杭州	广州	宁波	天津	苏州	成都	厦门
个税	790	719	404	286	186	134	130	120	110	105

三 谋划推进半导体与集成电路产业新兴大城市：嘉兴与绍兴

半导体是工业的心脏，而集成电路（IC）产业是国民经济和社会发展的战略性、基础性和先导性产业。半导体其实是一种开关电路，原材料由稀有金属组合而成，在一定条件下，就能通电。所谓的稀有金属原材料主要是硅和锗这两种，分别以 NPN 和 PNP 的方式组合而成。集成电路就是把很多的半导体组合在一个电路板上使用，集成在一起，就是集成电路。集成电路产业是衡量一个国家工业技术高度的重要标志，被誉为工业产值的倍增器，每 1 元集成电路产值能带来 10

元左右电子信息产业产值，进而带动增加 100 元左右的 GDP。半导体
与集成电路产业是培育发展战略性新兴产业、推动信息化和工业化深
度融合的核心与基础，是调整经济发展方式、调整产业结构、保障国
家信息安全的重要支撑。发展集成电路产业既是信息技术产业发展的
内部动力，也是工业转型升级的内部动力，同时还是市场激烈竞争的
外部压力，已上升为国家战略。近年来电子信息产业越来越发达，对
半导体的需求不断增长。加上第四次工业革命在世界范围内兴起，直
接为半导体产业的发展提供了良好氛围。人工智能、物联网、大数据、
云计算等领域的快速发展，对半导体的需求量越来越大。半导体作为
第四次工业革命中必不可少的一环，发展前景被广泛看好。

近年来，杭州、宁波、嘉兴、绍兴和湖州等地，纷纷加大招商引
资力度，加快布局半导体与集成电路产业。尤其是杭州在芯片设计与
半导体制造方面走在全国前列。2019 年 12 月 6 日，德清县重大项目
集中开竣工活动暨熔城半导体芯片系统封装和模组制造基地项目举行
开工仪式。浙江熔城半导体有限公司将建设成为世界级先进半导体企
业，使德清成为我国技术最先进、单一体量最大的集成电路先进封装
和模组智能制造基地。熔城半导体项目总投资 57.8 亿元，设计年产能
190 亿块芯片模组，达产后将实现产值 100 亿元，税收 10 亿元。该项
目将建设世界首家 2 微米载板封装制造中心，实现 5G 通信、汽车电
子等领域高端进口芯片及微集模组的国产化，具有很强的科技含量和
市场前景。

杭州大湾区所属城市均具有良好的产业基础与发展环境，尤其是
杭州、嘉兴、绍兴和宁波等城市完全有条件打造半导体与集成电路大
湾区，其中嘉兴与绍兴更是优势明显，发展空间巨大。经过多年发展，
杭州地区的集成电路设计业取得了一定的先发优势和持续倍增发展的

基础，各主要细分行业产品产量均出现全面较快增长态势。集成电路设计、集成电路晶圆制造、集成电路封装测试、新型半导体材料和高端大直径单晶硅片大生产线建设、电子化学品生产等领域，都相继上马了一批投资规模大、技术水平高、具有良好市场前景的重大固定资产投资和技术改造项目。

作为浙江省集成电路的核心区域，杭州湾地区以集成电路设计业为核心的集成电路产业快速发展。虽然杭州有集成电路产业发展基础、良好条件和先发优势，但与上海、北京、武汉、深圳等城市的产业规模相比明显偏小，特别是对行业头部企业如中芯国际、长江存储和京东方、三星的引资不强，现在浙江省第二梯队的 4 个城市，即温州、绍兴、台州、嘉兴在这类产业的战略布局正在不断增强。温州、台州与嘉兴、绍兴 4 市的 GDP 差距都是几百亿规模，但嘉兴与绍兴因距离上海、杭州较近，接受产业辐射和带动效果明显。特别是上海漕河泾开发区在嘉兴的分园区建设，使嘉兴的半导体产业集聚力强劲。绍兴因其土地与区位优势加上其强大的政策支持，对半导体与集成电路产业的布局持续增长。

1. 日本与韩国发展半导体的模式与经验

韩国的半导体产业萌芽于 20 世纪五六十年代，80 年代中期开始了从技术引进到自主研发的转变，并计划在 2025 年成为全球第二大系统芯片制造国。半导体产业是韩国的支柱产业之一，历经数十年发展，韩国至今依然在世界范围内保持着半导体强国地位。三星和 SK 两大财团是韩国乃至全世界半导体产业中的代表性企业。根据韩国产业通商资源部发布的数据，韩国半导体出口额在总出口额中长期占据超过 20% 的比例且进一步扩大。三星电子 2018 年第三季度利润额为 17.57 万亿韩元（约合人民币 1074 亿），其中半导体事业部的利润为 13.65 万亿韩元。与此同时，从全球市场看，韩国半导体企业也展现出了其强势的一面。韩国产业研究院的研究报告显示，2017 年第三季度，三星电子在全球半导体市场中的占有率最高，达 46.4%，SK 海力士的占有率达 28.1%，位居全球第二。仅三星电子和 SK 海力士两家韩企合在一起，就占据了全球半导体闪存市场 74.5% 的份额。从销售额来看，三星电子 2017 年半导体销售额为 612 亿美元，在全球半导体企业中位列第一，SK 海力士 2017 年半导体销售额为 263 亿美元，在全球位列第三。韩国半导体企业的经营和发展态势可谓节节攀升。①

加强产业链布局，形成产业集群。九州地区是日本 IC 产业的聚集地，被称为日本"硅岛"，记录了日本各个时代 IC 阶段的变迁。九州因其水电资源、人力充足和航空优势受到日本政府和产业界的关注，脱颖而出，成为集成电路发展推荐地。目前，九州地区的 IC 产业产值占日本半导体产业产值的 1/3，九州地区也仍是各大 IC 企业的推荐驻地。其中，IC 设计企业是九州地区的主力军，既包括大型纵向一体化公司的设计企业，如索尼 LSI 设计公司、日立超 LSI 系统九州岛开发中心、东芝微型电子工程公司等，也包括单纯 IC 设计企业 NEC。

政策扶持给力。韩国政府为促进韩国企业开展技术研发，推动半导体产业技术创新，建立健全相关法律法规，构建软件层面的"基础设施"，完善交通、电力、用水等硬件层面的基础设施。从 20 世纪 80 年代到 1997 年亚洲金融危机爆发之前，韩国政府强化研发力量，制定了国家研发规划，在纳税和资金层面加大了对产业研发的扶持力度，在基础科学领域增设了奖励。在韩国政府的长期努力下，20 世纪 90 年代时，政策扶持的效果开始全面显现。韩国半导体产业与美国、日本的差距不断缩小，同时在世界半导体市场中的占有率不断上升。其

---

① 参见 2018 年韩国智库产业研究院发布的《半导体产业 2018 年下半年展望》研究报告。

中，三星集团 1987 年在世界半导体市场的占有率排名仅位列第七，到 1992 年，三星强势跃升到首位。对技术研发的持续大手笔投入是韩国半导体产业成功的关键。1997 年亚洲金融危机爆发后，很多韩国企业大幅减少研发投入。但是韩国政府却在当时大幅增加了对产业研发的资金支持。这不仅帮助韩国企业尽快克服了金融危机带来的冲击，还为韩国在金融危机结束之后一跃成为 IT 强国奠定了坚实基础。此后，韩国政府不断加大对 IT 产业的资金投入。2000 年后，韩国半导体产业出现了一个转变，即从依靠政府支援转变成企业自身主导企业发展。截至 2016 年，韩国民间设立的研发机构已有 4 万个左右，韩国各类产业研发中的 80% 都是由这些民间研发机构完成的。欧盟委员会发布的《2018 年欧盟工业研发投资排名》报告统计了全球 46 个国家和地区共计 2500 家公司在 2018 年欧盟工业研发投入的情况，投资排名第一的是三星。

不断扩大投资，力保竞争优势。2012 年全球半导体产业发展情况并不乐观，许多半导体企业投资态度消极。然而 SK 海力士"逆潮流而行"，对半导体业务开展了 3.85 兆韩元的设备投资，同年还收购了意大利和美国的半导体公司，借此强化 SK 海力士对 NAND（计算机闪存设备）闪存的研发力量。经过多年发展以及不断扩大投资，SK 海力士对半导体业务整体投资从 2013 年的 3.5 兆韩元扩大到 2017 年的 10.3 兆韩元。对研发的敏感度、确保技术优势则是 SK 海力士不断发展的关键性因素。半导体行业发展日新月异，随着产业发展尤其是技术进步，对半导体核心器件的品质、速度与效率的要求有增无减。所以半导体厂家，如高通、美光以及韩国的三星、SK 海力士将产品研发目标锁定在减少耗电量、增大容量、加快处理速度上面。2017 年 SK 海力士研发出世界上运行速度最快的 DRAM 产品，以期在高性能图像处理半导体市场抢占先机。其产品也瞄准人工智能、虚拟现实、高画质屏幕等第四次产业革命中具有巨大发展潜力的领域，从而缩小 SK 海力士在此领域与世界顶级企业的技术差距。

2. 国内重点半导体与集成电路城市

（1）光通信与半导体大城市——武汉。武汉打造具有全球影响力的产业创新中心，需要一批重大的创新平台予以支撑，信息光电子创新中心将代表国家参与全球产业竞争。国家信息光电子创新中心依托武汉强大的光电子产业。早在 2011 年，武汉以光电子为代表的电子信息产业规上产值就突破千亿，跻身为第二大支柱产业，近几年来发展速度更是惊人。目前，武汉聚集了联想、摩托罗拉、烽火通信、富士康、冠捷、比亚迪电子等数家百亿级年产值企业，拥有长飞等一批全球冠军和单项冠军企业，国家存储器基地、华星光电 T4、天马 G6、京东方 10.5 代线等一批重大项目相继建设，以光通信、集成电路、新型显示、移动终端、地球空间信息为核心的世界级产业集群正在显现。武汉信息光电子科研实力引领全国，42 所高等院校及 56 个科研院所涉及信息光电子相关领域，拥有着两院院士 66 名以及从研发人员到技术工人全产业链的人才队伍。

为深入贯彻落实湖北省委、省政府"一芯两带三区"布局和推进十大重点产业高质量发展的工作部署，加快推动武汉重点产业的高质量发展，加快建设一批重大科技基础设施和重大前沿技术研发平台，加快"卡脖子"核心技术攻关，提升关键领域自主创新能力。武汉市人民政府《关于推进重点产业高质量发展的意见》明确重点发展集成电路产业、光电子信息产业、汽车产业、大健康产业、数字产业、航空航天产业、智能制造及高端装备产业、新能源与新材料产业八大重点产业，力争到 2022 年武汉市重点产业主营业务收入达到 17000 亿元。努力把武汉建设成为综合性国家产业创新中心、全国重要先进制造业中心、全国融合发展先行区和全国绿色发展示范区。聚焦重点产业，着力招商育商，积极储备和推进一批重大项目。到 2022 年，重点产业储备项目投资总规模将突破万亿元。

一个区域的崛起，无不以战略性新兴产业的崛起为标志。从 2018 年引进全市单体投资额最大的工业项目京东方武汉 10.5 代线等一批重大项目后，法国液化空气集团、美国康宁公司在内的世界 500 强企业迅速集结，相应配套京东方产业链条节点。从沉寂千年的湖区，到国际级战略项目纷纷落地，临空港迅速确立差异化优势，提前布局，大力发展和培育芯片、显示屏、智能制造、网络安全和大数据、新能源等前沿新兴产业，强力推进相关企业的集聚建设。其中总体投资 1280 亿元的武汉弘芯半导体制造项目一期、二期相继开工，弘芯半导体制造产业园是 2019 年武汉单个最大投资项目。主营 12 寸晶圆的集成电路制造代工业务，及集成电路生产及光掩膜制造、针测、封装、测试及相关服务与咨询等。其全面达产后预计可实现年产值 600 亿元，利税 60 亿元，直接或间接带动就业人口 50000 人，为制造业的良性发展增添更加有效的动力。

（2）集成电路大城市——南京。2016 年南京全市集成电路产业年产值不到 50 亿元，但台积电、紫光、ARM（安谋）、SNPS（新思科技）、富士康等龙头企业大力进驻投资后，南京有望成为继上海、北京之后的第三大集成电路产业重镇。2019 年 2 月，南京市出台《南京市打造集成电路产业地标行动计划》，明确以江北新区为"一核"，江宁开发区、南京经济开发区为"两翼"的集成电路产业空间布局，要求抢抓集成电路产业新一轮发展机遇，打造全省第一、全国前三、全球有影响力的集成电路产业地标。南京半导体与集成电路产业的大力崛起，在政府部门强有力的规划与引导下，更与大龙头企业进入带动产业集聚的规模效应密切相关。此外，南京众多工科院校培养的一大批高素质人才队伍为半导体相关产业发展提供了坚强的后盾。

（3）半导体产业链集群——合肥。一直以来，国家和安徽省高度重视合肥集成电路产业发展，工信部将合肥列为全国九大集成电路集聚发展基地之一，国家发改委将合肥列为 14 个集成电路产业重点发展城市之一。2008 年，从京东方 6 代线项目落户合肥开始，京东方在合肥投资累计超 1000 亿元，吸引了 70 多家配套企业来合肥发展。合肥作为国内仅次于深圳的全国第二大最受欢迎的投资城市，政府部门的高风险意识与高风险投入、高风险回报是主要推动力。相对于北京与上海等城市来说，合肥在战略发展新兴产业方面，更能体现出"有为政府"的巨大影响力，而且在先期阶段成效更为显著。

实际上，不论是京东方还是长鑫高达千亿元的项目总投资，都是在业方综合比较与市场选择的结果，市场化的原则深受外在条件影响而改变。合肥市政府及相关部门通过营造良好的投资环境特别是投资上的资金大力扶持与产业链配套优势，加上空间上的巨大布局，极大地提升了合肥的投资吸引力，半导体与集成电路综合集聚优势远远地领先于其他城市，正向机制也不断增强。

（4）半导体西部新城——成都。成都近年来加快构建产业生态圈和生态链的建设，已经形成了电子信息、汽车制造、装备制造等若干千亿元级产业集群。与深圳、合肥等城市相比，成都在半导体产业布局上，坚持"内资+外资"双引进模式，从最初的英特尔、高通到京东方、紫光内资龙头企业，相关产业链逐渐完善。虽然成都在资金支持上力度较小，但因其庞大的西南市场龙头城市地位，众多下游应用厂商（电脑与笔记本品牌企业），吸引产业上中游纷纷进驻，将成都以半导体与集成电路为代表的信息产业优势做大做强。目前，成都已形成了从集成电路、新型显示、整机制造到软件服务的全产业链条，正聚焦'一芯、一屏'攻坚突破集群发展。随着京东方第六代柔性AMOLED、中电熊猫8.6代线、紫光IC国际城、成都海光等重大项目的建成投产，成都市为实现万亿目标，明确以创新引领为核心，围绕集成电路、新型显示、智能终端、高端软件、人工智能、信息网络六大领域，打造集"芯—屏—端—软—智—网"于一体的具有国际竞争力和区域带动力的电子信息产业生态圈。[①]

3. 半导体集聚新城——绍兴

大力布局半导体产业，绍兴具有良好的历史渊源、产业基础与综合配套优势。《长江三角洲区域一体化发展规划纲要》首次提出建设"绍兴集成电路产业创新中心"，推动集成电路产业在绍兴市等长三角城市的布局。而在浙江省首批"万亩千亿"新产业平台培育名单中，绍兴集成电路产业平台成为7个平台中唯一以集成电路为主导产业的平台。

在战略规划上，为进一步加快绍兴科创大走廊建设，融入全省大湾区战略，打造绍兴高质量发展增长极，根据《绍兴科创大走廊建设规划》，2018年，绍兴市人民政府特制定《绍兴科创大走廊三年建设计划（2018—2020年）》（以下简称《计划》）。根据《计划》，绍兴要努力将科创大走廊建设成为长三角重大科技成果转化承载区、全省大湾区先进智能制造基地和创新发展新引擎。到2020年，将绍兴科创大走廊建设成为创业创新的集聚高地。以"研发总部在上海，二级研发和制造基地在绍兴"的模式，先后引进中芯国际、越海百奥、中天传祺和东方山水、兰亭安麓酒店等重大项目，绍兴集成电路平台列入省首批"万亩千亿"新产业平台，积极对接G60科创走廊，与杭州城

---

① 成都市市政府办公厅：《关于促进电子信息产业高质量发展的实施意见》，2019.5.9。

西、宁波甬江科创大走廊达成合作协议，共建浙江大学绍兴微电子研究中心、复旦大学上虞研究院等，在杭州滨江区设立滨江"诸暨岛"和上虞、新昌研发大楼。

在空间上，按照科创大走廊空间布局，突出重点区块和重要节点，实施创新平台提升、创新要素集聚、新兴产业示范、创新服务优化"四大工程"。在空间上，绍兴主要围绕滨海新城重要区块布局一批大项目，特别是以中芯国际、长电科技为龙头的产业链上下游企业。同时，绍兴还沿杭绍甬沿线加快推进科技走廊建设，从而不断提升绍兴在半导体与集成电路领域的吸引力，不断增强产业集聚力。2019 年 11 月 16 日，绍兴市举行两岸集成电路创新产业园项目奠基仪式，总投资超 600 亿元的绍兴袍江两岸集成电路产业园开工建设。两岸集成电路创新产业园项目，开创集成电路全产业链集群落地新模式。

大力完善提升科研创新力培育，不断增强人才引进与培育。目前，绍兴已经布局建立国家光学仪器工程技术研究中心、青鸟（柯桥）产业园、杭州电子科技大学上虞产教融合创新园、南华大学上虞高等研究院、中国计量大学上虞高等研究院、新结构经济学长三角研究中心、武汉理工大学绍兴高等研究院、清华大学长三角研究院绍兴创新中心、浙江大学绍兴微电子研究中心、西安工程大学柯桥纺织产业创新研究院、上海交大绍兴电池研究中心等。目前，半导体人才面临着巨大的短缺，数据显示，2020 年前后，我国集成电路行业人才需求规模约为 72 万人，而我国现有人才存量为 40 万人，人才缺口达到 32 万人。集成电路产业作为绍兴市重点培育的战略性新兴产业，其专业人才的培养也是刻不容缓的。绍兴在人才培养方面也渐渐有了自身的特色，例如校企合作模式。2019 年 11 月 11 日，绍兴文理学院与中芯集成电路制造（绍兴）有限公司共建的集成电路产业学院在文理学院揭牌成立。集成电路产业学院将依托绍兴文理学院数理信息学院开展建设。学院的微电子科学与工程专业，为浙江省新兴特色专业和绍兴市重点专业，招收集成电路器件物理与工程硕士研究生。在应用层面，2019 年 11 月 28 日，绍兴技师学院（筹）微电子学院成立，设立了包括微电子专业、电子技术应用、电气技术、数控技术等在内的多个专业；设置了中级工、高级工、技师、3+4 中本一体和长短学制职业技能终身培训的多层次人才培养体制，将建成建筑面积 4000 平方米的产教融合实训基地。此外，学校还与中芯集成电路制造（绍兴）有限公司、浙江虬晟光电技术有限公司、康思特动力机械有限公司等企业单位签署合作办学协议，与绍兴文理学院等高校达成联合培养计划，旨在培养一批符合行业需求和企业要求的集成电路设计、制造工艺的多层次、多元化高技能人才。为绍兴市集成电路企业定制培养 300 名优质毕业生。

积极引进大体量行业龙头企业。2018 年 5 月 18 日，总投资 58.8 亿元的中芯绍兴项目正式开工。该项目通过购买 1244 台（套）设备、新增 14.6 万平方米的厂房建设一条产业化的集成电路 8 寸芯片制造生产线和一条模组封装生产线，达成后形成芯片年出货 51 万片和模组年出货 19.95 亿颗的产业规模，规模化量产麦克风、惯性、射频微机电、MOSFET 以及 IGBT 等产品的芯片和模组。2019 年 11 月 25 日，在中芯集成电路制造（绍兴）有限公司内，8 英寸晶圆顺利下线；2019 年 11 月 15 日，总投资达 80 亿元的长电科技绍兴项目签约落地，打造全球最先进的芯片封装测试基地，将瞄准集成电路晶圆级先进制造技术的应用，为芯片设计和制造提供晶圆级先进封装产品。绍兴豪威半导体有限公司注册资金 150 亿元，其绍兴项目包含豪威全球总部、财务结算中心、全球封装测试基地、晶圆测试及重构封装基地、硅基液晶投影显示芯片生产基地等。豪威科技是全球第三大 CMOS 图像传感器生产商，仅次于索尼、三星。紫光存储芯片制造基地（绍兴）选址袍江，用地 1000 亩，计划总投资 700 亿元，拟建设月产 10 万片 3D NAND Flash（闪存）芯片生产线，技术路线为 128 层堆栈，具备全球领先的技术先进性和竞争力。

4. 半导体与集成电路新城——嘉兴

以全面融入长三角一体化发展国家战略为嘉兴高质量发展的首要战略，围绕加快打造长三角核心区枢纽型中心城市、杭州湾北岸璀璨明珠、国际化品质江南水乡文化名城和未来创新活力新城，深化对外开放，强化创新发展，构建现代产业体系，完善交通基础设施，优化生态环境质量，塑造"红船魂、国际范、运河情、江南韵"城市新风貌，着力推动区域协同和实现高质量发展，打造环杭州湾经济第三极，以努力建设成为绿色、智慧、和谐、美丽的世界级现代化大湾区明星城市为总体要求，以构建对外开放新高地专项行动、打造长三角科创高地专项行动、构建高质量产业体系专项行动、建设区域综合交通物流枢纽专项行动和提升城市能级专项行动等五大专项行动为主要任务。

近年来，嘉兴集中精力聚焦集成电路、航空航天、人工智能、生命健康等引领未来发展的新兴产业。力争到 2022 年，综合实力、创新能力、开放水平等跃居全省前列，高质量发展和全方位开放新格局基本形成，初步建成长三角重要综合交通枢纽，城市建设管理水平显著提升，地区生产总值达 6000 亿元以上，高水平建设长三角科技创新名城、先进制造强市、开放发展先锋。2019 年年初，从上海奉贤引进的总投资 110 亿元的中晶半导体大硅片项目选址南湖区嘉兴科技城产业加速与示范区。

在资金上，近年来嘉兴积极探索采用"基金制"的方式，支持全市实体经济发展，促进优质资本、项目、技术、人才集聚。嘉兴发挥财政资金的引导和撬动作用，吸引金融资本和社会资本共同设立产业基金，利用市场化方式开展投资和经营业务，创新金融管理和服务，构建功能较为完善的金融服务体系，提升政府产业基金运作效率，支持生产力布局。截至 2019 年 9 月底，嘉兴全市各级政府产业基金规模 116.81 亿元，实际到位 63.05 亿元，政府产业基金合作成立子基金 56 支，子基金规模 261.26 亿元，投资项目 745 个，项目总投资额 1292.29 亿元，撬动社会资本投资 1275.5 亿元，重点投向信息经济、环保、健康、旅游、时尚、金融、高端装备制造、文创等八大产业和现代农业。2019 年，"总规模 100 亿元的南湖基金和总规模超 5000 亿元的南湖千亿基金联盟在嘉兴成立。南湖基金总规模 100 亿元，基金主要投资数字经济，高端智能制造，生物医药以及智能装备，新能源汽车等领域，重点的支持引入科技型企业落地嘉兴，进一步的推动嘉兴与上海的产业互融互通，协同创新发展。基金积极探索利用政府产业基金和知名机构合作，支持嘉兴市引入大企业，大平台的战略部署，服务嘉兴实体经济，促进嘉兴长三角一体化的协调发展。南湖千亿基金联盟则是由嘉兴市政府产业基金、前海母基金、金浦投资、上海源星资本、启明投资、红杉资本等 20 家中国股权投资行业的头部机构共同成立，基金规模超过 5000 亿元。基金将服务长三角一体化国家战略，集聚国内外优质项目资源，促进资本与产业融合、科技与产业协同"。①

在空间上，南湖区启动南湖微电子产业平台建设，打造产业地标，

---

① 《百亿南湖基金、千亿级南湖基金联盟成立》，http://jx.zjol.com.cn/201912/t20191217_11484060.shtml。

做强集成电路产业。重点推进中晶半导体、氮化镓、斯达半导体 IPM 模块技改等一批标志性项目建设，打造微电子原材料、设计、封测、智能终端应用产业链，力争实现以微电子为核心的数字经济产业产值达 300 亿元，占规上工业产值比重 50% 以上。目前，新一代信息技术产业已跃居为南湖区的首位产业，全区已聚集数字经济直接关联企业 500 余家。智能终端、集成电路、柔性电子等细分领域互动发展，逐步成长为规模效应明显、产业特色鲜明、产业链完备的新一代信息技术产业集群。嘉兴南湖微电子产业平台被列入第二批浙江省"万亩千亿"新产业平台培育名单，为南湖区经济高质量发展再添"新引擎"，助推打造数字经济高地。2020 年 3 月 3 日开工的博方嘉芯氮化镓射频及功率器件项目，是南湖微电子产业园"万亩千亿"平台的一个标志性项目，也是中国第三代半导体芯片产业示范项目，将拉开氮化镓半导体国产替代的大幕，将自主制造射频及功率氮化镓芯片取代硅基类芯片，填补我国在制造环节的空白。嘉善与中新集团签约共建中新嘉善现代产业园，计划投资约 200 亿元，打造升级版苏州工业园区。产业园位于嘉善北部魏塘街道，总规划面积约 16.5 平方公里。2019 年 4 月 28 日，嘉兴携手浙江清华长三角研究院共同建设长三角全球科创路演中心，它是嘉兴深度参与长三角一体化的重要抓手，将进一步搭建高科技项目的高效合作平台，实现科创产品展示、项目路演、融资洽谈等远程视频的全球实时交流。

当前，海宁已成为嘉兴半导体与集成电路产业投资建设的主战场。2017 年以来，海宁市顺应行业发展趋势，加快泛半导体产业谋篇布局，把泛半导体产业作为培育重点，主攻集成电路关键装备和材料领域两个方向，并延伸培育集成电路设计、制造、封装、测试等核心产业，为高质量发展积蓄新动能。2018 年，为深入贯彻落实《中国制造 2025》和《国家集成电路产业发展推进纲要》、《浙江省人民政府办公厅关于进一步加快集成电路产业发展的实施意见》提及的"浙江省集成电路'强芯'三年行动计划"和《海宁市关于加快泛半导体产业发展的实施意见（2018—2022）》精神，加快培育以半导体专业装备、基础材料和核心元器件产业为重点的泛半导体产业。通过制订《海宁市创建浙江省集成电路产业基地实施方案》，提出三年总体目标、具体目标和主要任务，排出重点工程、重点企业和重点项目，细化时间进度和资金预算安排。制订《海宁市泛半导体装备及元器件产业发展规划》，明确加快推进以天通"泛半导体装备及元器件产业园"建设为主要内容的泛半导体装备及元器件产业发展定位。制订《海宁市泛半导体装备及元器件产业招商线路图》，针对产业中高端装备制造及元器件分支领域，归纳罗列出 235 家国内外具有一定行业地位的招商目标企业，组建专业化产业招商团队。海宁充分发挥长江经济带国家级转型升级示范开发区、上海漕河泾海宁分区等平台优势，加快推进泛半导体产业园建设，园区总规划面积 1170 亩，分四期实施。2019 年，海宁出台"一个规划、一个意见、一套政策、一张招商路线图"在内的规划设计。目标是到 2022 年，海宁泛半导体产业规模将超过 200 亿元，年均增速超 35%，超亿元企业超过 25 家。截至 2019 年年底，该市集成电路及相关产业已形成约 45 亿元年产值规模，产业涵盖装备、材料及集成模块，拥有规上企业 37 家、上市企业 3 家。天通高新、瑞宏科技、吉宏精密等一批企业在各自领域掌握着一定的话语权，成为高质量支持泛半导体产业集聚壮大的重要支点。2019 年以来，海宁积极打造以"三区一城"为核心的泛半导体产业高质量发展平台，位于海宁经济开发区的泛半导体产业园分五期建设施工。

在技术支撑上，规划建设上海交大—平湖智能光电研究院和中国电科长三角创新中心。中国电科和嘉兴市将依托中国电科集团及下属47个科研院所，围绕长三角区域一体化发展国家战略，利用长三角产业优势、人才优势和政策优势，重点布局新型智慧城市建设、集成电路核心装备、软件与信息服务业、城市公共安全、人工智能等领域，聚焦成果转化应用和上下游产业导入，将创新中心打造成为世界一流的科技研发转化中心、央地合作服务国家战略样板地、新兴产业高质量发展的集聚地。同时，进一步做大做强浙江清华长三角研究院总部，助推嘉兴打造区域创新体系副中心。为顺利推进氮化镓射频及功率器件产业化项目，促进第三代半导体产业在嘉兴科技城集聚发展，嘉兴科技城和浙江博方嘉芯集成电路科技有限公司共建第三代半导体产业技术研究院，建设第三代半导体科研平台和产业化平台，建成国内一流、国际领先的半导体技术科创、人才、产业化基地。研究院将引进和培育一批围绕第三代半导体产业方向的团队及人才；依托氮化镓射频及功率器件产业化项目及研究院科研团队和科技成果，提供第三代半导体研发、测试基本服务；孵化各类技术成果和产业项目；围绕嘉兴科技城集成电路这个核心产业，引进落户一批上下游产业化发展项目。研究院也将围绕嘉兴科技城产业发展需求和研究院的研发需求，重点开展第三代半导体产业应用型研究。以半导体材料和工艺技术研发为核心，吸引上下游设备、材料、封测和设计公司入驻，以及后期的产业培育孵化，打造一个集科技研发、人才培养于一体的综合性平台，形成集成电路产业集聚效应。

加快绍兴、嘉兴成为浙江省半导体与集成电路产业的重要城市，关键还在于政策支持，特别是在资金支持与人才支持上，要切实针对需求与短板有的放矢。

首先，积极引导鼓励各类社会资金设立多种形式的基金，加大资金支持，为半导体产业营造更加利于创新的环境，并进一步完善基础设施建设。借鉴广东等地经验，广东省印发《广东省加快半导体及集成电路产业发展的若干意见》，设立省半导体及集成电路产业投资基金，鼓励产业基金投向具有重要促进作用的制造、设计、封装测试等项目。对于半导体及集成电路领域的基础研究和应用基础研究、突破关键核心技术或解决"卡脖子"问题的重大研发项目，省级财政给予持续支持。鼓励有条件的地市设立集成电路产业投资基金，出台产业扶持政策。在投融资政策方面，深圳、上海、北京和无锡都设立了不同规模的产业投资基金。其中，基金规模最大的是深圳和上海，都为500亿人民币。深圳通过政府设立集成电路资金目标500亿元，引导和鼓励天使和风险投资基金投资，上海2015年就设立上海市集成电路产业基金，目标500亿元，投资于集成电路制造，北京2014年就设立集成电路产业发展股权投资母基金，规模300亿元，投资于制造装备、设计封测领域，南京引导设立300亿元至500亿元的集成电路产业投资基金，重点投资全市集成电路制造设计和材料等领域。

其次，加强人才培养与引进。集成电路产业是典型的知识密集型、技术密集型、人才密集型和资本密集的高科技产业，对人才的依赖尤为突出，集成电路行业高水平人才储备与培养是打造嘉兴、绍兴成为半导体领军城市的核心所在。而嘉兴、绍兴等城市普遍面临集成电路产业人才总量不足、领军人才缺乏、人才结构不合理等局面，并且急缺具备工程实践能力、能够解决工程应用问题的工程型、创新型人才。因此，加大人才政策支持力度，包括各类奖补"大礼包"非常重要，加强产学结合①。培养和引进人才，给予优秀人才住房、工作、医疗

---

① 韦世玮：《中国十大芯片狂热城市！给钱、给房、给户口，政策谁更猛?》，https://www.gelonghui.com/p/336934。

和子女就学等补贴。坚持不懈引进高端智慧人才，建设全球创新人才"栖息地"。整合区内人才政策，制定湾区人才培养引进整体方案及中长期行动计划，联合知名企业设立国际人才招募基金。鼓励嘉兴、绍兴和宁波高校与国际知名高校联合办学，打造高科技创新力湾区高校群。

加强大企业引进，培育产业集群。着力吸引国际科技组织在四大智慧园区建立总部或分支，建设国际科技大项目合作基地，加快集聚全球创新能量。借鉴武汉、合肥与成都的经验，引进三星、台积电和京东方等龙头集聚上下游千亿投资，重点在杭州、宁波、绍兴以及嘉兴布局半导体城。特别是要吸取武汉、成都与合肥等城市经验，以龙头企业为抓手，切实在政策与资金支持上下功夫，在税收优惠与贷款免除上做文章。

四　重点布局四大新区成为战略性新兴产业的高端集聚地

浙江现有各种国家级平台众多，但集聚力和影响力还远远不够，新产业需要新的集聚平台。大力整合平台，设立四大新区，有助于积极整合资源，打造千亿级产业与万亿级产业集群。2018 年，《浙江省大湾区建设行动计划》发布，提出以环杭州湾经济区为核心，联动甬（宁波）台（台州）温（温州）临港产业带、义（义乌）甬舟（舟山）开放大通道，打造浙江大湾区。环杭州湾经济区将构筑"一港、两极、三廊、四区"的空间格局，"四区"即杭州钱塘新区、宁波前湾新区、湖州南太湖新区、绍兴滨海新区。四大新区都有各自的发展定位：杭州钱塘新区将打造世界级智能制造产业集群、长三角地区产城融合发展示范区、全省标志性战略性改革开放大平台、杭州湾数字经济与高端制造融合创新发展引领区；湖州南太湖新区将打造全国

"两山"理念转化实践示范区、长三角区域发展重要增长极、浙北高端产业集聚地、南太湖地区美丽宜居新城区；宁波前湾新区将打造世界级先进制造业基地、长三角一体化发展标志性战略大平台、沪浙高水平合作引领区、杭州湾产城融合发展未来之城；绍兴滨海新区打造成为大湾区发展重要增长极、全省传统产业转型升级示范区、杭绍甬一体化发展先行区、杭州湾南翼生态宜居新城区（见表5-7）。

表 5-7　浙江省四大新区战略定位及产业规划

	规划面积	战略定位	空间规划	产业规划
杭州钱塘新区	531.7平方公里	世界级智能制造业集群、长三角地区产城融合发展示范区、全省标志性战略性改革开放大平台、杭州湾数字经济与高端制造融合创新发展引领区	"一轴双湾五园"："一轴"指横穿钱塘新区东西的产业发展主轴，"两湾"指下沙的"金沙科创港湾"和江东的"东沙融创港湾"，"五园"指生命健康产业园、未来产业园、半导体产业园、智能装备产业园和新材料产业园	以生物医药、航空航天、半导体、汽车、新材料为主导，支持高端装备制造、新能源新材料、新一代信息技术、生命健康产业
湖州南太湖新区	225平方公里	打造全国"两山"理念转化实践示范区、长三角区域发展重要增长极、浙北高端产业集聚地、南太湖地区美丽宜居新城区	在空间上构建"一湖两城三区多园"的功能格局。"一湖"即太湖水域；"两城"即南太湖未来城和湖州科技城；"三区"即绿色智造集聚区、滨湖高端度假区和城市经济活力区；"多园"则包括生物医药产业园、新能源汽车产业园、铁公水综合物流产业园等重点专业平台	发展"大智造、大旅游、大科创、大金融、大健康"五大主导产业，重点发展新能源汽车及关键零部件、数字经济核心产业、生命健康三大新兴产业，大力发展休闲旅游业，发展壮大以绿色金融、现代物流为核心的现代服务业，着力培育新材料、节能环保、人工智能、互联网与云计算大数据服务等战略性新兴产业，加快构筑"3+1+N"产业体系，努力成为湖州"绿色智造名城"建设的主引擎

续表

	规划面积	战略定位	空间规划	产业规划
宁波前湾新区	604平方公里	打造世界级先进制造业基地、长三角一体化发展标志性战略大平台、沪浙高水平合作引领区、杭州湾产城融合发展未来之城	扇形分布，自西向东分为湿地休闲区、商务新城区、智慧产业区	万亿级产业开发区，聚焦新对标宁波"246"万千亿级产业集群部署，聚力发展汽车、通航、数字经济和生命健康等产业，打造世界级先进制造业基地
绍兴滨海新区	430平方公里	打造成为大湾区发展重要增长极、全省传统产业转型升级示范区、杭绍甬一体化发展先行区、杭州湾南翼生态宜居新城区	绍兴滨海新城江滨区、绍兴袍江经济技术开发区、绍兴高新技术产业开发区和镜湖新区片区。以滨海新城江滨区内25平方公里和镜湖新区片区内22平方公里为启动区	加快纺织印染等传统产业集聚提升，重点发展电子信息、现代医药、智能制造等高端产业和现代服务业，建设集成电路、生物医药等万亩千亿新产业平台，培育发展人工智能物联网生命健康等未来产业

1. 专注高端制造与高端生物产业的杭州钱塘新区

根据《杭州钱塘新区规划纲要（战略规划）》，钱塘新区将构建"一江双城四组团"，"双城"指下沙科创服务城与江东智造服务城，"四组团"包括下沙生命健康产业组团、江东半导体与未来产业组团、前进智能装备产业组团、临江新材料产业组团。产业上聚焦"515"现代产业体系，即全力聚焦半导体、生命健康、智能汽车及智能装备、航空航天、新材料等五大先进制造业；超前探索布局未来产业；积极发展研发检测、电子商务、科技金融、软件信息、文化旅游等五大现代服务业。发展模式上构建"14+2+N"区校合作体系，即与区内14所高校，如浙江大学、浙江工业大学，以及未来更多高等学府建立合作关系。政策上完善"1+4+X"政策体系，"1"指《钱塘新区关于实施新制造业计划打造杭州制造业发展最大增长极的实施意见》；"4"指"钱塘头雁计划"、"钱塘雨燕计划"、"钱塘雏鹰计划"和"钱塘凤凰计划"；"X"是指各条线政策。

杭州中科先进技术研究院（简称"杭州先进院"）是由杭州钱塘新区和中国科学院深圳先进技术研究院共同设立的新型科研机构，重点围绕大数据、区块链、物联网等新一代信息技术进行研究，针对金融科技、健康医疗、工业机器人、生物医药、量子通信、新型显示、高分子材料、智能芯片等多领域的关键性技术，发挥新兴交叉优势，充分发挥中国科学院深圳先进技术研究院科技研发、产业技术创新与育成的作用，坚持产业化导向、企业化运作，深度整合国际化人才与技术创新资源，大力发展信息技术和数字经济等战略新兴产业，打造技术转移及推广的产业基地，实现科技与企业、市场、资本的有机融合。把杭州先进院打造成国际化高水平研发、教育及技术转化机构，助力"钱塘新区"成为世界级智能制造产业集群、生命健康产业高地、数字经济与新一代信息技术融合创新发展引领区。

钱塘新区重点关注医药健康。生物医药产业联盟是继新材料、机器人、新能源、智能驾驶、新能源和网联汽车、人工智能之后，长三角 G60 科创走廊成立的第七个产业联盟。首批成员单位共计 55 家，涵盖生物药、化学药、医疗器械等多个领域。上海松江，浙江嘉兴、湖州、杭州、金华，江苏苏州，安徽宣城、芜湖、合肥，三省一市九城市将以产业联盟的方式做大做强生物医药产业万亿市场。长三角 G60 科创走廊联席会议办公室及九城市相关业务部门领导出席大会并见证了长三角 G60 科创走廊生物医药产业联盟揭牌，来自九城市生物医药产业链上下游企业、有关高校、科研院所、媒体等嘉宾共计 500 余人参加了此次大会。2019 年上半年，总投资 50 亿元的顾家智能家居、总投资 30 亿元的华东医药大分子药物、总投资 21 亿元的中日合资得力普乐士、总投资 10 亿元的兆奕科技等项目先后签约。总投资 56 亿元的天境生物、总投资 11.6 亿元的药明康德以及中科院肿瘤与基础医学研究所等一批项目也"花落新区"。

2019 年 5 月 28 日,"2019 中国·杭州医药健康产业峰会（首届抗体药大会）暨长三角 G60 科创走廊生物医药产业联盟成立大会"在杭州召开,长三角 G60 科创走廊生物医药产业联盟在杭州钱塘新区杭州医药港成立,长三角 G60 科创走廊生物医药产业联盟总部位于杭州钱塘新区内国家双创示范基地的杭州医药港小镇,面积 3.5 平方公里。医药港具有良好的区位优势和产业基础,制定了基于打造生物医药科技研发创新高地的战略布局,通过全链式的产业生态建设,为长三角地区生物医药创新企业的发展提供有效支撑。目前,药港小镇已聚集各类企业近 800 家,辉瑞、默沙东、强生等全球知名药企纷纷落户,产值规模超 300 亿元,成为杭州市生物医药产业发展的核心区①。

2. 专注高端制造的宁波前湾新区

2019 年 7 月上旬,浙江省人民政府批准设立宁波前湾新区,空间范围包括现宁波杭州湾新区产业集聚区,以及与其接壤的余姚片区和慈溪片区。前湾新区主城整体呈扇形分布,自西向东分为湿地休闲区、商务新城区、智慧产业区,规划井然有序。湿地休闲区,即杭州湾跨海大桥以西地区,是杭州湾最主要的潮间带湿地分布区域,是整个杭州湾新区最重要的生态涵养区。智慧产业区为陆中湾江以东、兴慈五路以西地区。规划这一地区形成具有较高技术含量的产业区、生活配套区和产业研发区。目前吉利 PMA 项目是宁波万亿级汽车产业集群的中流砥柱。近年来,通过"选优、创新、补链",吉利 DMA、电池包投入试生产,吉利研究院二期三期、PMA 纯电动汽车、吉利一爱信变

---

① 《杭州医药港小镇对标国际一流研发创新高地　进军万亿级市场》,《经济日报》2019年 9 月 23 日。

速器等项目加速建设，新区汽车产业创新能力更强、产业链更为完整。按照汽车产业规划，新区将投入 500 亿元，通过 10 年左右努力成为引领全球汽车产业科技革命的新坐标，打造全球新能源智能网联汽车智造中心、全球先进汽车技术研发中心和全球知名汽车品牌集聚中心。[①]

3. 专注半导体与集成电路产业以及生物医药制造的绍兴滨海新区

滨海新区位于杭州湾南岸，地处沪杭甬开放大三角枢纽地带，拥有绝佳的区域优势。设立绍兴滨海新区是全面融入长三角一体化发展国家战略，全力落实省委、省政府"四大建设"和杭绍甬一体化示范区发展的重要部署，新区将着力打造大湾区发展重要增长极、浙江省传统产业转型升级示范区、杭绍甬一体化发展先行区、杭州湾南翼生态宜居新城区。[②] 绍兴滨海新区重点关注人工智能、大数据、云计算、物联网，尚科生物产业化项目等 16 个总投资 175 亿元的大项目签约开工。尚科生物投资建设现代化的生物酶系列产品及化学药物产业基地项目，项目总投资 11.2 亿元，预计投产后年销售收入达 50 亿元。长电科技总投资 50 亿元的绍兴集成电路创新综合体项目开工，总投资不低于 600 亿元的两岸集成电路创新产业园奠基。绍兴滨海新区在加快纺织印染等传统产业集聚提升的同时，将重点发展电子信息、现代医药、智能制造等高端产业和现代服务业，提速建设集成电路、生物医药等万亩千亿新产业平台，培育发展人工智能物联网生命健康等未来产业，提升新兴产业的集聚度、引领力。

4. 专注高端产业和高质量发展先行区的湖州南太湖新区

规划控制总面积 225 平方公里，空间范围包括现湖州南太湖产业集聚区核心区、湖州经济技术开发区、湖州太湖旅游度假区全部区域，

---

① 何峰、黄程、赵春阳：《杭州湾新区剑指万亿级产业开发区》，《宁波日报》2019 年 9 月 3 日。

② 袁华明：《绍兴滨海新区获批设立》，《浙江日报》2019 年 11 月 27 日。

湖州市吴兴区环渚街道 5 个村，以及长兴县境内的部分弁山山体。托管管理范围包括湖州市吴兴区凤凰街道、康山街道、龙溪街道、仁皇山街道、滨湖街道、杨家埠街道，环渚街道的 5 个村，以及长兴县境内的部分弁山山体。湖州经济技术开发区已初步形成由湖州科技城、南太湖生物医药产业园、康山电子信息产业园、黄芝山新能源汽车产业园、湖州铁公水物流园、湖州南太湖金融产业园"一城五园"的格局，是湖州市吸纳外资和集聚战略性新兴产业、高新技术产业、现代服务业发展的重要平台。

目前，因四大新区建设才刚刚起步，产业规模与潜力还有巨大的成长空间。未来随着影响力提升特别是新兴战略性产业的大力集聚，现有钱塘新区、绍兴滨海新区、宁波前湾新区等管理机构级别不够高，体制机制还有待进一步优化提升。大江东新城、绍兴滨海新区、宁波前湾新区现在更多的是整合和优化，统一赋予其省级管理权限，提高规格。而且杭州、绍兴、宁波三地的 GDP 加起来高达 27511 亿元，接近上海。四大新区建设同时依托三个发达城市，发展空间与前景不可估量。

5. 万亩千亿平台

2019 年 3 月份，浙江省政府办公厅印发《关于高质量建设"万亩千亿"新产业平台的指导意见》。"万亩千亿"是指面向重量级未来产业、具有万亩左右空间、千亿产出以上的产业平台，被 2019 年省政府工作报告列入大湾区十大标志工程。在未来 5 年里，重点布局数字经济关键核心领域、高端智能装备、航空航天装备、生物创新药及高性能医疗器械五大未来产业。新产业平台建设要遴选优质区块，与现有土地利用总体规划、城市总体规划及下一轮国土空间规划编制相衔接，重点在环杭州湾"一港两极三廊四新区"〔一港是指中国（浙江）

自由贸易试验区争创自由贸易港，两极是指杭州、宁波两大都市区，三廊是指杭州城西科创大走廊、宁波甬江科创大走廊、嘉兴 G60 科创走廊，四新区是指杭州江东新区、宁波前湾新区、湖州南太湖新区、绍兴滨海新区〕以及甬台温临港产业带布局建设一批 5 平方公里至 10 平方公里的新产业平台。

从战略导向看，突出"五大高地"，即重量级未来产业集群高地、标志性项目承载高地、领军企业培育高地、创新资源要素集聚高地、产城融合发展引领高地。从建设目标看，突出"两步走"。力争到 2022 年，实现创新要素高度集聚、配套体系更加完备、对外开放显著扩大，建设 10~15 个"万亩千亿"新产业平台。到 2025 年，建成一批具有核心竞争力的"万亩千亿"新产业平台，形成一批行业领军企业，打造具有国际竞争力的产业集群。更为重要的是，加大财政税收支持力度，对被确定为省级示范新产业平台的，其规划空间范围内的新增财政收入上交省财政部分，前三年全额返还，后两年返还一半给当地财政。

首批"万亩千亿"新产业平台培育对象分别是：杭州万向创新聚能城产业平台、紫金港数字信息产业平台、大江东航空航天产业平台、宁波杭州湾新区智能汽车产业平台、嘉兴中新嘉善智能传感产业平台、绍兴集成电路产业平台、台州通用航空产业平台。首批新产业平台主要布局在大湾区，规划总面积近 9000 亩，主要聚焦集成电路、航空航天、智能汽车等未来产业，集中了中芯国际、阿里云、万向集团新能源整车、彩虹无人机等一批标志性项目和浙江大学、西湖大学、麻省理工学院鲁冠球高等应用科学研究院等高端创新资源，到 2022 年，首批 7 家新产业平台营业收入预计可达 6000 亿左右，到 2025 年突破万亿，着力打造浙江省"顶配版"产业发展平台，形成具有国际

竞争力的创新型新产业集群。首批新产业平台的正式亮相，标志着
"万亩千亿"新产业平台建设工作正式进入实施阶段。下一步，省发
改委将积极发挥牵头作用，强化责任，狠抓落实，扎实推进新产业平
台培育各项工作。①

第二批"万亩千亿"新产业培育平台于 2020 年 1 月发布，包括杭
州钱塘新区高端生物医药产业平台、宁波北仑集成电路产业平台、温
州瑞安智能汽车关键零部件产业平台、嘉兴南湖微电子产业平台、绍
兴滨海新区高端生物医药产业平台、衢州高端电子材料产业平台。

五 加快建设滨海花园城市：舟山

舟山在杭州大湾区战略中的定位。一是沟通世界的航运服务基
地。加快开辟新的国际贸易航线，依托辐射全球的航运网络、联通长
江经济带的江海联运服务体系、大宗商品储备基地和大宗商品交易中
心，为杭州湾大湾区的石化、钢铁、汽车、机电设备等加工制造业提
供原材料、中间产品与能源的供应保障，成为湾区资源流、产品流、
资金流、信息流、服务流的配置基地，物流供应链节点城市。二是协
同发展的先行示范城市。以"陆海统筹"为基本思路，与湾区内城市
共建共享交通、电力、能源管网等基础设施，积极支持湾区城市建立
协商机制，加强产业政策、公共服务、执法领域的协商合作，促进资
本、技术、人才、信息等要素在湾区内高效便捷流动，形成分工明确、
差异化发展、规模效应明显的联动发展格局，成为推动湾区一体化发
展的示范城市。三是面向国际的开放发展平台。进一步提高开放型经
济的发展水平，重点围绕大宗商品贸易自由化、金融及航运服务领域

---

① 蓝震：《"万亩千亿"新产业平台首批名单出炉，杭州占三席》，《钱江晚报》2019 年 5 月
21 日。

开放、外商投资管理制度创新等方面，加快探索与国际贸易规则对接的自由贸易制度，将自由贸易试验区打造为引领湾区产业转型升级、参与全球分工、集聚国际高端要素的重要载体，成为杭州湾对外开放的重要门户。四是内聚外合的海洋科创基地。以推动"海洋经济"创新发展为目标，支持湾区内高校、科研机构及创新平台加强交流与沟通，集聚科研力量，进行全面深入的合作，协同开展海洋科技创新。优化创业创新环境，吸引国内外海洋科学研究机构，将海洋科学城打造为杭州湾乃至我国海洋科技创新基地。五是美丽宜居的海上花园城市。充分发挥舟山的生态环境与海岛景观优势，打造一批凸显本地海洋文化、兼具旅游居住功能的海岛特色小镇；根据海岛地貌特点合理布局城市功能区，将"山""海"等自然元素融入居民区、商业区、城市公园、道路、景观带的规划建设之中，形成"城在海上，山在城中"的特色城市风格，使舟山成为杭州湾独具海岛风情、美丽宜居的"后花园"。[①]

六 推进杭州大湾区对浙中、浙西的辐射与带动

浙西加速融入杭州湾及长三角都市圈是推进浙江协调发展、实现两个高水平建设的重要路径。发挥大湾区辐射引领作用，统筹生产力布局，有必要辐射带动浙中、浙西区域发展。对于浙中、浙西来说，构建交通大通道，以市场化、法治化方式加强合作，持续有序推进G60科创走廊建设，打造科技和制度创新双轮驱动、产业和城市一体化发展的先行先试走廊。完善大湾区至泛长三角区域其他省区的交通网络，深化区域合作，有序发展"飞地经济"，促进区域要素流动和

---

① 顾自刚、徐文平、肖威：《舟山在杭州湾大湾区战略中的定位及相关建议》，《决策咨询》2018年第3期，第73~75页。

产业转移，形成梯度发展、分工合理、优势互补的产业协作体系。省委、省政府提出，加快推进大湾区、大花园、大通道建设行动计划，浙西就是浙江省重要的大通道，是浙江省经济向中西部邻省拓展的一个桥头堡。加快浙中、浙西发展，必须加强都市区规划、补短板强优势，积极推进东西融合，尤其是在交通、创新要素与资源、政策环境和产业上亟须加快提升与整合。在地理空间上，浙西衢州、丽水与浙中金华是联系我国东西部的过渡地带和重要"黄金三角"，应加强战略规划，把打造大空间大平台、智能立体交通大枢纽、中转物流大口岸和大产业大生态建设纳入议程。在对策上，积极推动金义都市区拓展空间向"金丽衢都市区"提升，联合申请国家级"生态文明创新示范区"，推动义乌市场向金融交易中心转型，推动义乌机场提升为国际机场，打造金丽衢快速网格通道，推动金丽衢一体化规划布局，高起点规划打造"浙西新区"。

1. 金丽衢经济圈是重要的黄金三角

浙江区域发展不平衡，沿海地区发达，浙西、浙中相对欠发达，总体上浙江"四极"趋势明显，杭嘉湖绍、甬舟、台温是重要的三极，金丽衢则是浙江重要的第四极。丽水、衢州与金华在生态环境、产业结构等方面存在高度的相似性，发展水平也基本相近，在空间上也呈现出需要一体化发展的基础与要求。从空间看，丽水与衢州相距近100公里，金华与丽水、衢州相距都在70公里左右，完全满足打造"黄金三角"都市圈的要求。但长期以来，浙中、浙西相对独立发展，未形成合力。更关键的是，在全省11个地市中，2019年金华、衢州、丽水GDP只占全省12.2%，人均GDP分别居全省第8、10、11位，城镇与农村居民人均可支配收入分别居第8、10、11位和第9、10、11位。与发达地区相比，衢州与丽水发展相对滞后，由于交通短板、中高端要素人才缺乏，以及集聚合力不够。尤其是交通短板已成为浙江省义甬舟大通道建设向中西部内地覆盖延伸的重要制约，也是制约金义大都市区跨越式发展的主要短板。

实现浙中、浙西崛起，首先是交通滞后问题。义甬舟大通道建设，一方面拓展宁波舟山海上大通道；另一方面拓展金丽衢陆上大通道。其中浙西具有强大交通优势，衢州、丽水处浙、闽、赣、皖四省边际，承东启西，通南连北，占据四省物流、人流、信息流集散中心，但多年来综合交通建设普遍滞后，城乡融合与乡村振兴面临交通短板，高铁建设还未成网，城际交通还没起步，严重制约区域协调发展，严重影响了浙西发展合力的形成，影响了浙西、浙中一体化进程。其次，创新人才是短板。据统计，浙西、浙中两地 2016 年县级以上政府部门属研究与开发科技人员 389 人，经费收入 1.49 亿，分别占全省 4.04%、2.61%，当年专利申请受理 42341 项、专利授权 25761 项、发明 1811 项，分别占全省 10.77%、11.63% 和 6.81%。创新滞后与人才匮乏严重影响了浙西、浙中发展，加强创新合作，共同制定创新政策，加快打造开放、协同创新生态尤显重要。最后，实现浙西崛起，合作集聚是短板。当前，丽水、衢州城市规模小，集聚辐射与影响力还很低，内部协调也还处于自发起步阶段，尤其缺乏外部政策性的强力推动。在重大交通基础设施、创业创新、医疗教育、金融服务、产业布局规划等方面还缺乏系统性协调，也缺乏常态化合作机制。浙西唯有与金华凝聚合力，才能更有效地将东部沿海、中西部两大板块紧密连接，创造更大发展合作空间。

为此，强优势、补短板，需要更好发挥浙西区位与生态优势，扩大开放与创新合作，加强推进浙西、浙中合作，推进跨省和东西部合作。尤其是金义都市区必须紧密联合衢州与丽水，否则客观上也会束缚金义都市区的发展空间，就难以对高端要素资源形成有效集聚，就难以带动浙西、浙中崛起。

2. 围绕"四大建设"推进浙中、浙西崛起

推进金丽衢"黄金三角"崛起，需加快规划、优化布局，做强优势产业，建设以国际物流、贸易信息、科技金融为特色的生态都市圈。

首先，加快构建智能立体交通网，打造环射状大枢纽。浙西战略定位，要实现从大通道到大枢纽的重大提升，进而前瞻性规划系统推进产业、人才、资本、技术等高端要素集聚。一是连接中西部，构建连接东部沿海与内陆省份重要交通枢纽，着力打造内通外联、内环外绕的公路、铁路、航空综合交通大枢纽体系。加快规划与推进建设杭衢高铁、黄衢高铁、临金高速、宁临金高铁，提升浙中、浙西增长新动能。二是对接一线城市，优化提升杭广高铁、温武高铁结点城市的智能交通系统，谋划未来宁波—重庆等高铁线路建设，积极推动杭深高铁近海内陆线（经衢州）规划建设、前瞻研究温州—武汉—兰州—新疆的高铁线路规划。三要畅通金丽衢，依托大数据构建高铁、空运、公路货运的智能立体交通网，打造零换乘枢纽中心网络。加快推进地铁线网、高快速路网规划建设，加快金华、丽水、衢州三地快速通道建设，打通断头路，实现城市重要节点之间互联互通便捷化，加速无缝对接。

其次，规划建设大口岸、大通道、大中转、大物流及配套功能。浙西大通道战略地位突出，必须坚持改革开放，提高对外开放质量和水平，大力引进国际高端要素，提升参与竞争与合作的层次，强化发展的外部动力。加快建设高效便捷的交通体系、流通体系、服务体系，促进人流、物流、资金流、信息流的集聚和扩散，增强综合服务能力，建设物流中心、贸易中心、生态中心和现代金融服务体系。一是建设

大口岸。建设义乌—金华—衢州到内地的大通道，提升义乌口岸的专属级别与权限，提升义乌口岸功能，义新欧班列努力开辟新通道、新线路，开辟货运黄金通道，成为陆上重要通道结点。二是建设大通道。构建集散中转大枢纽，向东提速建设义甬舟开放大通道，向西开拓更多新通道，加强与沿海城市对接、与内陆城市合作共建联盟，以快递业务、货物中转为核心，面向国内国际，外接海丝沿线、内联我国腹地，成为各类商品要素的强大吸附器和辐射源。三是建设大物流。打造全球物流供应链枢纽，助力浙江企业向西，助力中西部企业向东。重点加强物流基础设施网络建设，大力发展国际物流、空港物流、保税物流、城乡物流、智慧物流、绿色物流、冷链物流，提高物流标准化建设，打造国际物流枢纽。

再次，整体规划"黄金三角"都市经济圈，构建大空间、大平台。围绕生态创新形成动力源和增长极，使金丽衢成为平衡浙江协调发展的重要三角，集聚合力共同打造浙皖赣区域中心城市圈。一要将金义都市区提升为金丽衢都市区。着重推进金华、义乌、衢州、丽水整合，加快集聚高端要素、高端产业，增强中心城市综合服务能力，带动周边县区、特色小城市、卫星城镇一体化发展。二要推进浙西内部协同发展。增强丽水衢州以及金华城市间联动，加快一体化规划与布局，提升浙西竞争力。重点在基础设施、产业投资、商务贸易、旅游、生态环境、金融服务等合作方面取得突破。三要着力推进丽水衢州与金华相向聚合发展，谋划一批合作平台，加快建成国际商贸物流中心、重要高新技术产业基地、生态文明旅游区核心城市、国际生态旅游城市。

最后，大力谋划大生态大产业集聚，推进浙西新型城镇化。重点发展生态经济、绿色先进制造业及国际贸易、特色金融等生产性服务业，构建高端、高质、高新现代产业新体系。一是发挥强企引领，推动高端要素、产业资本流动，支持发展创新科技和知识经济，重点发展金融、商务、科技、总部经济等现代服务业，加快发展文化、旅游、体育、健康产业。二是大力发展科技金融产业，鼓励农村金融、民间金融融合区块链技术加快发展，促进金融市场互联互通，打造具有更大国际影响力的科技驱动型金融产业链。三是打造内陆开放高地，培育新兴产业。以"互联网+"与大数据，坚持生态引领下的现代服务业和先进制造业"双轮驱动"，推动生产性服务业向专业化和价值链高端延伸，向精细化和高品质提升。四是积极申请金丽衢国家生态文明试验区，推动大生态与大扶贫、大数据、大旅游、大健康、大开发结合，发展生态利用型、循环高效型、低碳清洁型、节能环保型产业。

3. 前瞻性规划"金丽衢"黄金三角经济区，争取设立融合生态绿色为优势的国家级新区

浙中、浙西要厚植传统优势，增创新优势，构建金丽衢一体化，构建高端、高质、高新的现代产业体系和高水平开放型经济体系。在一体化政策与规划推进上，建议省级领导或部门牵头，建立金丽衢三地联动协调机制，加快推进一体化规划、一体化交通、一体化政策。相关部门推进优化功能区规划，开展金华、衢州、丽水一体化发展与"黄金三角都市圈"前瞻性、可行性研究。积极推进丽水、衢州以及金华地区的公共交通建设实现通勤化，打造"1小时交通圈"。规划建设金华—衢州—丽水"金字形"都市圈城际轨道交通（通常100公里内），完善城际通勤系统。并加快构建金丽衢旅游"金三角"。寻求切入和突破口，以点带面，探索城际合作新领域，如强力推进丽水与金华旅游合作，共同打造义乌—横店—丽水黄金旅游线。在功能布局与分工上，大力提升义乌市场金融功能，积极向金融交易中心转型。开

展进行期货交易、转口贸易交易中心的可能性。拓展提升由货物型，向电子信息及 IT 产品型，向电子交易型为主转变。并依托义乌机场和快速交通系统，提升丽水、衢州的航空辐射力。特别是提升义乌为国际机场，服务金丽衢三地。坚持不懈引进高端人才，制定人才培养和引进整体方案，设立人才招募基金，提升人才吸引力。浙西应聚焦"抢富人"，吸引更多中高阶层定居、养老与消费，推动他们投资兴业。在空间规划与建设上，联合申请国家级"生态文明创新示范区"，协调丽水、衢州及金华产业合作互补。突出金华商贸服务、衢州先进制造业、丽水生态绿色产业的差异性空间布局与优化。可尝试在金丽衢"黄金三角"中间区块，高起点、高标准设立省直管"浙西新区"，专项政策扶持，明确"浙西新区"在土地、财税、金融、合作开放、生态环保等方面享受优惠政策，定位于"软试验区"，相比浙东、浙南"硬制造"，浙西主要集聚绿色产业、生态产业与软产业等。并规划推进一批项目与平台。在浙西主要集聚区加快推进一批基础设施项目、谋划一批特色产业、建设一批现代化物流中心、培育和壮大一批骨干物流企业，与中西部省份、"一带一路"国家合作建设一批创新载体、产品研发和技术推广中心。

第六章
建设科创大湾区的战略重点与举措

近年来，杭州湾地区转型起步早、见效快，有效突破创新发展瓶颈与约束，创新发展进程不断加快，但创新发展体制机制与创新环境还不够完善，创新驱动引领型发展模式尚未根本形成。在转型关键期、攻坚期，杭州湾区建设距离科创湾区目标还有很远的距离，对照国内外区域创新型标杆，深化"八八战略"，必须进一步强化创新优势，加快增长动力转换。要借助于增速放缓，坚持把创新要素集聚、创新人才培养引进和创新环境建设作为紧迫而重大的战略任务，在加快形成以创新引领的经济体系和现代化发展模式上真正"走在全省和全国前列"。

一 环杭州湾建设科创大湾区的重点与难点

当代湾区已经成为世界经济的增长引擎，并以创新增长极的发展定位获得源源不断的发展动力。国际湾区已经占领了世界优质创新资源的高地，并且拥有很高的创新要素集聚度，从而维持其全球经济的领先地位。因此，建设湾区并发挥湾区在创新发展引领方面的重要作用具有重大的战略意义。在这样的实践背景下，环杭州湾的建设对浙江省乃至长三角甚至全国的经济都将具有较大的推动作用。研究环杭州湾创新要素的空间集聚问题可为掌握环杭州湾的创新集聚现状及问题提供理论依据，并为环杭州湾提高创新集聚水平和创新一体化水平提供政策线索。

1. 科创湾区的核心要素与价值

创新不局限于技术创新，凡能以高效简便的方式满足人们工作、生活需求的变革都能称为创新。当今世界，随科技的进步以及人们对生活质量和生产效率要求的提升，创新的范畴更广、机会更多。创新最重要的核心要素包括四个方面：人才是科创的第一生产力，还需有吸引人才和转化科研成果的合理机制；充裕的资金是创新的保障，但科创资金的来源和投向更为重要；支持性的政策、平台和中介机构是创新必不可少的条件；制造业腹地以及当地市场需求也是科创要素，但需视科创类型区别看待。是否具有优质的制造业腹地是硬件研发类科创企业的重点考虑要素，而当地是否具有广阔而发达的市场需求则是商业模式创新类企业的主要考虑因素。目前从国内来看，能够成为科创中心的城市大概率为北上广深以及杭州、苏州、南京和武汉、成都、西安等。根据科创中心的形成原因及产业集群的多寡，将科创中心分为四种类型，分别是硅谷型（自发形成，与制造业融合程度高，创新产业链完备）、纽约型（自发形成，对制造业依赖度低）、伦敦型（政府规划形成，对制造业依赖度低）、新加坡型（政府规划形成，对制造业依赖度高，主要靠离岸输出产业园区）。北京、上海、深圳打造的科创中心的类型各有不同，北京对标的科创中心为伦敦，深圳对标硅谷，而上海的发展模式则与新加坡更为类似。但就综合实力看，上海最有可能成为具有世界影响力的科创中心。

2. 以全球领先的互联网应用创新为核心优势

21 世纪以来，杭州湾地区的杭州、宁波等城市凭借产业技术优势、创新人才集聚和一流的营商环境，吸引众多国内外科研机构和知名企业纷纷设立创新研发机构，围绕阿里巴巴、海康威视和网易等新经济龙头企业开展产业链布局，吸纳了众多国际一流企业和一流人才的流入，新经济发展势头日益向好。当前，浙江以互联网行业为代表的数字经济发展已明显走在全国前列，互联网应用创新直接影响乃至引领全球互联网发展趋势，在部分行业或领域已形成独占性垄断优势。浙江互联网发展实践证明，互联网经济极大地颠覆了传统商业模式，全面改变传统行业盈利模式。

浙江省委、省政府明确把"率先进入全国创新型省份行列"作为2020 年高水平全面建成小康社会的总目标，基于互联网应用的四大创新作为浙江的领先优势和特色，将是重中之重。在浙江处于转型发展关键期，处于由"效率驱动"向"创新驱动"的转折阶段，基于互联网应用的技术创新、管理创新、制造方式创新和商业模式创新等四大创新，不同主体间的协同创新、全面创新及万众创新是实现浙江成功转型的关键动力。总体来看，发挥现有的创新优势和互联网基础，浙江有条件成为全球互联网应用的科技创新中心。实现这一战略目标，不仅体现在互联网创新资源的集聚上，更应体现在互联网创新活动方面的扩散能力与影响力上，包括以杭州为互联网创新中心城市向外扩散，也包括以现有领域向所有行业扩散。全球互联网科技创新策源地目标战略的实施完善，需要发挥阿里巴巴等本土跨国互联网企业在全球互联网创新网络中的领先优势。全球互联网科技创新中心功能主要体现为创新网络流动性和互联性，成为全球互联网创新网络的"中心"。作为全球互联网创新中心，必须具备以下特征：是高度集中化的全球互联网创新活动的控制与协调中心，进而成为全球互联网创新体系的连接点；是全球互联网创新功能性机构主要所在地，全球互联网创新资源要素的汇聚地和流动地；是引领全球互联网创新思想、创意行为、创业模式的主要策源地，包括创新生产在内的主导产业的生产场所。

3. 杭州湾区打造科创中心的重点和难点

毫无疑问，创新人才是打造科创湾区的第一生产力，但一是要有吸引人才和转化科研成果的合理机制。根据澳洲智库 2thinknow 的"2015 年全球城市创新指数排行榜"和上海交大的"2015 年世界大学学术排名 100 强"对照分析可知，前 15 大创新城市中有 11 个城市（地区）至少拥有一所世界百强大学。当地教育资源的充沛虽为科创中心的重要加分项，但合理的人才引入环境和机制可以弥补教育资源不足。硅谷优质的教育资源并非与生俱来的，最初硅谷只包括圣塔克拉拉谷从吉尔罗伊到帕罗奥图一带，经过数十年发展，才逐渐成为从圣荷西延伸至旧金山和伯克利的大区域。因此，硅谷在起源初期，在地理上只涵盖了斯坦福一所大学，并且，在二战以前，斯坦福大学的学术水平都谈不上领先。我认为，硅谷的崛起固然与机遇推动（硅谷最初为美国海军的研发基地，有一定的军事科技研究积累）和斯坦福的不断发展（硅谷之父、斯坦福前副校长弗兰德里克·特曼教授功不可没）有关，但更主要在于拥有卓越的吸引人才的环境和机制。

二是区位和交通条件。气候宜人自然风光好，一年四季阳光明媚、气候温和，是吸引诸多创业者的重要原因。交通畅通是科技创新走廊建设的最基本条件。只有加快科技创新走廊沿线区域高端路网建设，解决创新节点之间的交通拥堵问题，才能实现人流、物流的快速运转。当然，串联起科技创新走廊的不只有物理的路网，更重要的互联互通在于人才、技术、资金、信息等创新要素的自由流动。而这需要政府、企业、高校和科研机构共同发挥作用。美国东海岸著名的科技创新走廊"128号公路"就是各创新要素深度融合的一个案例。如果没有美国政府和技术的外溢，它成不了创新中心；如果没有麻省理工等一批高校和科研机构的支撑，它也无法成功。科技创新走廊是区域协同创新体系的一个重要载体，在政府、企业、高校、研发机构等形成的创新生态链条下，各要素相互支持、相互作用，才能使这个区域既有创新活力，又能够跟国家的创新体系结合起来，共同发展。

三是良好的创业环境、包容的文化氛围。风投、律所、孵化器等中介和设施完善，一些大公司甚至不计较员工带着在职期间的发明成果离开、自主创业；同时，对待移民及其背后的多元文化一视同仁，使得硅谷能够集聚来自各种文化的智慧。硅谷拥有先进的激励机制。硅谷的高科技公司多通过股份和期权吸引人才，激励机制较为先进。更重要的是，即使教育资源充足，也需要有完善的"产学研"制度，才能将知识转化为科技成果。美国成为科技强国的重要原因在于高校在科研评价机制上更偏重科研成果的质量和影响力（科研成果的使用单位和终端用户常常参与科研人员考核和评价），而非SCI论文的数量。除此之外，美国联邦政府还颁布了一系列促进技术转移和商业化的法案，促进"产学研"领域的协同。① 因此，美国科研成果产业化的效率更高。

四是充裕的资金是创新的保障，但科创资金的来源和投向更为重要。资金的来源和投向，能直接决定科创资金的投入产出效率。美国在世界科技领域之所以能长期居于霸主地位与其完善的创新体系紧密

---

① 林耕、傅正华：《美国技术转移立法给我们的启示》，《中国科技论坛》2005年第4期，第140~142页。

相关（见表6-1）。美国的国家创新体系由政府、产业界、学术界和非营利组织四方构成。其中政府主要职责在于支持基础研究及小企业发展。一方面，政府为科技理论的基础研究提供资金支持（基础性研究投入大，但短期未必能产生直接收益，因此企业通常投入较少），同时也设立小企业创新研究计划（SBIR）和小企业技术转移计划（STTR）等一系列项目支持中小创新企业的发展。产业界是研发经费的主要提供者和使用者，在研究成果商业化中起着核心作用。根据美国巴尔特研究所与R&D杂志联合发布的报告，2014年，产业界提供了全国2/3的研究经费，同时也使用了71%的总经费，充分反映出美国科研重视商业应用的导向。学术界是研究经费的第二大使用主体，主要负责基础性的理论研究和人才培养。美国学术界对研究经费的供给只占总数的3%，但使用占比达14%，是仅次于产业界的第二大研究经费使用主体。学术界总体的定位偏重基础研究，是"高精尖"领域科创的主要引领者，也是科创人才的摇篮。除上述三类主体外，美国还存在一系列支持科创的非营利组织，尽管规模不大，但是起到了重要的桥梁、平台和辅助作用。

表6-1　重点国家在关键竞争力驱动因素方面的表现

项目内容	美国	德国	日本	韩国	中国	印度
人才	89.5	97.4	88.7	64.9	55.5	51.5
创新政策和基础设施	98.7	93.9	87.8	65.4	47.1	32.8
成本竞争力	39.3	37.2	38.1	59.5	96.3	83.5
能源政策	68.9	66.0	62.3	50.1	40.3	25.7
物质基础设施	90.8	100.0	89.9	69.2	55.7	10.0
法律监管环境	88.3	89.3	78.9	57.2	24.7	18.8

资料来源：德勤《2016全球制造业竞争力指数》。

在资本主义国家，决策者的短视、选举政治阻碍了西方民主的改革，根深蒂固的贫困、高失业率和疲软的全球化和地缘政治动荡成为新的常态。如果无法改变这种不利局面，在全球化和互联网时代，危机信号将传递到世界各地，政府危机一旦发展为全球化治理危机，决策者将无能为力。结构性改革需要达成有利的社会共识，并且创造和平的国际与地缘政治环境，降低经济发展的外部风险，以便于促进市场要素的国际化流动。所有国家和地区都寄希望于通过经济的持续增长缓和社会矛盾，改善民众福利和生活，提供更多的就业机会，却忽视了经济和政治问题是不可分割的，体制的束缚制约了经济增长和社会进步。在经济危机和增长低迷的阶段，如果没有更好的民主制度和管理方法，那么，即使经济增长也无法解决制度不完善和变革不彻底带来的危机。

五是抢占战略前沿，聚焦未来重要领域、重点突破关键环节。提升创新能力，需要大力提高技术创新能力和管理创新能力。为此，要打破以往的行政化科研体制，组建更多实力强大的"科研团队"，攻克一批有重大影响的关键技术，掌握一批有自主知识产权的核心技术，支撑城市形成创新能力较强的企业群和有竞争力的产业链。要集中精兵强将，整合创新资源，在重点领域、重大项目和重点环节上形成创新突破，包括智能科技、基因生物技术、半导体与集成电路产业、物联网等，推动杭州转变发展方式，实现经济社会的可持续发展。美国、德国、日本等发达国家将智能科技领域作为产业扶持的重点。美国2013年启动的"推进创新神经技术脑研究计划"（BRAIN），10年将投入45亿美元；与此同时，欧盟于2013年启动的"人脑计划"（HBP），10年将投入12亿欧元；日本政府2015年启动的"机器人新战略"，计划5年内与民间企业共同投入1000亿日元发展人工智能。2016年，日本设立"人工智能技术战略会议"，2017年，英国政府发布《在英国发展人工智能》，中国 2017 年 7 月推出《新一代人工智能发展规划》，同样将发展人工智能上升为国家战略。2018 年 11 月德国政府推出《联邦政府人工智能战略》；2019 年 2 月，特朗普签署行政命令《美国人工智能倡议》；欧盟机器人研发计划政府将出资 7 亿欧元，同时带动产业界 21 亿欧元的研发投入。对人工智能产业的扶持体现了在人口红利逐渐消失的大环境下，各国为进一步提高劳动生产率所做的努力。生物科技的关键技术是基因技术。基础研究，主要研究在细胞和分子这个层面，人类大脑运作的机理。临床研究，主要给基础研究在解决人类的三大脑疾病的问题上带来帮助。天桥脑科学研究院（TCCI）并不研究新药，是帮助研究新药，让人类能够应用基础研究的成果。

二　大湾区科创主体与要素的引进与培育

近年来，杭州与宁波积极培育引进创新主体与要素，扶持科技型中小企业，加上有效的市场机制和需求导向，推动形成良好的创新生态、创新文化、创新机制，一大批民营科技大企业迅速崛起。嘉兴与绍兴也在积极推进传统产业转型基础上，大力布局研发机构进驻，新经济也逐渐迸发经济活力。为推动科创型湾区的高质量发展，必须进一步发挥市场机制作用，改革不合理的体制机制，调动各类创新主体与要素积极性，更大程度实现创新引领。凭借着得天独厚的区位优势，嘉兴与绍兴现已成为承接沪杭创新要素资源和产业发展溢出的重要科技创新承载地，新经济发展势头强劲，新兴产业持续快速发展。

1. 大力培育创新主体

创新主体的规模和结构，直接影响城市的创新能力。要通过政府引导、市场推动和社会化培养等多种途径，加快发展创新主体。要切实强化企业的创新主体地位，使企业真正成为创新决策、投入、研发、转移和受益的主体；并通过产学研用的紧密结合，提升企业自主创新能力。要充分发挥高校和科研机构在创新中的重要作用，通过建立有效的信息沟通和工作协调机制，使得在杭的高校和科研院所成为建设"创新型城市"的重要力量。另外，要营造良好的创新环境，以创新促发展、创新出收益、创新得福利，来激励和提高全社会的创新能力。

加快培育创新主体，要着力构建"以技术创新为重点、知识创新为基础、制度创新为保障、科技服务为纽带"的创新体系，要以坚持创新人才为根本的核心战略，尽快形成依靠人力资本质量与技术进步、创新驱动的新引擎，而不再依赖廉价劳动力和要素规模来推动经济增长，实现从要素驱动、投资驱动向创新驱动的转变。要弘扬和培育以创新为特征的企业家精神，加快推进"名牌、名品、名家"建设，让更多的第二代、第三代企业家在创新活动中脱颖而出，使杭州湾地区成为创新型经济发展高地和自主创新先行区。

加快培育创新主体，要大力引进布局创新型人才与团队、科创企业，发挥企业技术创新主体作用。企业是创新的主体，要鼓励和引导企业科技创新，推行通行的国际标准，申请自有专利，重视商标，培育品牌；增加科技投入，建设好技术中心和研发中心，加强与高等院校、科研院所的产学研合作，进行二次创新和自主创新。支持企业提升创新能力。鼓励企业加大研发投入力度，提升创新能力和水平，提高创新成果的产业化能力。支持培育企业积极争取承担国家、省重大科技项目。鼓励科技型行业龙头骨干企业协同创新，组建产业技术创新战略联盟。鼓励企业与国内外科技创新大院名校或企业开展产学研合作，引进或共建创新载体，促进科技成果产业化。鼓励企业自建技术中心、研发中心、企业研究院、重点实验室，支持有条件的企业建立国家级和省级博士后科研工作站，提高企业研发机构设置率。

根据 BOSS 直聘发布的 2019 年人才吸引力报告，在人才吸引力指数方面，杭州为 2.77（见图 6-1），已经连续多个季度稳居全国前三名，但宁波则在 15 名开外。

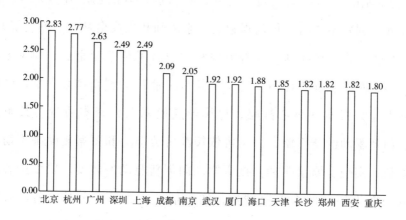

图 6-1　2019 年我国部分城市人才吸引力指数

资料来源：BOSS 直聘发布的 2019 年人才吸引力报告。

2. 增强各类创新主体的创新意识

更全面的创新理念和理念的突破，是打造创新城市的必要基础。加快建设"创新型城市"，必须拓宽视野、提高认识，树立全面创新的思想观念。不仅经济领域的创新，而且政治、社会、文化、生态等各领域的创新；不仅技术方面的创新，而且理念、管理、制度等各方面的创新；不仅创新人才的培养和教育，而且城市文化内涵与人文精神的传承与弘扬等，都应纳入建设"创新型城市"的视野与体系。

强化创新意识。形成全面创新的理念，必须进一步倡导创新精神，墨守成规、循规蹈矩是不可能创新的。要破除那种只防出错、不求出新，只图保险、怕担风险的传统观念，在"敢""勇""善""能"四字上形成突破，强化敢于创新的批判意识、勇于创新的冒险精神、善于创新的主导观念、能于创新的文化模式。要鼓励冒尖，宽容失败，在思想认识上形成自觉创新、主动创新的主导精神和思维模式，放手激发全社会的创新活力，让一切劳动、知识、技术、管理和资本的活力竞相迸发，使一切创造社会财富的源泉充分涌流。

强化人本意识。形成全面创新的理念，必须强化"以人为本"的意识，把这一理念贯穿到建设"创新型城市"的全过程中。这就要尊重人民群众的首创精神，尊重人民群众的主体地位，充分调动和保护人民群众各类创新的积极性和主动性。这就要树立"创新为了人民、创新依靠人民、创新成果由人民共享"的观念，努力营造让人民群众满意的工作、学习和生活环境，努力营造公平正义、和谐稳定的社会氛围，努力营造"活跃思想、便于交流、启发灵感"的创新环境，以全面推进理论、制度、科技、文化、管理和其他各方面的创新。

强化生态意识。形成全面创新的理念，必须强化生态文明的意识。以追求经济利益最大化为唯一价值取向的传统创新观，与经济社会的可持续发展是格格不入的。因此，加快建设"创新型城市"，必须牢固树立以人与自然平等、和谐、互惠互利为基础的生态文明观念。要在创新过程中，全面地、科学地认识和处理人与自然的关系，培养生态文明的意识，包括生态忧患意识、生态责任意识和生态道德与法律意识，使以科学的态度善待自然成为人们从事各类创新活动的一种道德自觉。

3. 聚焦更广泛的创新资源

加快建设科创型湾区，必须按照"重要载体、强大引擎、服务平台、前沿阵地"的要求，进一步发挥杭州、宁波两大科创城市的标兵引领作用，发挥嘉兴、绍兴等高新区、科技园和开发区等的示范带动作用，在集聚城市创新资源、构筑城市创新平台上实现新的突破，提升杭州湾整体创新能力。要充分释放科教、人才、产业基础的优势和活力，实现各类创新资源的有效融合与利用。

以开放集聚创新资源。开放式的全球合作是打造世界级湾区的关键。扩大开放是集聚创新资源、增强城市创新能力的重要途径。杭州未来科技城、嘉兴科技城东部新城紧紧围绕新技术、新产业、新模式，全力吸纳创新要素资源。嘉兴积极创新网络节点，为高能级创新策源载体、高科技产业特色小镇、产业创新服务综合体、高科技产业合作园区，打造多层次科创载体富集、多类型科创要素集聚、多维度科创主体充分流动的创新网络，发挥创新载体对创新资源集聚与协同联动的作用，加快创新主体的培育。

以协同集聚创新资源。城市创新活动往往是多元主体进行社会性协作的过程，其中某一行为主体（个人、企业或政府）不到位或者脱节，都可能直接影响创新的进程。因此，杭州加快推进"创新型城市"的建设，必须根据不同创新主体的特点，通过多种形式的优势互补，形成创新合力。具体而言，就是要在创新进程中实现"四力合一"，即充分发挥政府主导力、企业主体力、市场配置力和非政府组织的推动力，从而集聚创新资源，汇聚创新队伍。

以整合集聚创新资源。科创型湾区的建设不仅有赖于多元创新主体形成合力，而且有赖于他们各自所掌握资源和要素的整合。要根据各自的创新优势和行业特色，整合产学研的创新资源；要进一步发挥高等院校、科研机构在创新中的骨干作用，整合省、部属单位和市、区县（市）属单位的创新资源；要探索取长补短的有效形式，整合国有、民营、外资企业的创新资源；要充分利用军工企业的优势，整合军品、民品生产单位的创新资源等。

4. 激发创新主体形成更大的创新动力

加快建设科创型湾区，必须进一步激活创新主体动力。创新动力不足，会导致创新投入不足；创新投入不足，会导致创新能力不强；创新能力不强，又会增大创新风险，从而形成一种恶性循环。加快激发市场主体创新活力，需要完善科技与金融结合服务体系。进一步推进完善服务创新型经济的创业投资引导基金体系，构建一个由"创业投资+蒲公英天使投资+硅谷天使投资"三个内外有机联系的风险投资引导基金体系。构建各地市与区（县、市）联动的政策性科技担保体系和服务企业的科技金融专营机构体系。打造一站式科技金融综合服务平台，完善创投服务中心功能，建成基于互联网的科技金融服务平台，实现科技型企业还贷周转硬平台和科技金融信息服务软平台互补。改善科技型中小企业融资条件，深化科技计划项目和资金管理体制改革，加大"后补助"及间接投入等方式的支持力度。

增强企业自觉。任何科技创新，如果不经过企业运作，是不可能转化为规模产业，不可能真正成为第一生产力，也不可能从知识、技术转变为物质财富的。因此，企业是否自觉成为创新的主体，往往成为整个城市创新过程的关键。而要使企业自觉成为创新的主体，需要通过多种渠道，让每个企业和企业家都清楚认识到，在科技日新月异、市场瞬息万变的当今世界，创新不是企业发展的权宜之计，而是企业发展的根本战略；唯有主动进行科技创新和管理创新，才可能赢得一定的竞争优势。需要通过多种安排，影响成本—收益的预期，使企业成为创新决策、开发、投入、受益和承担风险的重要主体。

改进政府作为。政府要避免在创新中的"越位、错位、缺位"，但也应该有所作为，特别是创新不仅仅限于技术层面，而且还包括制度和管理等多个方面。政府在加大对创新的直接投入方面，在制定

"保护和规范企业创新行为"的法规，在完善"鼓励和支持自主创新"的政策，在加强自主创新基础设施的建设，在营造有利于创新的环境、氛围和进行人才储备等方面，都是大有可为的。为此，杭州应充分利用"先行先试"的有利条件，进一步调动企业、高等院校和科研机构这些分工、目标不同的创新主体的积极性，实现各创新主体的紧密联系和有效互动，并通过产业政策引导他们加大对核心技术、"瓶颈技术"和共性技术的攻关研发力度。应充分利用"先行先试"的有利条件，更好地策划、建设和利用城市的创新服务平台，促进有利于创新的知识集聚、机会集聚和人才集聚。

5. 创新人才培养工程

坚持以创新人才为根本的核心战略，促进人力资本质量与技术进步、创新驱动取代廉价劳动力和要素规模驱动而成为经济的新引擎，实现从"汗水式增长"到"创新式增长"的转变。必须围绕新"八项任务"，围绕重点产业、重大平台、重大项目和重大工程，加快布局，实现创新型经济发展。创新人才是创新思想的重要来源，是创新活动成功的关键。应着力汇聚顶尖人才，加速培育青年人才，形成杭州创新人才的高地。这需要加大户籍、入学、房产与社保等制度改革，完善人才引进和使用的优惠政策，促进人才向重点支持的自主创新领域集聚，吸引顶尖人才把思想、成果留在杭州。需要加强"创新人才市场"建设，鼓励创新人才在企业、科研机构、高校以及各地区、部门之间自由流动，鼓励创新人才的柔性流动。需要扩大青年项目在科技计划项目中的经费比例，以"机会"培养人才；同时，强化以青年科研人员为主的交叉型、应用型多元化培训，更多地发现青年人才、培养青年人才、奖掖青年人才，更好地发挥青年人才的创造性。

大力引进和培育创新型企业和人才。创新型企业和人才是创新型产业集群的主体，培育创新型企业和人才是发展创新型产业集群的基础手段。要通过政策引导等多种手段，大力引进、培育创新型企业，如从国内外引进创新型企业特别是"种子型"创新型企业，融入各地的产业集群；鼓励发展重点企业的配套企业，对其提供必要的政策扶持；鼓励各地培育本地创新型"种子企业"；加强知识产权保护，提供信息、资金和技术等服务，降低企业创新成本；鼓励创新型企业之间开展技术合作和培训交流。建立吸纳创新型企业家队伍的制度和机制，努力创造使优秀创新型企业家人尽其才的优良环境。要有计划地推进区域教育体系建设，为创新型产业集群提供源源不断的人才支持。积极实施人才战略，建立良性的引才、育才、用才机制。

加强政策激励。需要以需求为导向、以政策为手段，坚持"内重培养、外重引进"平衡战略，把"创新人才"培养放在首要位置，将各项重大设想落到实处，尤其是需要建立有利于激励自主创新的人才评价和奖励制度，改革不利于创新的考核办法，完善技术要素参与分配制度。"内重培养"，即要加快创新型拔尖人才、科技管理人才等培养，培养和优先提拔具有创新意识的政府领导，加强全社会的创新管理，树立创新的榜样；开展创新型企业家或经营管理者的评选活动，激发企业管理者的创新热情。"外重引进"，即需要制定优惠政策吸引国内外的创新型人才集聚杭州从事创新建设等。放宽创新型人才入户政策、鼓励创新人才流动，并建立创新型人才带薪培训和学术休假制度。

加大教培力度。推进创新人才的培养，需要紧密结合市场需求、紧紧依托创新主体、紧密合作高校科研机构，实现从大学到企业、从学校到社会的完整创新人才成长链。创新是永恒的，创新人才培养也是无止境的，不仅基础教育中的创新思想与创新意识培育非常重要，创新人才的社会化教育与再培训也是"创新型城市"建设的永恒主题。创新人才的教育培训要始终围绕"教、学、用"三个关键环节，把创新意识贯穿到成长全过程。"教"需要奖励创新型教育工作者，通过他们培养更多的具有创新意识和理论知识的创新型学生；在杭城各高校设立有关创新的课程，支持出版创新教材；鼓励设立关系杭州未来重大产业方向的创新专业、创新项目课题、创新实验室、创新图书馆。"学"需要建立从中小学到高校、成人教育以及包括科普渠道、青少年科技活动等各类形式在内的全面覆盖体系，鼓励民办培训机构参与政府主导的技能人才培训。"用"就是通过开展各种创新竞赛活动，激发社会各阶层参与创新；支持企业建立技能人才培训制度，财政扶持企业推行创新人才实习制度。

加大财政支持力度，在全球范围内广泛吸引创新人才。创新型人才是发展创新型经济的强大动力。杭州在创新市场、创新金融、创新制度环境上更加完善，与北京、深圳的创新差距缩小了，那就要注重以我们当前的产业高地如互联网产业、影视文化产业以及健康产业等，积极吸引高端人才，以高端人才来建立产业高地。创新型经济的关键是吸引高端创新人才，重视高端人才及其研发团队的引进，为之提供创业、研发的基地和良好的生态环境。

三　打造科创平台：科创城市平台与园区平台

集聚合力积极打造具有国际影响力的战略发展平台。要坚持国家战略导向，以全球化眼光，高起点规划高标准建设，重点推进杭州宁波两大引领型创新城市建设，推进嘉兴、绍兴两大半导体新城建设和四大新区建设，在落实国家战略举措中打造若干有国际影响力的战略平台。

1. 科创城市平台的建立与完善

以杭州、宁波、绍兴和嘉兴为中心，建立、完善科创平台。创新的交流、孵化、共享与转化平台，是杭州建设"创新型城市"的重要支撑。应当按照"政府扶持平台，平台服务企业，企业自主创新"的思路，加快推进城市创新平台的建设。对于杭州湾区来说，发挥当前数字经济优势，要打造位居全球前列的互联网平台。互联网平台是一种开放、共享、共赢的平台，是创业创新的土壤和基地。"十三五"时期，浙江继续发展壮大现有的阿里巴巴等消费型互联网平台，鼓励其跨界扩张，提升其全球影响力。同时，应当以政策与环境为抓手，以传统行业转型升级为契机，积极鼓励和培育一些在规模与行业上具有代表性的互联网平台，助推创业创新。

打造创新思想与交流平台。国际经验表明，宽松、自由的思想交流平台是孕育创新的土壤和摇篮，许多创新思想就是在这样的平台上碰撞出来的。近年来，杭州以"环境与服务"的优势，积极吸引国内外学术人才，鼓励举办创业创新论坛等。这些交流平台的搭建，都有效活跃了创新思想。但从加快建设"创新型城市"的要求看，还应更多地建立一些定期或不定期交流创新思想的载体，尤其是要充分利用高校优势、学科优势和专家优势，进一步提升创新交流的层次、丰富创新交流的形式、扩大创新交流的领域、激发创新的灵感，形成创新的"燎原之火"。

建设创新研发与孵化平台。提升创新能力，建设孵化器和公共科技创新平台是一个关键的环节。嘉兴借助上海辐射，以构筑新型孵化模式为核心，以激发创新创业活力为主线，以集聚创新创业资源为途径，培育"专业化、全功能"的孵化机构，打造"双创"升级版，努力把嘉兴打造成为在长三角具有影响力的"科技企业孵化之城"。嘉兴秀洲区贯彻落实《秀洲区建设 2.0 版中心城区"科技企业孵化之城"行动计划》，积极打造科技企业孵化器和众创空间。创新研发与孵化平台应当"旧转新建、两头并进"。"旧"即推进现有各类园区、开发区的转型和创新，建立多层次、有特色的孵化器平台，"新"是积极抓好国家级产业基地和试点的建设，拓展产业基地的孵化功能，加大孵化器发展的规划引导和扶持力度。

建设创新技术与信息共享平台。可共享的城市创新信息平台，将使中小企业能更多地分享创新信息资源，并推进个体创新的应用性开发。这种共享平台的打造，应当"突出共享制度先行、统筹规划分步实施、市场导向优化配置、政府主导多方共建、激活存量调控增量"。特别是要积极鼓励和支持科技型中小企业，参与信息共享平台的建设，发挥信息共享平台的效用，促进创新技术的交流和科研成果的应用。要积极鼓励和支持科技中介服务机构和专业性行业协会，健全网上技术市场，完善技术转移机制，加强服务体系建设。

完善创新推广与基地建设平台。创新基地是一个多功能的重要平台，往往集研发、服务、推广、转化、产业化等于一体。杭州要加快建设"创新型城市"，应着力将临安青山湖"科技城"打造成全省创新基地的龙头。要通过转化一批国际领先的科技成果，培养和聚集一批优秀创新人才，做强、做大一批具有全球竞争力的国际化企业，培育一批国内、国际知名品牌，使之成为国内领先、世界一流的科技新城。滨江科技城、大江东新城、余杭创新基地等其他各类科技创新园区，也应进一步加强与名校大院的战略合作，进一步扩大创新成果的推广应用，进一步拓展创新基地的基本功能。

2. 科创园区平台的建立与完善

科创城市要发挥引领示范作用，强化创新载体的支撑作用。充分发挥各个城市科技园区在推进科技创新中的引领示范作用。继续推进高新区、科技经济功能区、特色工业区的二次创业，完善科技服务体系，增强技术创新能力。杭州积极建设城西科技创新区、下沙科技创新区、滨江科技创新区三大科技创新区，吸引跨国公司、国内大企业、大企业集团和国内外高等院校、研发机构来杭开展科技创新合作，大力提升创新能力，增强对全省尤其是杭州湾区产业带的科技创新服务能力。特别是杭州要加强杭州高新开发区（滨江）、国家知识产权示范园区、国家专利导航实验区、国家网络专业市场知识产权专项试点等国家级知识产权平台建设，提升自主创新示范区建设水平。杭州经济开发区、杭州之江文化创意园区已完成国家知识产权局的验收。杭州国家自主创新示范区，加快"一区两城三园"省级自主创新示范区建设，支持杭州高新开发区（滨江）创建国家网络信息技术与产业自主创新示范区。加快推进杭州物联网产业园（滨江）、国家电子信息（物联网）产业示范基地、国家软件产业基地、国家集成电路设计和产业化基地、互联网产业基地等建设。鼓励高新区与各区、县（市）共建合作园区，支持高新区按照"总部+基地"的模式开展战略合作，在各区、县（市）设立高新技术产业配套基地，实现体制机制、管理服务、项目人才、资金信息等互动互利。深化示范区企业与浙江大学、中国美院等的战略合作，探索推进"一区两城三园"与国内外大院名校协同创新的有效模式和长效机制，加快技术转移中心、工研院等公共技术创新平台建设。嘉兴科创核心区以嘉兴科技城（南湖高新技术产业园区）、嘉兴秀洲高新技术产业开发区、嘉兴高新技术产业园区三大科创平台为依托，打造嘉兴主城区的创新引领高地；"两翼"分别指"东翼"临沪产业创新带和"西翼"临杭产业创新带。临沪产业创新带依托嘉善科技新城、张江长三角科技城平湖园、海盐核电关联高新技术产业园、嘉兴港区杭州湾新经济园等科创平台，充分发挥临沪区位优势，突破行政区划限制，承接上海科技成果转化与产业化、中高端先进制造业协作转移，建设临沪产业协同创新发展带，引领带动浙沪融合发展；临杭产业创新带依托乌镇大道科创集聚区（一期）、海宁鹃湖国际科技城等重点科创平台，发挥"世界互联网大会"和浙江大学品牌与溢出效应，重点承接乌镇和浙江大学的财智溢出，承接杭州的数字经济、先进制造业、科教资源等产业资源溢出。

打造具有先行示范作用的新型众创平台。新常态需要新动力，推进创业创新与创客平台建设是一个关键。要着力推进杭州国家自主创新示范区建设，推进国家自主创新示范区"6+4"政策的先行先试，建设具有国际影响力的互联网创新创业中心；加快杭州青山湖科技城、未来科技城、宁波新材料科技城、嘉兴科技城、舟山海洋科技城等创新平台建设，并积极支持温州、金华等地谋划建设新的科技创新平台，积极推进有条件的高新园区向创新园区转型。在"十三五"时期集聚建设一批"众创"平台和电商平台，形成满足市场需求的比较优势和供给能力。要以"互联网+"推进信息经济、健康、节能环保、科技金融、高端装备等新兴产业布局，以新理念、新机制、新载体支撑"众创"平台及特色小镇建设，以创新引领创业、创业带动就业。

全面提升产业园区的创新。产业园区是科创企业成长的重要平台，产业园区是政府招商引资的重要平台，园区企业通常可以享受各种优惠政策及完善的配套服务，更易形成产业集群，吸引科创企业入驻。因此，产业园区是一个城市经济发展的引擎，也是各种科技创新的试验田，能够成为科创中心的"中心"。优化园区产业组织形态，打造数字安防、电子商务、网络设备与系统集成、文化创意产业等产业集群。完善园区公共技术平台运作机制，鼓励和支持企业承担各级各类科技计划项目、投资开放的公共技术平台和建设高水平的研发载体。建设全面的创业孵化机制，建立从创业项目植入到转化发展的全过程服务体系，安排专门区域，为高层次人才创业提供空间。以科技创新促进社会服务管理模式创新，推进智慧滨江建设，建立经济发展和扩大就业的联动机制，建设产城融合、宜居宜业的科技新城。完善杭州高新开发区"1+X"产业政策体系和政府产业引导基金运作体制机制。

构建创新链条。增强城市整体创新能力，不仅有赖于强化各个创新环节，而且有赖于形成完整的创新链条。企业、高校、科研院所、政府等在创新活动中有着不同的功能，承担着不同的角色，加上存在法规不健全、信息缺失、市场失灵等情况，往往容易造成创新链条脱节。这就需要畅通渠道，将企业创新、科技研发和市场需求结合起来，围绕重点行业和重点企业，形成高校科研创新研究与企业创新开发的互动；或以"标准"为纽带，形成紧密的中小企业创新联盟；或以企业创新开发为核心，形成高校科研与企业开发相结合的创新共同体；从而健全"高校科研—企业开发—创新产品"的完整链条。

整合提升各类创新平台资源。优化完善产业平台提质增效创新发展考核评价体系，建成一批创新平台示范区，实现产业平台发展由外在动力推动向内生动力激发的转变，做强、做大、做优、做精产业平台。支持杭州青山湖科技城、临江高新产业技术园、杭州经济技术开发区创建国家级高新区，支持未来科技城创建代表国内最高水平的海归人员创业基地和科技创新中心，支持大江东产业集聚区创新发展，支持萧山科技城建设成为国内一流的科技城。以加强与阿里巴巴协作为重点，推进西溪谷、云谷等创新平台建设。

四 构建若干条高水平科创走廊

"科创走廊"通过集聚创新要素、改革制度供给，形成科技创新要素高度集聚、高端人才资源集聚、新兴产业集聚，对创新发展发挥引领支撑作用。在美国，早在 20 世纪 70 年代，波士顿 128 号公路地区已经成为世界首屈一指的电子产品创新中心。这条公路上聚集了数以千计的研究机构和高科技企业，并与麻省理工学院、哈佛大学等大学相连。在上海，G60 高速公路松江段两侧布局"一廊九区"，这里有一条 40 公里长的沪西南科创示范走廊，集聚了 40 多家世界 500 强企业，15 个国家和省部级重点实验室、研究中心，以及 100 多个市区两级工程技术研究中心、企业技术中心。上海提出到 2020 年，初步建成具有全球影响力的科技创新中心；武汉以"中国光谷"为基地，倾力打造"自由创新区"；苏州以吴江为坐标，双创高地迅速崛起……在"前有标兵，后有追兵"的形势下，杭州作为浙江省打造创新战略平台条件最好的城市，急需一块能够整合优势资源、汇聚各方力量、形成抱团发展的区域，作为培育战略性新兴产业、驱动创新发展的主战场。

在粤港澳大湾区，2017 年 12 月 25 日发布的《广深科技创新走廊规划》（以下简称《规划》），对广深科技创新走廊的总定位是成为为全国实施创新驱动发展战略提供支撑的重要载体。从发展目标上看，广深科技创新走廊定位是建成具有全球竞争力的经济区，打造中国的"硅谷"，形成全国创新发展的重要增长极，2050 年成为国际一流的科技产业创新中心。根据《规划》，广深科创走廊主要依托深圳空港新城、深圳高新区、深圳坂雪岗科技城、深圳国际生物谷、东莞松山湖、东莞滨海湾新区和广州中新知识城、广州科学城、琶洲互联网创新集聚区、广州大学城及国际创新城等，瞄准新一轮科技革命和产业变革新趋势，深入实施重大科技专项，攻克一批关键核心技术，加快培育和发展新兴产业，打造若干具有全球影响力的万亿级产业集群，重点

聚焦新一代信息技术、生物医药、智能制造、新能源汽车四大万亿级
产业集群。

从杭州大湾区整体框架看，城市间科创走廊是 G60 科创走廊的重
要组成部分，包括上海—嘉兴—杭州走廊和杭州—绍兴—宁波—舟山
走廊。而涵盖了松江、嘉兴、杭州、金华、苏州、湖州、宣城、芜湖、
合肥 9 个地市的 G60 科创走廊及其沿线，是中国经济最具活力、城镇
化水平最高的一个区域。目前杭州湾主要科创走廊与新区如图 6-2
所示。

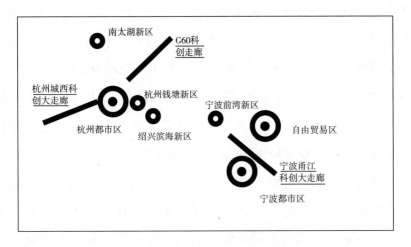

图 6-2　杭州湾主要科创走廊与新区

从城市内部看，杭州与宁波完全有条件、有必要打造以战略新兴
产业为主的科创走廊，目前已基本成型的有杭州城西科创大走廊、宁
波甬江科创大走廊和绍兴科创走廊。

杭州城西科创大走廊。2015 年 11 月 12 日，浙江省政府主要领导
在"十三五"规划座谈会时指出，规划建设杭州城西科创大走廊，是
"十三五"时期，浙江省既能干，又应该干的，而且能干成的一件大
事。2016 年，浙江省政府作出建设杭州城西科创大走廊的决定。以文

一（西）路为主轴，东起浙江大学紫金港校区，西至浙江农林大学，长约33公里，平均宽约6.8公里，规划总面积约224平方公里。杭州城西科创大走廊产业集聚区是全省15个省级产业集聚区之一，规划面积302平方公里，下辖浙江杭州未来科技城（海创园）、青山湖科技城、紫金港科技城。杭州城西科创大走廊产业集聚区，立足大平台、大项目、大发展，发挥"创新+人才+服务"优势，集聚科技创新要素，培育创新创业人才，优化服务环境，加快推进高新技术研发、高科技成果转化和高新技术企业孵化，积极打造"国家自主创新示范区和世界一流、国内领先的科技创新园区"。目前，浙江形成以阿里系为代表，包括海归系、浙大系和浙商系在内的"新四军"，聚焦阿里巴巴、阿里云、北斗导航、数梦工厂以及众多的独角兽企业，成为目前国内"互联网+""人工智能+"的产业最前沿，是抢占世界科技、产业制高点的主阵地。对关系国家和产业发展最为重要的芯片制造、导航系统、无人驾驶等研发项目都有广泛布局。

宁波甬江科创大走廊。宁波甬江科创大走廊是浙江省重点打造的"三大科创大走廊"之一，甬江科创大走廊规划面积136平方公里，以打造长三角地区具有全球影响力的引领性科创策源地为战略目标，重点建设全球新材料创新中心、全国智能经济发展高地、创业创新创造生态最优区等"三大战略高地"。目前已集聚了诺丁汉大学卓越灯塔计划（宁波）创新研究院、天津大学浙江研究院等17家高能级科研院所，累计引进企业2275家。

绍兴科创走廊。绍兴是杭州湾南翼，融杭连甬接沪的枢纽城市，也是G60沪昆高速沿线的重要节点城市。绍兴科创大走廊规划核心面积约为68平方公里，按照"一县一平台"的思路，串珠成链，连片成廊，构建"一个核心、七大平台、十大标志性工程，百项千亿重点项目"的创新格局，着力打造长三角重大科技成果转化承载区、浙江省科技经济联动示范区、杭州湾智能制造创新发展先行区。绍兴科创大走廊创新资源丰富，集聚了绍兴高新区、柯桥高新区、滨海现代医药高新区等产业平台，集聚10余所本科、8所大专院校，拥有特色小镇8个，高校研究所15所，创新驱动发展势头强劲。绍兴对接G60科创走廊将有利于促进长三角地区实现互利共赢，从而推动产业链、创新链和价值链的一体化布局，更好地服务于长三角一体化发展的国家战略。

嘉兴科创走廊。贯穿嘉兴全境的G60科创走廊像一条纽带，紧密连接沪杭两大科创高地。作为全国双创示范基地、省四大科创平台之一，嘉兴科技城牢牢把握国家战略重大机遇，围绕科技创新、人才创新、产业创新三条主线，积极抢占长三角创新发展制高点，逐步汇聚领跑新时代的首创动能。2019年嘉兴出台《嘉兴G60科创走廊建设规划》，G60科创走廊的总体定位是立足世界高度、未来眼光、现代化标准，充分用好三省一市优势资源和区域一体化机制支撑，加快功能塑造，创新发展模式，着力打造"一城两带"，让嘉兴成为具有广泛影响力的创新活力新城，为新时代中国特色社会主义建设实现充分发展、平衡发展和高质量发展探索新模式、创造新范式。

五 加强科创产业的谋划与培育

创新产业引领工程。加快建设"创新型城市"，必须以创新引领产业的调整与升级，形成以高加工化、高技术化、高集约化、高服务化和高附加价值化为特征的新产业体系，为杭州参与全球高端竞争提供牢固的基础。

1. 培育一批自主创新品牌

培育自主创新品牌是建设创新型湾区的必由之路，杭州与宁波已经在互联网领域、半导体材料领域和电子信息等领域，形成一批具有国际或国内影响力的创新品牌，但嘉兴、湖州和绍兴目前具有国际竞争力的自主创新品牌还太少，且主要集中在传统行业的化纤纺织或材料领域，这些品牌优势与杭州湾区在国际上的形象与地位还不相称。因此，今后必须加大自主创新品牌的培育力度。要将培育自主创新品牌作为湾区内部各个城市建设创新型城市和创新型园区的核心工作予以重视和强调。通过培育品牌来推进产业结构转型升级；制定品牌战略和品牌发展规划；重点培育创新品牌产业，提高优势产业国际竞争力，真正实现从成本领先、竞争力领先向品牌引领转变。要大力培育地方特色的区域品牌，推进"一区（高新区或开发区）多品"或"一业（产业或企业）多品"；努力培育品牌企业，使之尽快成为占领国际市场的跨国公司；着力培育品牌产品，提高产品技术含量和附加值。要完善保护品牌的法律法规，加强对各种品牌的注册、维护和保护工作；充分利用国际法，保护国际品牌；加强政策扶持，鼓励企业创新品牌等。

2. 整合一批创新型中小企业

积极整合创新型产业集群的各类资源，以解决中小企业共性技术需求为主要目的，按照公益服务与有偿服务相结合的原则，为中小企业提供研发、检测、试验等公共技术支持与服务，构建一批具有杭州湾区现有产业优势和规划前景的软件信息、生物医药、电子商务等创新型中小企业基地，并积极构建中小企业服务体系，大力推进基地建设、不断增强创新基地活力、积极推动创新中小企业上市。主要措施是，通过积极优选整合有关中介机构，成立中小企业服务中心，面向杭州中小企业逐步构建信息导航、融资担保、创业辅导、教育培训、管理咨询、法律援助、技术创新、行业协会等服务体系；各区、县

（市）和重点园区也要建立专门的中小企业服务组织，为本区域中小企业提供公益性、非营利性服务；尤其是各基地要努力为创新企业提供服务，有条件的要引入第三方的专业服务机构，并整合有关中介组织，提供开放式政务服务和创新辅导专业服务。

3. 形成一批创新型产业集群

发展创新型产业集群，可促进区域内研究机构的产业化和市场化，将区域各种创新主体和要素整合起来，有力地支撑区域创新体系。杭州湾区内部开发区众多，虽然聚集一批具有较强竞争力的企业，但是并没有形成很好的创新企业集群。这需要从创新链角度，吸引创新型企业、创新人才，尤其是针对创新体系最薄弱的环节，吸引更多研究机构和研究性的公司、设计与咨询等生产性服务企业进驻。在具体措施上，要将培育创新型产业集群作为建设创新型城市、促进转型升级的重要途径，实施产业集群创新发展战略；建立有利于创新型产业集群成长的服务体系，发展风险投资，鼓励行业协会维护企业权益，鼓励高等院校和科研机构为集群内企业提供智力服务，在集群内建设一批技术创新服务中心；以孵化本土小企业为着力点，以重点园区或重点产业为依托，高标准建设中小企业创业基地。

由"制造中心"向"创新中心"转变，扩张高新产业。以创新引领产业发展，要更加重视引进先进技术体系，提高生产技术水平；更加重视对引进技术的消化吸收和再创新，形成具有自主知识产权的新技术体系；更加重视对基础研究的支持，为原始创新提供更多的知识供给。创新产业的选择，要立足杭州、宁波等城市及其园区的产业基础、创新优势和市场前景，依靠科技进步和全面创新，加快发展信息、新型医药、新能源、新材料、新光源、节能环保、涉海产业、物联网产业等高新技术产业和战略性新兴产业。其中，信息、新型医药、新能源、新材料等高新技术产业，应成为杭州的比较优势和竞争优势。创新产业发展的目标，在于推动杭州湾区真正实现由"制造中心"向"创新中心"转变，实现两者的融合与互动。

由"主导中端"向"主导两端"转变，提升传统产业。以创新引领产业发展，要加快传统产业的转型升级，实现由"主导中端"向"主导两端"的转变。实际上，杭州制造业下一步面临的选择，是沿袭产值型、速度型和数量型的粗放发展路子，还是转向效益型、结构型和质量型的集约增长方式。主动由生产环节的"中端"向设计、研发和品牌、营销的"两端"延伸，主动由数量价格的低水平竞争向质量品牌的高层次竞争转变，主动由粗放型向集约型的增长方式转变，提高自主创新能力、劳动生产率和资源转换率，这是杭州传统产业改造提升、转型升级的必由之路。

4. 逐步完善创新结构

提升创新能力，需要逐步完善"金字塔"型的城市创新结构，即全面加强原始创新（塔尖）、集成创新（塔身）和引进消化吸收再创新（塔基）。加强"塔尖"，就要充分利用在杭科研院所和各类重点实验室的技术和人才优势，充分发挥其在基础研究和高科技研究方面的重要作用。加强"塔身"，就要使全市的骨干龙头企业和优势产业，明确创新的重点和方向，集中资源在集成创新方面取得突破；特别是要选择重大装备制造、物联网、电子商务等具有较强技术关联性和产业带动性的战略项目，通过促进技术融合，实现关键技术的突破和集成创新，形成具有自主知识产权的产品，培育拥有核心技术的产业，成为具有国际竞争力的企业。加强"塔基"，则要广泛动员建设"创新型城市"的各种力量，发挥包括小发明、小革新、小创造等在内的全社会的创新能力，形成全民创新的发展局面。

优化创新空间布局。空间布局原则上应与城市总体空间布局相协调，符合城市总体规划要求。采取集中和分散相结合的方式，满足不同类型项目的需求。规划建设优质高等教育资源集聚区，鼓励共享教育公共设施、科研设施和生活服务配套设施。同时，要加强闲置或低效空间用地等存量土地的改造利用。发挥资源集聚的放大效应和辐射效应，提升城市能级，促进城市发展。在杭州城西科创大走廊，大江东产业集聚区，钱江两岸的之江、双浦、转塘、湘湖、白马湖周边地带，富阳银湖高教片区进行重点布局。各区、县（市）结合城市规划和产业平台进行合理布局。

六 完善科创湾区的环境与制度支撑

高标准地谋划创新型增长，必须营造良好的创新环境。近年来浙江各地紧紧围绕"八八战略"，立足实践，注重发挥优势，注重开拓创新。紧紧扭住创新发展这一关键词，坚持以"腾笼换鸟"、"五水共治"、"三改一拆"、"四换三名"和"最多跑一次改革"等为主要内容的转型升级组合拳，以加快创新来转换增长动力，根本改变增长过多依赖物质资源投入、过多依赖低成本劳动力、过多依赖环境消耗的格局，根本改变产业层次低、创新能力不强的格局，加快形成以创新为主要引领和支撑的经济体系和发展方式。加快完善创新环境，要充分发挥浙江省民间资本充裕的优势。浙江民间资本目前以 PE（私募股权投资）为主，应引导和扶持它们更多地转向 VC 与 PE（天使—风投），形成更多的新增长点，构建完整的创新生态体系。必须进一步优化创新环境，切实把政策激励和发展平台的建设放到更加突出的位置上，既增强创业动力又释放创新活力，促成全省经济增长动力的转换。

1. 完善自主创新机制

率先成为创新型省份，要尽快实现从要素驱动、投资驱动转向创新驱动，以提高创新能力、增创新优势，努力把浙江建设成为创新型经济发展高地和自主创新先行区。坚持走以应用开发为特点的自主创新道路，增强科技研发活力，加快建成科技成果转化便捷、科技服务体系完善、科技创新人才集聚的创新型省份。近年来浙江在自主创新与互联网创新上已形成一定特色和优势，必须坚持把增强自主创新能力作为战略基点，把科技体制改革作为突破口，把以人才为本作为基本理念，把促进科技成果转化作为主攻方向，把开放合作作为重要路径，并以突破一批支撑战略性新兴产业的关键共性技术作为创新发展的优先任务。要坚持推进"四换三名"，重点推进基于互联网应用的产业转型与创新发展，重点推进基于互联网应用的城市转型与智能发展，重点推进基于互联网应用的社会转型与智能服务。在主要传统行业与领域，形成一批能引领技术创新、管理创新、商业模式创新和协同制造方式创新的示范型企业，在科技进步和创新驱动方面走在全国前列。

2. 完善创新链条体制机制

作为创新型领先城市，杭州、宁波需要率先探索和健全相关的体制机制，如开放型创新体系的管理体制，创新人才的管理体制，知识产权的管理体制，创新资源的配置机制，产学研的结合机制，市、区（县）的创新联动机制，科技成果的转化机制，创新活动的投融资机制等。要尽快建立一套科学合理、覆盖全面的评价考核指标体系，强化创新的激励和约束机制。需要大力发展以项目为纽带、以首席专家为龙头、以有效协作为基本组织形式的"研究团队"，淡化行政化管理，激发创新的潜能。改善创新环境的关键，仍在政府部门及其提供的服务。要强化政府服务意识，改进政府服务方式，提高政府管理水平和办事效率，营造鼓励创新、支持创新的发展氛围，扩大人才、技术等创新资源的社会供给。需要卓有成效地开展各种创新服务主题活动，建立推动创新的长效机制；同时，规范市场秩序，加强监督管理，健全相关的法律法规和政策体系，为创新型城市的建设营造良好的发展环境。优化创新环境，还要大力保护创新产权。城市创新能力的提升，很大程度上取决于知识产权的保护。只有遏制或摆脱了仿冒侵权问题的困扰，自主创新体系才能有一个稳固的基础，"创新型城市"的建设也才能有一个强大的支撑。加强知识产权的保护，关键在于强化"专利"与"标准化"。当务之急是要制定和实施知识产权战略，特别是在服务外包和动漫、设计、咨询等文化创意产业中，积极支持企业做好专利申请、品牌创建、知识产权保护和"标准化"建设工作。要支持杭州湾地区优势龙头企业、科研中介机构自主制定或参与制定技术标准，鼓励和推动这些技术标准成为国家标准或国际标准。

3. 健全科技成果转化与人才培养机制

建立杭州湾一体化的科技创新综合服务平台。发挥互联网优势，推行杭州湾六市联动的网络化管理和服务，对产业创新重点扶持项目进行联审，为科技成果研发、筛选、评价、信息发布、产业项目立项、投融资和资源配置提供一条龙服务。建立科技成果产业化数据库，对入库项目进行遴选并定期发布，指导各区、县（市）园区和产业集群推进科技成果产业化。同时，要大力增强创新平台专业化服务能力。以杭州与宁波高水平平台，辐射带动嘉兴、湖州、绍兴和舟山的企业孵化器、大学科技园、中试基地、大学生创业基地、留学人员创业园提升技术转移、专业咨询、投融资和市场推广等专业服务能力，吸引社会资本，促进企业孵化培育和科技成果产业化。此外，要重点扶持"能力型孵化"。近年来，杭州湾地区各类资本集聚，参与创新创业积极性不断提高，市场主导能力型孵化迅速成长。要优化完善支持政策，调整以往认定标准，弱化面积要求、资金要求，强化服务能力要求；调整对孵化器的税收优惠，从现有的租金减免逐步转变为孵化服务收入的所得税减免；发挥大企业资金优势、产业优势和创业经验，培育一批聚焦不同行业、不同技术领域的能力型孵化器。

4. 加强创新文化建设，建立、完善创新激励与试错包容机制

文化力是科创型湾区建设的重要推动力。增强文化力要培育创新文化、弘扬创新文化、发展创新文化，从而形成"敢于创新、勇于竞争和宽容失败"的创新氛围，促进全社会创新意识的强化、创新知识的学习和创新水平的提升。培育创新文化要以科学发展观为指导，要"敢为人先、敢冒风险、敢争一流、宽容失败"，尊重知识、尊重科学、崇尚创新、支持创业。要"大气开放、多元融合"，只有开放创新、多元融合的文化，才有不竭的创新力和永恒的生命力。可以考虑每年举办大湾区企业家论坛。企业和企业家是开启未来的主力军，企业家的冒险精神、创新精神，一定要大大弘扬。要以"学习型社会"为依托，弘扬创新文化。要在全社会宣传和推广"终身学习"的理念，广泛传播各种科学文化知识，为提高和创新打下广泛的群众基础。政府应通过相关政策鼓励知识普及，帮助广大群众参与各种形式的学习活动，并积极引导和支持社会开展各种创新性活动。要加强对先进人物的学习宣传，并使创新先进典型能够覆盖各领域、各层次和各年龄阶段，营造"创业、创新、创造"和不断开拓进取的社会环境。要充分发挥大学作为创新文化培育载体的功能，通过大学、社会的互动，大力弘扬创新文化。要以"事业"为激励，发展创新文化。创新文化

孕育创新事业，创新事业激励创新文化。要通过创先争优活动，不断解放思想、破除传统观念。要通过创业创新论坛等，强化创新创业意识，使更多的人敢于创新、勇于创新、乐于创新。要以"事业"为激励，进一步发展创新文化。特别是要保护企业或个人由自主创新获得的应有利益，保护企业或个人由知识产权与技术股份获得的应有地位，保护国有企业领导和员工因创新获晋升任用的应有权利，保护民营企业创新开发与产品推广的应有激励，以创新事业推动创新文化的发展。

第七章
打造智慧大湾区的战略思路与路径

2008 年 11 月，IBM 提出"智慧地球"概念，2009 年 8 月发布《智慧地球赢在中国》计划书。自 2009 年以来，美国、欧盟、日本和韩国等纷纷推出物联网、云计算、区块链相关发展战略。我国 2012 年启动智慧城市较大规模试点，2014 年将智慧城市上升为国家战略，2016 年年底确定新型智慧城市的发展方向，将建设新型智慧城市确认为国家工程。根据 IBM"智慧地球"理念，智慧建设主要包括三个层面：更透彻地感知世界并将各种感应科技嵌入汽车、家电、公路、水利、电力等设施以推进物质世界数据化；更全面地互联互通，实现"物联网"与"互联网"融合；更深入地智能化，通过云计算、超级计算机和区块链等先进技术对感知的海量数据进行分析处理，以便做出正确的行动决策。由此可见，智慧建设不仅要以智慧经济和智慧产业为主体，更需要智慧要素、智慧环境和广泛的智慧应用。

杭州大湾区是长三角一体化高度发展的产物，推进智慧湾区建设更为必要。当前，杭州大湾区在产业发展、国际化程度、城市管理水平、居住质量、湾区内城市的联动、湾区统一协调和规划能力方面都存在不足。急需利用现代信息技术，以更加智能、快捷、方便的方式，整合湾区内城市资源，协同发展，构建高效一体的智慧湾区。建设智慧湾区是杭州大湾区建设的重要内容，以信息技术突破行政区隔，是实现信息流的互通互享，实现湾区真正的一体化最重要的路径。近年来，杭州大湾区内部各城市抓住智慧建设的良机，在产业建设与城市建设上成效明显。内部信息产业发展也非常好，产业水平、产业质量都很高，在全国处于领先地位。湾区内部信息化建设对信息产业发展也形成重要支撑和支持。

一　智慧湾区建设面临的约束与难题

目前，国内一线城市的智能城市发展水平已经大幅度领先于其他城市，特别是在创新水平上，其他城市普遍在可持续的智能城市建设、智能城市应用领域表现出较多不足。在智慧城市的基础技术领域，由于杭州与宁波城市经济实力雄厚且产业链完善，技术水平整体高于很多城市。基础建设层面处于第一层次，但总体智慧城市建设位居第二梯队，与北上广深存在一些差距。智慧城市则更强调人的主体地位，更强调开放创新空间的塑造及市民参与、用户体验以及以人为本实现可持续创新。智慧城市作为未来城市的发展趋势，包括智慧经济、智慧交通、智慧商业、智慧服务、智慧健康和智慧教育等。智慧城市规模在最近几年均保持了30%以上的增长。智慧物流、智慧建筑、智慧政务领域占据了较大的市场份额，智慧医疗等其他领域则表现出了较强的发展潜力。根据德勤的研究报告，到2023年，智慧安防和智慧建筑、智慧政府建设的市场份额年均增长分别可达30.0%和19.1%、19.0%，远高于智慧教育、智慧交通和智慧医疗的 15.2%、14.7% 和 10.5%。①

在杭州湾"智慧大湾区"建设中，科技创新的力量、金融资本的助力、智慧空间的聚集、智慧产业的壮大、智慧通道的提升是最关键的五大抓手，同时也离不开良好的常态化合作机制及软硬件保障。然而，当前杭州大湾区整体发展思路与框架尚未有效形成，各城市在智慧创新高地、智慧物流大通道、智慧人才要素和智慧空间建设上，也都存在一定程度的雷同、不足与约束，急需整体、协调、全面推进。

湾区智慧系统框架体系有待进一步研究与搭建。智慧系统的层次性结构，要求覆盖从智慧要素、智慧生产、智慧流通、智慧消费，到智慧环境、智慧服务与智慧政策等各个流程领域，成为点（智慧要素）、线（智慧廊道）和面（智慧园区）高度融合的完整框架体系。但当前，杭州湾由于制度、体制、利益等多方面因素的影响，智慧要素资源的协同度不高、利用效率不够高，人才政策部分脱离实际需求。在高端智慧人才引进与布局上，空间分布不合理、人才政策与产业规划匹配性不强，智慧产业引进存在单兵突进和小而散现象。

智慧廊道的高速运转体系有待进一步建立与完善。智慧湾区建设不仅要着眼于空港与海港经济的合作与发展，还要着眼于智慧城市与智慧交通的建设。包括智慧城市（系统环境）和智慧交通、智慧物流集散通道等。立足于智慧城市的建设，立足于湾区内每个城市的智慧化水平程度。目前，内部各个城市都在逐步推进智慧化建设，都有较完善的智慧城市建设目标和规划，信息化基础建设也已经具备一定的基础条件，接下来就是实现城市信息共享、城市大数据分析、城市之间的信息流畅通，以及城市之间的民生、商事的电子化流通。

---

① 《德勤全球智慧城市 2.0 报告! 中国占了世界一半》，https://mp.weixin.qq.com/s/HRPSfa5J615beccHkm9gxg。

智慧园区、智慧产业和智慧政策格局有待进一步建立与优化。当前，在空间上主要形成以嘉兴海盐海宁滨湖、杭州钱塘新区、绍兴滨海和慈溪杭州湾等的产业集聚格局，但创新水平差异大，与智慧园区的目标相距甚远。从美国与日本看，湾区经济必然是金融湾区、科技湾区的有机结合，强大的创新动力和完善的生态支撑是非常重要的。打造杭州智慧大湾区，不仅要以上海为龙头，从浙江省角度看更要以杭州为中心，加快规划布局若干智慧园区与智慧产业，重点推进金融、科技、产业、交通与服务贸易深度融合。

大湾区整体发展思路与规划有待进一步加强。目前，湾区内部信息产业发展也非常好，产业水平、产业质量都很高，产业配套设施完善，是重要的支撑。智慧湾区建设将湾区统一规划，把湾区内各种城市功能和民生部门通过信息方式连接在一起，实现信息上的通畅。同时湾区内部城市之间实现数据共享、数据管理。"智慧湾区"未来的管理是基于湾区内部大数据分析的精准管理，打通数据和信息分享渠道，最大化实现管理效率，实现后发优势。互联网、云计算、物联网、大数据、人工智能都是信息化技术带动下的产业延伸。

湾区城市间协调有待进一步提升。杭州大湾区是长三角一体化高度发展的产物，但是在产业发展、国际化程度、城市管理水平、居住质量、湾区内城市的联动、湾区统一协调和规划能力方面都存在不足。亟须利用现代信息技术，以更加智能、快捷、方便的方式，整合湾区内城市资源，协同发展，构建高效一体的智慧湾区。建设智慧湾区是杭州大湾区建设的重要内容，是实现信息流的互通互享，通过信息技术突破行政区隔，实现湾区真正一体化的最重要路径。

"智慧湾区"建设需要进一步提升城市精细化管理水平与治理能力。建设"智慧湾区"，通过信息化技术实现湾区各城市之间的联接与共享，不仅仅是一个简单的技术问题，也不仅仅是一个简单的城市建设和管理问题，而是提高湾区便利程度、提高城市精细化管理水平和治理能力、提升湾区生活质量的重要手段。

二 智慧湾区建设的构想与目标体系

随着智慧建设认识逐渐升级，智慧城市的内涵与应用极大地得到拓展与提升，其中以智慧城市与智慧交通最为典型，特别是新型智慧城市建设在各地区广泛开展。因此，谋划智慧大湾区建设，关键在于重点推进行业间的多元融合，不能仅仅从单个行业或领域开展智慧建设，要有系统化观念，否则很容易重复建设、盲目建设。推进融合要求以技术为手段，加强金融、科技、产业、交通、服务贸易等多领域、多角度的一体化全面融合，特别是重点围绕空间载体与重点项目。

1. 智慧城市与智慧大脑

"智慧湾区"的建设首先立足于"智慧城市"的建设，立足于湾区内每个城市的智慧化水平。智慧城市就是运用信息和通信技术感测、分析、整合城市运行核心系统的各项关键信息，从而对包括民生、环保、公共安全、城市服务、工商业活动在内的各种需求做出智能响应，其实质是利用先进的信息技术，实现城市智慧式管理和运行，进而为城市中的人创造更美好的生活，促进城市的和谐、可持续成长。随着人类社会的不断发展，未来城市将承载越来越多的人口。目前，我国正处于城镇化加速发展的时期，部分地区"城市病"问题日益严峻。为解决城市发展难题，实现城市可持续发展，建设智慧城市已成为当今世界城市发展不可逆转的历史潮流。2003 年，宁波市镇海区和杭州市上城区，温州市、金华市、诸暨市就成为首批国家智慧城市建设试点城市。2013 年，杭州拱墅区、萧山区和宁波全市成为第二批试点城市。2013 年 5 月，浙江重点推进 20 个智慧城市建设示范试点项目，包括杭州智慧安监、宁波智慧健康、温州智慧旅游、绍兴智慧安居等。宁波智慧健康项目实现 12320 卫生服务热线、预约诊疗结算平台、智慧健康"一卡通"系统上线应用。智慧高速项目完成杭州绕城、沪杭甬、杭千、申嘉湖杭等重点路段示范建设，实现重要节日期间主线堵车不超过两小时，重大事故快速处理。

当前，浙江各类智慧应用特别是智慧城市、智慧园区、智慧产业以及智慧科技走廊（物流、通道）、智慧社区建设全面推进，在海关、金融、服务业、民生行业信息化应用也是走在前列。湾区内部各城市基本上都在全面推进或已完成智慧化建设。杭州与宁波都有很完善的智慧城市建设目标和规划。浙江省嘉兴市凭借新型智慧城市建设成果一举夺得三项大奖。近年来，嘉兴市着力将大数据、"互联网+"等应用于社会管理、公共服务等领域，深入推进"新型智慧城市标杆市"建设，形成了一批可感知、可运用、有亮点、有特色的建设成果。

杭州是首个提出并探索"城市大脑"的中国城市，依靠阿里巴巴、海康威视等企业产业优势，以"城市大脑"应用为突破口，在智慧零售、智能家居、智慧金融、智慧交通、智能制造、智慧城市等应用场景层面呈现聚集效应。浙江省 2017 年 7 月发布《浙江省加快集聚人工智能人才十二条政策》，提出用 5 年的时间，集聚 50 位国际顶尖的人工智能人才、500 位科技创业人才、1000 位高端研发人才、10000名工程技术人员和 10 万名技术人才。2017 年 12 月的《浙江省新一代人工智能发展规划》提出力争到 2022 年，培育 20 家在国内有影响力的人工智能领军企业，形成人工智能核心产业规模 500 亿元以上，带动相关产业规模 5000 亿元以上，为浙江人工智能产业领先全国打下基础。2019 年 1 月，《浙江省促进新一代人工智能发展行动计划

（2019—2022 年）》发布，提出以数字经济为引领，在人工智能设备制造、人工智能产品开发应用、人工智能系统服务等领域全面展开布局，推进人工智能与经济、社会、文化、生态等需求的融合，打造完整的人工智能产业链。

2. 高效的智慧交通战略

交通状况是城市发展的一个重要因素，是衡量城市居民生活、工作是否便利的指标和条件之一。较高的城市交通可达性影响着周边地区土地的利用与功能配置，对城市交通综合效益发挥至关重要的作用。现代城市交通不是传统的单一交通模式，而是一个有规则、多模式叠加、多模式相互支撑的复合服务网络。交通网络的建设应考虑所处城市的环境条件以及城市开发对不同交通模式的影响，并与城市的发展目标相结合，保证交通发展与城市发展相协调，实现可持续发展的目标。因此，未来交通网络的发展趋势是实现与城市功能的有机融合，形成交通网络与城市空间布局的有机互动。

3. 发达的智慧物流体系

发展现代物流能够促进大湾区内外物资的流动，优化区内资源配置，加速区内经济增长。当前，杭州大湾区宁波舟山港口吞吐量多年全球领先，杭州萧山机场吞吐量也很大，未来还会建设一些中小型通用机场，未来完善发达的机场群和港口群，将使空运及海运的货物处理量领先全国，也在全球领先。浙江在快递物流方面实力强劲，国际一流大型物流企业也纷纷进驻，大湾区将建设成为全球物资的集散中心及物流中心。面对日益增长的货运需求，大湾区在部分机场基础上合理规划布局和建设国际物流园区，发挥集疏货运的功能，带动区内相关经济产业发展。舟山江海联运服务中心建设进展迅速，浙江将重点建设国际一流的宁波—舟山江海联运综合枢纽港、国家港口一体化改革发展示范区等。目标是到 2022 年，宁波—舟山港江海联运量达到 4 亿吨，集装箱水水中转率在 25% 以上，形成近期 6000 万吨、远期一亿吨的油品储存能力和 1000 万吨液化天然气接收能力。义乌国际贸易综合改革试验区共谋划安排重大支撑性项目 12 个，总投资约 498 亿元，包括电子商务、智慧物流、交通网络提升和创业创新基地等。到 2022 年，义乌国际贸易综合改革试验区外贸进出口额达 3000 亿元，线上线下交易总额达 6000 亿元左右，义新欧班列往返 1000 列以上。

4. 一流的智慧园区建设

在智慧湾区建设四大抓手中，以"智慧园区"为核心的智慧空间建设是重要的平台与基础。当前，随着全球物联网、大数据、云计算、人工智能等新技术的迅速发展和深入应用，"智慧园区"建设也已成为重要趋势，全球产业园区逐渐向着智慧化、创新化、科技化迈进。而浙江省在智慧城市建设上已走在全国前列，在智慧园区建设上同样具有诸多优势，特别是在园区规模质量和产业基础上，发展前景十分看好。重点谋划建设四大智慧园区。"智慧湾区"建设必然伴随着以若干强大创新平台为依托的科技型智慧湾区为支撑。整体来看，浙江省可重点规划四大智慧园区：嘉兴滨海新区、杭州钱塘新区、绍兴滨海新城和宁波杭州湾新区（主要包括余姚慈溪区块）。加强这四大重点智慧园区的整合，聚焦智慧制造、5G 应用、半导体集成电路及物联网等高端智慧产业，打造面向智能应用的国家级智慧示范园区和国际半导体城，才能真正把智慧产业做大做强，使智慧园区处于国际领先地位。在这主要四大智慧园区外，还要着力加强海宁滨海新城等中小型智慧园区建设。

5. 现代化智慧产业体系

智慧经济最重要的基础还是在于智慧制造业。制造业是一个国家综合经济实力的反映，任何一个国家都要重视制造业的发展，城市的发展同样依赖制造业的发展。"中国制造2025"指导方针提出，要将我国制造业"由低成本竞争优势向质量效益竞争优势转变"。我国制造业由于受经济资源、生态资源、社会资源和人力资源等约束，传统竞争优势逐渐削弱。杭州具有人力资本优势、技术优势、资金优势，可以重点开展科技研发，打造"智慧科技园"，引领科技创新。大湾区内其他城市培育以装备制造业为主的先进制造业，以及以电子信息制造业、新材料制造业为主的高端制造产业。各城市应发挥各自的产业基础、资源禀赋和特色，培育利益共享的产业价值链，实现产业协同。

6. 聚焦智慧人才战略

未来城市的发展由科技创新引领，而人才正是创新的根基。创新是对新工艺、新技术等的推广应用，而这些需要高素质人才作为媒介进行，创新驱动实质上是人才驱动。当前现代产业结构正在转型升级，新经济、新商业模式层出不穷，呈现出强大的增长态势，对劳动力的素质要求相对以往大大提高，高学历、高收入、高技术等将成为一种趋势。可以用较少的时间学习更好的技术，研发更好的产品，掌握更好的管理方法，具有较高知识、技术和管理水平的高级劳动者，往往在同等条件与环境下创造出更多的社会价值，对社会做出较大贡献。因此，城市发展离不开人才，有什么样的人才，城市就有什么样的竞争力。应聚焦城市重点发展的产业特色和重点扶持的企业领域，根据产业及企业发展情况，紧扣产业链布局人才链，兼顾存量与增量。可以是创新团队、高层次人才、专业人才以及技能人才等各类人才，例如，有的城市重点发展生物医药、信息技术、工业智能化、新材料、新能源等行业及领域，相应地需要大量引进相关专业的高级人才，借助于人才储备结构的优化推动产业转型升级。2018 年政府工作报告中提出，鼓励海外留学人员回国创新创业，拓宽外国人才来华绿色通道。高学历型人才、具有国际视野的海外归国人才以及高技能型的技术人员将成为城市争夺的群体。十九大报告提出"人才是实现民族振兴、赢得国际竞争主动的战略资源"，习近平总书记在两会期间也强调"人才是第一资源，创新是第一动力"①，强起来要靠创新，创新要靠人才。

三 智慧湾区建设的思路与核心

推动杭州大湾区"智慧湾区"建设，必须全面提升智慧要素、智慧通道、智慧园区、智慧产业和科技金融等重要抓手。当前的关键在于亟须加强智慧园区的规划建设，增强智慧经济、智慧产业的支撑；亟须加强基础设施与智慧网络建设，增强智慧通道的高效支撑；亟须加强制度建设，增强智慧系统的体制机制支撑。为此，浙江省应重点加快推进若干智慧园区建设、谋划两大十万亿智慧产业体系；重点引进一大批高水平大学及研发机构落地四大重要智慧园区，如成立浙江省大湾区研究院（大学）等科研基地；重点研究智慧湾区发展思路、发展规划与体系框架，加快推进湾区智慧廊道和智慧空间建设；重点发展科技金融对接吸纳国际科研机构与尖端人才，发挥协同创新优势，加快打造杭州湾为世界级科技创新湾区。

1. 以信息数据流为核心中枢

建设"智慧湾区"，通过信息化技术实现湾区各城市之间的连接

---

① 《习近平总书记两会金句》，《人民日报》2018 年 3 月 20 日。

与共享，不仅是一个简单的技术问题，也不仅是一个简单的城市建设和管理问题，还是提高湾区便利程度、提升湾区生活质量的重要手段。这样的发展也是契合湾区内部目前发展状态和城市结构的。智慧湾区建设的重要内容就是将湾区统一规划，把湾区内各种城市功能和民生部门通过信息连接在一起，实现信息上的通畅。同时湾区内部城市之间实现数据共享、数据管理。"智慧湾区"未来的管理是基于湾区内部大数据分析的精准管理，这才可以最大化提高管理效率，发挥后发优势。同时只有数据和信息上的打通，才是湾区一体化的基本保障。目前，杭州大湾区的信息化基础建设已经非常充分，特别是在信息共建共享、大数据运用分析和城市间信息流通方面，城市间民生与电子化流通机制也比较完善。现代科技的发展就是以信息化技术为先导和基础的。

2. 以智慧园区与智慧产业为主线

智慧湾区建设关键在于重点推进"五大融合"，即金融、科技、产业、交通、服务贸易的融合。湾区经济是金融服务与科技创新深度融合发展的经济形态。过去几十年，美国、日本等国的湾区经济为本国科技发展提供了强大创新动力和完善的生态支撑。打造杭州大湾区，不仅仅要以上海为龙头，更要以杭州为中心，快速推进杭嘉湖绍甬舟一体化，推动杭州大湾区加快建设世界级城市群。智慧湾区建设要着眼于空港与海港经济的合作与发展，着眼于智慧城市与智慧交通的建设。首先，智慧湾区建设要立足于智慧城市的建设，立足于湾区内每个城市的智慧化水平。目前，内部各个城市都在逐步推进智慧化建设，都有完善的智慧城市建设目标和规划，信息化基础建设也已经具备一定的基础条件，接下来就是实现城市信息共享，城市大数据分析，城市之间的信息流畅通，以及城市之间的民生、商事的电子化流通。其次，智慧湾区建设需要良好的常态化合作机制以及硬件保障。构建一体化常态化的合作机制，需要切实在体制机制上有所突破与创新，特别是在共享平台上发挥共享原则，在政策与决策上发挥共事原则，不能因城市竞争而追求自身利益，损害湾区整体利益，削弱和降低湾区整体竞争优势与效率。智慧湾区的建设，需要湾区城市决策部门有大智慧的视野与意识，形成智慧合作机制，搭建智慧型合作框架，以智慧产业为引领，整合提升相关产业体系与保障支撑体系，优化完善智慧要素与信息等通道建设，进而形成国内外领先的智慧管理与治理模式。

3. 重点打造两大十万亿智慧产业体系

《浙江省数字大湾区建设行动方案》（以下简称《方案》）在培育数字经济核心产业集群方面作出规划，提出到 2022 年，培育 3 个世界级的产业集群。在推进传统制造业数字化转型方面，计划到 2022 年，浙江大湾区要实现重点传统制造业上云企业数量达 10 万家，培育服务型示范试点企业和个性化定制示范试点企业各 200 家。《方案》还提出，到 2022 年，要力争建成 100 家示范智能工厂和 25 个的示范试点数字化园区。让数字经济成为推动浙江大湾区产业转型与升级的重要驱动力。

对于杭州大湾区来说，要建设高水平对外开放平台，在更高起点、更高层次、更高目标上推进改革开放，就要积极打造智慧电子信息和智慧健康两大十万亿级产业集群（到 2030 年），这两大智慧产业集群既有广阔的市场前景和产业链带动，在浙江省也具有强大的产业支撑和关联基础，近年来高速增长势头不减，完全有实力实现高速发展。一是智慧电子信息大产业体系。围绕大数据云计算、人工智能与物联网为引领的电子信息制造、高端电子制造、精密制造和绿色制造，在湾区形成具有国际竞争力的先进电子信息制造业体系。智慧制造的产业布局，需要充分依托嘉兴滨海新区、钱塘新区、绍兴滨海新城和宁波的杭州湾新区，形成具有国际竞争力的电子信息等先进制造业集群。二是智慧健康产业体系。随着我国特别是长三角地区老龄化发展，需要大力发展智慧健康产业包括智慧健康基因研发制造，智慧医药制造以及智慧医疗，智慧旅游、休闲、度假和智慧养生服务等产业，大力提升现有产业基础，尤其以杭嘉绍甬舟等地的九大 5A 级景区为基础，吸引国际顶尖健康医疗养生机构和旅游企业，积极打造旅游休闲或健康综合体，加强三江两湖大健康产业带和杭州湾两岸健康休闲度假养生产业带布局建设，真正把杭州湾打造为国内外知名的、集聚高品质与强品牌的高端智慧健康福地。

四　推进智慧湾区建设的有效对策与举措

发挥协同创新优势，将杭州湾打造成为世界级科技创新湾区，成为创新要素高度聚集、科技产业高度发展、创新生态高度成熟，具有全球要素资源配置能力和影响力的世界级科技湾区。

在制度建设上，建立省级层面的"浙江杭州湾管委会"实行一体化规划与管理。省领导牵头整合杭嘉绍甬四个新城或新区，统一规划布局，统一产业分工与合作，其管委会拥有省级管理权限。整合杭州大江东新城、嘉兴滨海新区、绍兴滨海新城、宁波杭州湾新区，提高其管理机构的级别，并进行整体规划，使其对国内外高端智慧要素资源形成更大、更强的吸引力。

在要素资源方面，招商要招大招强，实施强企与品牌引领。着力吸引国际科技组织在四大智慧园区建立总部或分部，建设国际科技大项目合作基地，加快集聚全球创新能量。借鉴武汉、合肥与成都的经验，引进三星、台积电和京东方等龙头企业集聚上下游千亿投资，重点在杭州、宁波、绍兴以及嘉兴布局半导体城。坚持不懈引进高端智慧人才，建设全球创新人才"栖息地"。整合区内人才政策，制定湾区人才培养引进整体方案及中长期行动计划，联合知名企业设立国际人才招募基金。鼓励嘉兴、绍兴和宁波高校与国际知名高校联合办学，打造高科技创新湾区高校群。

在通道规划建设上，高质量推进"嘉兴—杭州—绍兴—宁波"的科技走廊建设，形成创新资源集聚和科技创新合作的示范基地。重点智慧制造和品牌制造的落地集聚，可以推动嘉兴与慈溪等洼地的产业提升，增强承接力。慈溪重点布局湾区总部经济。加快研究湾区内城市间蛛网状智慧交通。积极建设 V 型智慧海湾大通道、骑行通道和环湾游步道。建议近期规划建设金山—慈溪高速，远期规划金山—宁波—舟山通道。杭绍甬复线已规划智慧高速，建议提升沪杭第二高速为智慧高速公路。加快规划湾区南岸与北岸风光带与休闲长廊建设，包括滨海智慧大通道和智慧休闲大通道。

在创新引领方面，加快智慧高地建设，集聚创新资源。强化创新平台建设，推动一批产业技术创新平台、企业技术创新中心和科技研究机构在大湾区落地扎根，重点引进一批高水平大学及研发机构。加大力度支持建设浙江省大湾区大学、嘉兴科技大学，中国科学院大学宁波校区、中国科技大学慈溪校区，打造一批具有创新特质的示范区和试验区。建立科技湾区常态化合作机制。以浙大、阿里和之江实验室及尖端科研机构落地为龙头，以全球视野谋划创新，构建政策组合体系，主动融入全球创新网络，加快建造开放、协同、覆盖全过程的创新生态，推动技术、产业、金融、管理和商业模式等融合创新，为打造科技型智慧湾区发展提供强有力的政策支撑。

在配套支撑上，为智慧园区和智慧产业发展建立强有力的激励约束机制。立足于智慧园区建设，从招商投入到产出，改革现有的评价考核体系，建立有助于推动智慧园区和智慧产业发展的标准体系、指标体系、统计体系和评价体系，特别是要从智慧要素引入、创新投入、产业链带动规模以及智慧产出等方面进行考量，加大财政、金融、区域、土地等政策向智慧园区的倾斜力度，真正吸纳高端智慧产业的入驻。

第八章
金融大湾区建设的战略目标与重点

上海作为我国乃至全球重要的国际金融中心，已经成为全国最大的证券交易集聚中心，未来有望位居全球前三。以杭州互联网金融和金融科技为特色的杭州湾金融渐成特色和优势。2019 年发布的《浙江省数字大湾区建设行动方案》指出，要打造全球知名的新兴金融科技中心，包括温州综合金改等金融创新试验区建设持续推进，基本建成之江文化产业带，钱塘江金融港湾初具规模，集聚一批创业、产业投资机构，创建杭州国家创投综合改革试验区等。打造实力湾区离不开资本，资本催化湾区经济。

一 杭州金融大湾区的战略定位与目标

努力建设一个与强大经济规模匹配的资本市场，是浙江发展的重要保障，也是打造世界级杭州大湾区的重要基础。浙江乃至杭州湾的快速发展历史表明，资本市场是经济运行的晴雨表，经济的崛起离不开强大的资本市场。从战略定位看，杭州大湾区的战略聚焦于国际金融大湾区下的各种特色金融优势，包括杭州金融科技、互联网金融，以及宁波等城市的区域科技金融、离岸金融中心建设等。

1. 国际领先的金融科技高地

目前，杭州湾地区金融科技与科技金融发展基础优势明显，城市金融形成特色。杭州地处长三角经济带，经济条件优越，对外来人口吸引力强；靠近沿海地区，轻工业和现代服务业起步早、发展快，尤其是纺织工业、电子商务、互联网金融等产业优势凸显。作为互联网金融之都，杭州已成为全球最大的移动支付之城之一，金融科技领跑全国。根据2019年浙江大学互联网金融研究院司南研究室、浙江互联网金融联合会共同发布的全球金融科技中心指数，杭州已与北京、旧金山、上海、伦敦、纽约、深圳一同排名前列，成为全球金融科技第一梯队城市。独角兽蚂蚁集团最初从支付宝起步，依靠移动互联网、大数据、云计算等内容，搭建起信用体系和金融服务平台，从而为全球消费者和小微企业提供普惠金融服务。在空间上，杭州钱江新城成为高端集聚地，2019年6月27日，杭州金融城在钱江新城正式启动，杭州金融科技中心揭牌。杭州金融城以钱江新城核心区、江河汇区域、钱江新城二期部分区域为重点，是以三官塘路、之江路、清江路、秋涛路、凤起东路、塘工局路和艮山东路为界的围合区域，面积约17平方公里，呈现出"一城三区五平台"空间格局。杭州金融城规划5年建设成为国内领先、具有国际影响力的金融科技产业集聚区，长三角一体化金融科技应用示范区，G60科创走廊重要产业板块，全省金融科技先行区和杭州国际金融科技中心主平台。

2. 创新资本高度融合的产业金融先行区、示范区

活跃创新资本，推进科技与金融结合形成有效的创新资本，是加快建设创新型湾区的重要保障。这就需要确保财政对科技投入的稳步增长，发挥政府采购对创新的积极作用，加大政府创新投入对社会多

元化投入的带动力度。近年来，杭州湾地区各级政府部门积极改革，构建通过知识产权质押贷款、科技保险、专业孵化器、政策性贷款和网络化的金融服务体系，提高投融资为创新服务的能力。加速"区域性金融中心"的建设，广泛利用"浙商"力量并吸收民间资金，为创业创新发展提供了强大的金融支持。多年来，各类形式的民间借贷与担保对经济贡献明显，蚂蚁集团等的企业出现，加快推进了创业创新进程。在国有金融层面，2009 年杭州银行成立浙江省首家科技支行，2011 年开始在重点地区进行科技金融服务的推广；2013 年成立全国首家文创支行；2015 年科技文创金融专营和特色机构达到 16 家。2016 年，杭州银行成立国内首个科技文创金融事业部。文创金融模式降低了文创中小微企业融资的准入门槛，优化了文创金融产业的投融资环境，并形成一条独具杭州特色的文创金融服务链。2015 年起，杭州迈入万亿 GDP 城市行列，其中文创金融产业产值占杭州 GDP 的比重超过 20%，成为经济发展新动能。加之杭州拥有动漫、游戏、影视、艺术、旅游等城市基因，文创金融产业发展的新热潮正蓄势待发，对杭州成功打造区域金融中心至关重要。根据数据宝和中国基金报联合发布的《2019 年中国城市上市公司总市值排行榜》，不含港澳台地区，我国城市上市公司总市值合计超过 85 万亿元，较 2018 年年底的 60 万亿元大增 25 万亿元。分城市看，北京以 23.83 万亿元位居中国城市上市公司总市值排行榜首位，深圳以 12.11 万亿元位居次席，上海以 7.9 万亿元居第三位。杭州、广州、仁怀、佛山、南京、宁波、福州等城市分列第四位至第十位（见表 8-1）。不计算央企市值，深圳上市公司总市值为 10.97 万亿元，位居全国第一；北京、上海、杭州位居第二到第四位，宁波位居第九位。

表 8-1　我国城市上市公司市值排名（4 至 10 名）

单位：亿元，家

排名	城市	总市值	千亿市值公司数量
4	杭州市	56821	2
5	广州市	20981	3
6	仁怀市	14861	1
7	佛山市	12807	3
8	南京市	10815	1
9	宁波市	7829	2
10	福州市	7499	1

3. 特色金融优势明显的金融试验区

大力发展绿色金融，打造绿色金融中心。大湾区拥有在绿色金融领域领先探索的改革创新试验区、国际金融中心、科技创新聚集地以及绿色发展需求较大的制造业产业集群，具备大力发展绿色金融的优良基础，绿色金融发展大有可为，大湾区有望成为世界级绿色金融发展示范区。从绿色金融产品创新来看，发展绿色债券，助力境内企业境外发行绿色点心债和境外企业境内发行绿色熊猫债，推动境内企业在境外发行绿色债券数量的进一步提升，大力发展特色金融产业，建设绿色金融改革创新试验区。推进金融开放创新，探索服务实体经济的新模式。提升城市建设和营运管理水平，建设国际一流的森林城市，突出水城共融城市特色，打造可持续发展的绿色智慧生态城区。基于大湾区制造业成熟的供应链系统，创新发展绿色供应链金融。作为重要制造业基地，在绿色供应链管理方面开展了大量工作，开发绿色产品、打造绿色供应链，在此背景下，创新发展绿色供应链金融将有力支持大湾区绿色供应链的进一步发展，加快推进大湾区制造业绿色改造升级。

4. 新兴金融生态建设的试验田

在人工智能与大数据技术的快速融合下，金融科技、金融试验区等各类新型金融生态蓬勃兴起。以蚂蚁集团旗下的支付宝为代表，金融科技已在支付、借贷、信用与资产管理领域引领行业变革，在全球极具竞争优势。在新型金融生态产品的空间布局上，基金小镇已成为新型生态的重要集聚地与试验田。近年来，创新资本的体系化建设在杭州市政府的政策支持下，通过"产业链招商"和"生态圈建设"模式，开展专业化的园区发展和促进工作，杭州基金小镇快速崛起。山南基金小镇作为浙江省推进供给侧改革、促进经济转型升级和建设财富管理中心的重要平台之一，成果显著。在税收奖励政策上，根据《浙江省人民政府关于加快特色小镇规划建设的指导意见》，省财政对特色小镇规划空间范围内的企业，给予前三年全额返还、后两年返还一半给当地财政的政策支持。在人才购房补贴政策方面，高级管理人员购房次月起按每人每月1500元的标准给予三年住房补贴，其子女入托、入（转）中小学，参照在杭留学回国等人员子女入学办法办理。在办公用房补助政策上，新购建的本部自用办公用房，按每平方米1000元的标准给予一次性补助；租赁办公用房按房屋租金的30%给予三年补贴。在高级人才落户政策方面，高级管理人员可享受杭州市人才引进政策，本人及其配偶和未成年子女按政策向有关部门申请办理常住户口；为其子女入托、入（转）中小学提供便利。[1]

二　杭州金融大湾区建设的重点领域与内容

金融科技是未来金融业发展的核心，我国金融科技依托支付产业强势崛起，领先于世界各国。杭州已经涌现出蚂蚁集团、恒生电子和同花顺等一批强势金融科技企业，并已形成各自的生态链和护城河垒

---

[1] 《杭州市人民政府关于加快特色小镇规划的实施意见》，浙江政务服务网，http://www.hangzhou.gov.cn/art/2015/10/29/art_929004_892.html。

断优势。

1. 完善创业创新的科技金融，壮大金融科技产业

金融科技同科技金融一样，是新一代互联网信息技术和金融相结合的产物。技术带来的金融创新，能创造新业务模式、应用、流程或产品，从而对金融市场、金融机构或金融服务的提供方式产生重大影响，金融科技更多强调前沿技术对持牌合规的金融业务的辅助、支持和优化作用，技术的运用仍需遵循金融业务的内在规律、遵守现行法律和金融监管要求。总的来看，科技金融与金融科技有效地突破传统路径，通过金融加杠杆的方式来促进创新经济发展。但在新的时期、新的发展阶段，市场主体对金融产品的需求有增不减，内涵与要求也丰富多样。十九届四中全会首次提出，将数据作为生产要素参与分配。未来互联网基础上金融科技的发展，必然以区块链、大数据等数据技术服务为核心，通过人工智能从而全面覆盖工业物联网等实体经济，以数据作为生产要素，必然需要创新性的金融产品和标准化的市场来完成数据确权、数据定价、数据交易等运作，对科技金融与金融科技提出新挑战。2015 年，以"e租宝"案件为代表的一系列互联网金融领域内的集资诈骗案件之后，杭州与宁波等互联网金融集聚城市加强了互联网金融风险整治，有效地化解了风险。打造全球领先的金融科技产业，蚂蚁集团通过大力改革创新和大力吸纳国际专业人才走在前列，数据中心建设和金融科技研发中心、运维中心建设全面走向全国乃至全球。杭州打造金融科技城市，需要紧跟技术进步，不断加强软硬件和基础设施建设、模式与应用场景打造、应用环境（市场水平、金融监管、法律法规、人才培养和招揽等）配套，形成以领军企业为龙头与核心的整体竞争优势。

2. 加快发展区块链等新金融，建立数字金融体系

全球经济正在迈向数据时代。区块链则是数据时代的基础设施和根本保证，为数据管理和企业赋能提供必要的支持。2019 年 10 月 24 日，中央正式提出要把区块链作为核心技术自主创新的重要突破口，明确主攻方向，加大投入力度，着力攻克一批关键核心技术，加快推动区块链技术和产业创新发展。从技术角度看，区块链是分布式数据存储、点对点传输、共识机制、加密算法等计算机技术的新型应用模式。2018 年 6 月，宁波保税区金融科技产业园开园，重点聚焦区块链等技术。该产业园重点聚焦区块链、大数据、云计算、人工智能、物联网等技术与供应链管理，打造金融科技（区块链）产业的生态链，计划 3 年内吸引 100 家以上金融科技类企业入驻，形成金融科技（区块链）100 亿元以上的产业应用。

3. 大力发展财富金融，推进民间金融资本化

发展湾区新经济仅靠狭义资本是远远不够的，还需要更广义的资本金融。杭州湾地区经济发展基础好、民间财富多，可以专注基金业务与家庭财富管理产业，重点打造财富管理湾区。基金与财富管理业务，将来更加专业化，头部企业更加集中。因此，要大力引进全球重量级基金管理公司，包括财富中介机构和评估评价第三方机构。要尽快规范 P2P，大力发展财富管理。从日本的经验看，民间资本是平衡外资的重要力量，也是政府力量的有益补充。同时，它又是吸纳大量就业、扩大消费的强有力支撑。日本成功的关键就在于，民间资本紧密结合，形成以综合商社为核心、有众多行业大型企业组合、以现代企业制度组织起来并实行相互持股而横向联合的企业集团。这些日本大财团，都拥有自身主体银行，这些银行成为国家金融体系的重要组成。推进"科技金融"要素集聚，需要释放广大民间资本的内在增长

动力，打通"民间社会资本"向"产业资本、产业基金"的集聚通道。杭州民间社会资金富裕，创业创新投资动力强，但投资与创新、创业渠道狭窄，力量分散。为此，应切实推进金融创新试验改革，激发民间投资热情，培育一批符合杭州产业特色和竞争优势的企业，以产业基金、私募基金、众筹基金等形式，健全支持民营企业和中小企业发展的政策和服务体系，通过以金融、信息服务、文化和物流为代表的现代服务业的改革深化，来吸纳更多的民间资本，为中速增长提供动力。

4. 优化完善资本市场，提升上市公司竞争力

近年来，全球并购重组爆发式增长，创投、IPO与并购投资市场兴旺，杭州湾地区上市公司也面临难得的发展机遇。闻泰科技通过并购安世半导体成为行业龙头企业。可见，加快上市公司资本运作和竞争力提升，借力广阔的并购市场空间推进传统产业转型升级和新兴产业跨越式扩张，非常重要。上市公司是经济模式的突出代表和排头兵，是大力扩张的重要平台和主力军，是传统产业转型的成功典范，是新兴产业创新发展的先行者，是中小企业做大做强的探索者；浙江在上市公司数量上要领先，质量上更要争当排头兵。在战略思路上，把杭州湾地区上市公司作为单独群体和类别，重点研究、重点扶持，推进上市公司资本运作和竞争力提升。杭州湾地区具有众多独特领先优势，如资本优势、平台优势、创新优势、产业优势。充分发挥股权众筹、天使、VC、PE、CVC和公募等资本力量，支持上市公司加快行业并购、跨界并购和海外并购；重点支持大企业、大集团资产整合，推进内部治理和股权激励，实现大集团小（上市）公司型的整体上市和优质资产证券化；专项扶持推进更多龙头企业在国内上市（鼓励菜鸟网络等在国内上市；鼓励绿城、网易等私有化回归A股；鼓励更多

中概股借壳浙江省上市公司）；重点培育更多"独角兽"（包括隐形冠军、新经济、新模式、新业态）企业上市，推进资本运作和并购扩张，使之成长为行业排头兵；结合浙江七大万亿产业规划，借助资本力量推进上市公司并购，弥补短板行业和布局不足领域，推进浙江优势行业快速扩张，推进上市公司参与国企改革和民企提升工程；大力引进培育国际化中介机构，提供潜在并购资源、法律环境、财务要求、税务制度等服务，加快推进上市公司并购扩张。在策略上，应加强系统性和针对性研究，不断完善相关政策。尽快制定推进上市公司并购的专项战略规划、指导办法与行动计划，积极培育更多行业龙头企业依托产业链并购扩张；重点聚焦浙江特色优势行业和引领产业，聚焦浙江技术短板与关键环节，推进上市公司的外延式并购和纵向一体化并购；加大引导基金支持力度，积极鼓励上市公司参与设立、并购基金；建立开放、快捷的并购交易平台和通道，实施金融创新与系统政策支持，推进上市公司并购重组和产业整合，提升浙江上市公司国际竞争力；在土地与资金上优先支持，实行股权基金并购贷款政策，制定和完善海外并购管理的法律规范，支持上市公司境外并购，允许海外缴税抵扣国内所得税；为上市公司并购建立快捷绿色通道。鼓励省内外行业龙头收购浙江省上市公司壳资源，简化并购流程，推进浙江省上市公司海外并购的审批改革。

三 建立现代化高质量金融产业体系

以往的增长模式是靠低成本优势支撑要素投入型的增长，但未来的增长更多要依靠创新。随着成本不断提高，对生产率的要求会变得越来越高，增长模式势必须改变。未来中国的经济增长必须从过去的数量型增长转向质量型增长。为此，金融行业也要做出相应的改变，既实现自身的高质量增长，同时为整个经济的转型提供更好的支撑。金融高质量发展的内涵比较丰富。金融结构与经济发展有一定的关系，但在模式上并不唯一。

推进绿色民间金融试验区创新改革，为高质量发展提供强力支撑。浙江作为民间金融大省，有效容纳资本的渠道较少，所以才形成"温州炒房团""棉花团"等短期炒家，但同时中小企业对资本的需求没有减少，这又为"高利贷"提供生存土壤，为"跑路"埋下祸根。当前，温州正在谋划建立"金融创新试验区"，我认为，可尝试在全省范围内，允许企业或个人独资或合作成立小规模开发银行，但要加强规范、要加强监管。另外，可成立浙江科技银行，重点扶持创新型中小企业。

推进科技与资本结合。筹建浙江科技银行，建设多行业、多层次的创新资本市场。为推进科技与金融的结合，形成有效的创新资本优势，浙江应吸收全省民间资本，尽快规划建设区域性的国际金融中心、金融街（区）或借鉴天津科技银行的经验，尽快筹建浙江科技银行。同时，应鼓励各类资金大规模建立创新产业基金，加强创新金融支持，甚至在条件成熟时，可考虑在浙江产权交易所基础上，建立创新资本市场。此外，要确保财政对科技投入的稳步增长（可借鉴国外经验，每年增长3个以上百分点），并发挥政府采购对创新的积极作用，加大政府创新投入对社会多元化投入的带动力度。

创新推进杭州金融中心建设。大力发展科技金融产业，为智慧产业提供从孵化到成长的全阶段资金支持。鼓励互联网银行、移动支付平台等金融新业态围绕国际人才的需求，在移动支付、金融安全、跨境人民币业务应用以及国际人才全域个性服务等方面加快探索，打造具有更强国际影响力的科技驱动型金融产业链。打造金融、产业与科技融合的"新兴产业生态链"。构建覆盖产业创新链条全过程的科技金融服务体系,积极推进杭州战略性新兴产业创业投资引导基金的运作,吸引和培育更多创业投资企业,引导社会资本进入新兴产业创投领域,加快科技创新资源与产业资本、金融资本的融合。

金融标准化建设。高质量的金融发展需要高质量的金融标准。目前,蚂蚁集团与恒生电子等新兴金融企业在新型金融标准体系方面持续完善,金融企业标准建设成绩显著,如移动金融支付客户端技术规范、声纹识别应用标准等,有力地支撑了金融业健康发展。但是新兴金融领域在传统对接改造上的金融服务和管理标准有待改进,与满足金融高质量发展仍有一定距离。金融标准建设迫切需要在重点领域补齐短板,顺应人工智能、大数据、云计算、区块链等在金融业应用的发展态势,注重数据安全。要紧跟数字金融热点和发展趋势,做好国内标准需求预判研究,继续增强金融标准对金融治理的支撑。

高质量金融结构。实现高质量的金融发展,需要大力支持很多新的金融业态、金融产品、金融机构的发展,尤其是那些能实实在在服务创新型实体经济发展的。为此,增强市场在金融资源配置中的决定性作用,不断拓宽金融服务领域,健全金融中介服务体系,争取建成依托上海国际金融中心,以杭州和宁波为重要节点,以货币市场和产权交易市场为核心的全面开放、监管有力、交易便利、竞争有序的多层次金融市场体系。省市有关部门要积极创造条件、优化环境,吸引国内外银行、保险、证券、信托、基金等各类金融机构落户杭州与宁波,大力设立具有市场和资源优势的专业化金融服务机构。发挥金融资源的集聚和辐射效应,鼓励支持杭州等城市金融机构在全国范围内开展业务,增强区域金融交流与合作。

第九章
品质大湾区建设的战略重点与环境

打造品质湾区，营造高品质的营商环境、高质量发展环境、高品质生活环境、高水平休闲服务环境和健康疗养环境，关键在于优化完善市场化机制，根本出路在全面深化改革，着力推进以往改革开放传统理念和政策的突破，形成新经济增长动力，切实在关键性战略产业、产业链关键环节上取得规模和效应，推动新型产业体系构建和产业优化。其中，政府的服务意识、市场的成熟程度、人才的积聚效应、资金的高效利用程度、技术的积累和开拓性创新的文化培育、产业链的完备程度和配套能力、营商环境的友好度等，共同综合决定杭州湾地区的发展能力和发展前景。这些因素经过长期的磨合互融，就会成为优良的制度和文化基因，进而形成强大的历史惯性，持续推动杭州湾地区向高品质方向进步。

一　打造卓越领先的大湾区品质营商环境与服务

历史上特别是明清以来，杭州湾地区就是工商业发达之地，营商环境首屈一指。改革开放以来的实践也证明，发达的杭州湾经济与优

越的营商环境是密不可分的。营商环境的重要性毋庸置疑，一个地区
营商环境直接影响着招商引资，同时也直接影响着区域内的经营企
业，最终对经济发展状况、财税收入、社会就业情况等产生重要影响。
良好的营商环境是一个国家或地区经济软实力的重要体现，是一个国
家或地区提高综合竞争力的重要方面。政务环境是评价投资软环境的
一个重要因素，也是评价营商环境质量的重要依据之一；市场经营环
境是影响企业生产经营活动的外部条件，是制约企业生存和发展的重
要因素；社会环境指企业生存和发展的具体环境；法治是营商环境的
前提和基础，体现了城市实施法治的状态和水平，它直接影响着营商
环境；开放环境是经济健康、快速发展的必要条件，营造公平、开放
的市场竞争环境对于当地企业的发展至关重要。为此，2019 年 12 月
23 日，中国社会科学院、中国社会科学院科研局、中国社会科学院社
会学研究所、社会科学文献出版社在北京发布的《中国营商环境与民
营企业家评价调查报告》从政务环境、市场经营环境、社会环境、法
治环境、开放环境五个方面对全国 34 个主要城市进行评价。该报告指
出，从企业家对营商环境主观评价的角度看，2018 年广州市在全国主
要城市营商环境综合评分中排名第一（见表 9-1）。[①]

表 9-1　2018 年我国主要城市营商环境排名

单位：分

排名	1	2	3	4	5	6	7	8	9	10
城市	广州	深圳	上海	北京	南京	杭州	济南	宁波	武汉	成都
总分	95.62	93.80	93.31	93.07	91.14	88.91	85.04	84.17	83.14	82.66

2019 年 12 月 23 日，21 世纪经济研究院发布了《2019 年中国城市

---

① 中国民营企业家营商环境评价课题组：《中国营商环境与民营企业家评价调查报告》，社
会科学文献出版社，2020。

投资环境报告》，对 17 个地方生产总值超过万亿的城市进行了比较研究，研究发现杭州投资环境在 2019 年排名全国第三，仅次于北京、上海。在新一线城市中，杭州的投资环境位居全国第一，其中城市影响力排第三，城市开放性排第五，城市宜居性排第一，城市宜业性排第六，经济活跃性排第四，发展潜力性排第一（见表 9-2）。

表 9-2　2019 年杭州在新一线城市中的各项指数排名

项目类别	城市影响力	城市开放性	城市宜居性	城市宜业性	经济活跃性	发展潜力性	投资环境
全国排名	3	5	1	6	4	1	1

打造具有全球竞争力的营商环境，提升环境竞争力。借助于上海的五大平台中心建设，积极发挥杭州、宁波等城市特别是舟山自贸区的开放平台的示范作用，支持杭州湾地区加快一体化，尤其是嘉兴、湖州和绍兴要协同杭州、宁波发挥先行优势，加快建立与国际高标准投资和贸易规则相适应的制度规则，发挥市场在资源配置中的决定性作用，减少行政干预，加强市场综合监管，形成稳定、公平、透明、可预期的一流营商环境。不仅要提升市场一体化水平，包括推进投资便利化、推动贸易自由化、促进人员货物往来便利化，也要不断扩大对外开放，全面参与国际经济合作，携手开拓国际市场。

围绕"最多跑一次"加快政府层面改革，增创体制新优势。实践证明，不断推进改革、突出体制机制优势是浙江培育和释放市场主体活力、推动经济持续稳定增长的根本动力，也是近年来杭州湾地区经济持续快速发展、稳步走在高质量前列的重要保障。谋划新的体制机制优势，必须进一步强化改革优势，最大限度地释放改革红利，通过改革创新形成内在机制动力，其关键是集中精力划定政府与市场的合理边界，加强对政府自身的改革。政府体制改革是经济转型的突破口，政府要完善经济管理体制、缩小政府规模、转变行政管理职能、提高政府行政效率。要以市场经济为基础，实现政府管理的适度化。政府应逐步由"家长式管理型政府"转向"法治型服务型政府"，更加重视"公共服务、维护市场秩序、调节宏观经济"，并更多利用法律与市场等手段推进实行"层次简化、大部门、高效率"模式。

坚持以政府改革为抓手，要坚持简政放权、放管结合、优化服务、协同推进，着眼于"最多跑一次"，深化推进体制改革。要更大程度发挥市场机制的作用，增强市场活力。要打破体制障碍，减少政府对资源的直接配置，推动市场规则、市场价格、市场竞争在资源配置中发挥决定性作用，实现效益最大化和效率最优化。围绕"四张清单一张网"，继续减少政府对微观事务的管理和干预，形成企业自主经营、公平竞争，消费者自由选择、自主消费，商品和要素自由流动、平等交换的体制机制。要继续减少政府对资源要素价格的干预，建立健全主要由市场决定价格的机制。要改进政府服务经济发展的方式方法，提升服务能力。要切实加快打造尊重市场、尊重规律的"有限"政府，服务到位、监管到位的"有为"政府，严格依法行政、规范高效运转的"有效"政府。政府促进经济发展更多应体现在非产业领域甚至非经济领域，包括建立有效的生态环境保护、监管机制以及生态补偿机制，建立完善的产业准入标准，有效界定经济发展中排污权，建立区域金融服务体系，优化创新创业制度环境，提供公共技术服务平台等国际通行的普惠服务。

二 打造高质量的大湾区发展机制与环境

杭州湾地区经济发展质量和结构一直位居全省前列，在高质量发展道路上积累了很多经验与开创了众多模式，成为浙西地区发展的表率。推进高质量发展，既是提升企业发展质量与效益的内在要求，是以高品质、高效率服务满足人们日益增长的美好生活需要和高质量消费需求的重要基础，也是稳步推进两个"高水平"建设和推进"六个浙江"建设的重要保证。近年来，杭州湾地区始终围绕"八八战略"稳步推进转型发展，创新推进"最多跑一次"改革，改革红利不断释放，综合经济实力持续增强，质量效益显著跃升，创新动力日益强劲，经济、社会、文化、生态和政府服务质量也得到全面提升，经济正逐渐呈现出速度稳、质量高、动力强、亮点多、结构优的"高质量"特征。为进一步推动高质量发展，实现在高质量发展轨道上形成特色、集聚优势并走在全国前列，必须始终围绕聚焦质量、效率与动力三大变革，尽快完善形成适应高质量发展要求的体制机制和制度环境，必须紧紧围绕改革开放与创新发展等决定发展质量的重大核心问题，加快推进扩大创新式开放、吸纳全球高端要素资源，加快推进技术创新、商业模式创新、管理创新和制造方式创新，加快产业链战略布局与并购整合，增强技术与品牌等核心优势，以建设开放强省、打造创新科技强省为主线，尽快走上创新驱动、内生增长和高质量发展的轨道，力争在未来全球竞争中始终占据领先地位。

1. 高质量发展的机制约束

高质量发展不仅需要高端要素供给、高新技术研发和优质服务环境，更需要高效的体制机制。体制机制约束问题是发展进程中的规律性问题，也是下一步实现高质量发展必须要正视和下定决心解决的问题。与信息技术等新经济相比，浙江省传统行业的一些企业高质量发展的要素与支撑条件准备不足、动力机制不强。服务型制造与商业模式创新不充分，服务型制造收入占比普遍不高，生产销售模式创新不足，投资效益和盈利能力较低；融合发展不充分，与工业互联网、大数据、人工智能融合发展不足，与上下游产业、金融行业等跨界融合发展不足。一些处于产业链中下游的传统制造业企业，满足于家族式管理，现代企业意识不强，企业文化建设和工匠精神培育不充分，工匠精神的传播、培育与行业氛围营造不够，企业文化建设整体推进有待深入。创新要素短缺。调研中有的企业家提出面临人才与资金等困难，特别是受土地要素制约，希望完善人才政策、优化发展环境。其中宁波也亟须在自身人才培养（引进更多科研机构）和外部人才引进上加大力度，金华、温州和台州等地的人才流失更为明显。创新人才（应用型人才和攻坚型人才）紧缺。有的高科技企业正面临全面用工荒，公司科研团队力量不够强大，专业人才招聘难。

当前，低效率、低质量主要体现为结构性矛盾如大与强的不平衡、量与质的不平衡、质与价的不平衡（优质不能优价）等。"大而不强"的问题比较突出。虽然浙江省有些传统行业产品产量、产能规模为国内第一或排在全球前列，但高端自主品牌少，甚至有部分依靠定牌生产。有的企业甚至片面追求跨行业做大规模，言必称目标"千亿"航母级，但主营业务不明、核心竞争力不强。"多而少尖"现象明显。实现品质由低端向高端提升，关键还是高端不足、低端过剩，低而不高、品多不尖等结构性矛盾，如产品品种数量与质量不平衡，产品"有多有少、有长有短"；品种数量多，但质量和可靠性不高、知名品牌少。"链长少核"问题突出。近年来，浙江省有些龙头企业纷纷在产业链布局上加快扩张，但关系产业链最核心的高利润环节、高技术板块，往往被他人控制。虽然大部分行业的基础技术、工艺与零部件配套能力很强，但产业整体上仍处于产业链和价值链的中端。国际化扩张效率不高。浙江省知名企业"走出去"步伐加快，但国际产能合作把控力不强，尤其是在核心技术掌控上、稀有资源布局上缺少国际话语权。在高效推进营销管理总部、中西部生产基地、国外要素资源的协同上，跟国际巨头相比差距大，协同不够。此外，投资缺乏引导管理和约束机制，特别是在新兴行业私募投资中，好项目争投与估值过高、雷同项目多投、小众项目投资少而痛点不明等问题非常明显。各类资金主要向中心城市集中，向信用等级高的大企业集中，对传统行业中具有一定特色优势与技术基础的中小企业少有扶持，门槛高、贷款难、流动资金不足等问题给中小企业发展带来阻力。

激励机制有待进一步优化完善。在开放环境下，浙江省经济要实现高质量发展并在国际竞争中处于有利地位，关键是资本和人才，其根本是以激励为核心的制度保障。一是资本配置的激励引导机制。当前，浙江省以私募为主体的部分金融资本配置结构性错位，高质量资金的吸收使用（包括外资）缺乏优待优先机制。部分资本热衷于追热点、"低质、原生态"生长，而对需要长期稳定投入的新兴产业孵化投入不足。二是对引进人才与技术的政策激励。浙江已由输入外劳、输出产业的阶段进入输入技术与高端人才的新阶段，需要更多专业技术或经验丰富的管理人才，而现在无论是抢人还是抢产业，包括高薪资福利在内的安置成本及人才成本都以惊人的速度上升，政策应尽早设计和调整，以适应抢高端技术人才、抢新兴产业的改变。土地供给、生活配套与教育医疗等公共服务方面，如何进一步集成和创新各类政策，用好、用活财税金融等帮扶资源，目前尚存在精准不够、配套不够的问题。义乌苏溪镇探索形成镇街联动机制，参与高新区重大项目招引谋划，派骨干入驻高新区招商小组，具有一定的推广价值。高质量的标准化体系还不够完善。浙江省在人工智能上抢先布局，但很多传统行业往往缺乏系统专业的规划，人工智能技术只是"噱头"而非战略重点。人工智能领域行业标准混乱，还面临技术架构体系不成形、平台与应用之间的接口不一致等问题。这直接抬高人工智能领域的进入门槛，不利于形成良性发展的产业生态。以半导体为代表的新兴产业布局与引进也缺乏激励机制。当前，合肥、武汉、成都、重庆、西安等地半导体行业投资纷纷达到几千亿，吸引国内外三星、LG、京东方、康宁和TCL等巨头投资，并带动上下游几十家企业进驻，其年产值增加多达千亿、万亿，对杭州的吸引优势形成极大的挤压，因此加强优惠政策配套推进布局值得思考。技术保护与产权激励有待增强。浙江中小民营企业模仿复制能力强，一旦缺乏技术与产权保护，很多技术领先型企业很容易陷入"高投入高研发的陷阱"。有些县市甚至仍满足于扩大规模、规划高扩张式增长，不注重以竞争、以技术为核心的差异化，不注重对行业龙头或"独角兽"的扶持，使得不具有雄厚资金实力的企业弹性尽失。

2. 破除传统的机制约束，推进高质量发展

推动高质量发展，必须围绕机制约束问题制定对策，尽快形成适应高质量发展要求的体制机制环境。推进改革，形成与高质量发展相适应的体制环境。形成以创新力为唯一标准的政策支持机制，推动从依靠要素投入转向创新驱动，就必须把创新摆在高质量发展的核心位置，如在全省科技型企业全面实施科技成果产权激励制度；以资金为纽带、以股权为方式强化知识产权创造、保护和运用，加快完善创新成果向企业转移机制。要完善公平市场环境，倒逼企业从追求"规模"向提升"质量"转变。加快"去杠杆"，就是要打破传统的追求"千亿"模式，向"品质名企"转变。这要打破垄断，在资本领域、流通领域和产品相关领域打破传统的利益链和盈利模式，引导和促进高质量发展。要提高要素资源（包括土地、资本与人才）的配置效率。要深化集体经营性建设用地改革，实现城乡建设用地同等入市、

同权同价。同时向进入的新市民提供教育、医疗和社保等均等化服务，使人口、劳动力、资本、技术等在城乡间、非农业和农业间双向流动和再配置。要加强完善立法，建立有助于高质量发展的法治机制。激励约束机制，就是要加快质量立法研究，国家层面上是尽快制定《质量促进法》。浙江省要围绕《产品质量法》，改进产品质量立法，完善服务立法，推进物流、消费者、社会组织和质量服务机构引入质量治理体系，全面实现"质量红利"和"质量溢价"和"质量获得感"。要建立高质量的评价机制尤其是投入产出评价机制（亩产收入与纳税、利润）、专利与品牌评价机制。投入产出评价机制不仅要考虑高端要素资源的投入、创新研发与人才等，更要考虑亩产收入与纳税、利润以及专利与品牌的推出。要建立环境监督督促机制。以水污染等突出环境问题为突破口，推进企业转型、改质提升。全省建立最严格的生态环境监管体制，优化组织体系，提高专业性和监管能力，完善环境监管问责机制。还要推进知识产权保护机制。知识产权保护是推进高质量发展的重要核心力量。推进"知识产权立省"，制定浙江知识产权战略规划和知识产权条例，升格省知识产权局为省直属正厅，合并工商局商标与科技厅技术专利等部门职能。同时加快完善产权制度，依法处理各种侵权行为，依法甄别纠正产权纠纷案件。

3. 强化激励与约束，推进高质量发展

推进高质量发展是浙江实现两个"高水平"建设的重要保证。在具体对策安排上，可大力推动"万名技术人才下企业""万企提质"五年行动计划；在县（市、区）和各行业领域全面开展"亩产评价机制""品牌专利评价机制"；设置军民融合转化机构（吸纳企业与投资基金参与），在政策与制度环境上加大对引领性产业的支持，积极加强对民营企业政策倾斜，引进人才，减负增压，助力拥有核心技术与品牌的企业迈向高质量发展。推动城乡义务教育一体化发展，加大劳动力的职业技术培训，促进高等教育提高质量，积极探索创新型人才培养和成长机制。特别是嘉兴、绍兴科研机构相对较少，更要发挥行业协会主导作用，协同建设先进技术研究院。集聚企业、研发机构和资本合力进行组建，负责企业前沿性技术规划、研究和储备，以及关键技术的工程化开发和研究。不断推进"最多跑一次"改革，根据产业智能化改造新特征、新需求，按照"小政府大服务"模式，简化扶持项目申报手续，优化评估审批流程，加大信息化和工业化融合管理国家标准的推广力度。推进广大高校与科研机构特别是应用学院、技术学院扎根基层，推动全省实施"万人技术人才下企业"活动，针对性解决企业发展中面临的各类技术与管理难题。开展"万企提质"五年行动计划，实施品质革命与品质工程。品质革命要对企业提出分步目标与要求，全面推进向国际标准看齐。坚持创新驱动，弘扬工匠精神，提升品牌标准质量，对标高质量改革。建立专家联席评估制度，吸引高质量投资促进高质量发展，形成高效率投资、高端人才、高端项目联动的驱动机制。打造高质量外资集聚地、高端人才集聚地和高质量项目集聚地，补齐短板。由点到面，从企业到行业、从行业到地区，大力推广"亩产论英雄"评价机制，推进高质量发展。根据评价结果，对企业、行业和地方政府实施用地、用电等资源要素差别化政策，实施房产税、土地使用税等多项政策优惠，构建年度用地、用能、排放等资源要素分配与市、县（市、区）"亩产效益"绩效挂钩的激励约束机制。推进实施知识产权登峰行动计划。加强职能优化，加强对相关知识产权和商业秘密的保护，发挥知识产权对创新的引领和激励。支持引领示范企业围绕产业领域关键技术，构筑行业知识产权优势。

三 打造宜居的高品质生活环境与服务

近年来，杭州持续推进品质之城建设，城市建设风貌得以改善和品牌影响力持续提升，杭州与舟山、湖州等地一直位居全国宜居城市前列。进一步打造高品质湾区，建设"幸福城市"和"幸福乡村"，打造"生活品质湾区"，就不仅要创造幸福，还要分享幸福、提升幸福，实现民生改善与经济发展良性互动，亲民感性与科学理性有机结合，幸福指数与发展指数同步提升，实施人与自然和谐相处的一系列"品质工程"。高品质的生活作为一种条件和环境，又是吸引高素质人才创业的核心要素。要实施"富民工程"，增加民生福利。坚持"以人为本"，推进创新民生是经济社会发展的必然要求。创新民生建设，主要是加强推进创新成果在民生领域的运用，尤其是农业、医药、食品安全等和百姓衣食住行用等密切相关的创新内容。要围绕关系民生、造福民生的项目，实施"创新民生"行动计划，提高群众的收入水平、生活质量，尤其是围绕"安全、健康、环保和富民"等四个主要民生议题，从就业促进、收入提升、贫富改善、弱势群体关注等若干关键问题着手，促进社会的整体和谐与发展。要善于调动全体积极性，集中民智、民力，让大家共同参与，共建共享，扎实推进"体察民情、尊重民意、增进民利、涵养民心和发展民主"的实现。

1. 以城乡协调增进群众获得感

"八八战略"突出以人为本，以提高人民生活水平和生活质量为根本目的。浙江要进一步发挥城乡协调发展优势，不断增进人民群众的获得感，必须更加注重城乡"民生幸福"，更加注重城乡中产阶层，更加注重城乡社会治理。一是更加注重城乡"民生幸福"。必须统筹工农、城乡、城镇居民和农村居民的发展，促进基本公共服务均等化、城乡居民收入均衡化、城乡要素配置合理化和城乡产业发展融合化。要加快提高新型城市化的水平和质量，国际经验表明，这是实现均衡发展的必由之路，也是保持经济社会平稳健康发展的有效途径。要促进城乡基础教育资源的均衡配置，防止素质和能力差异在代际的传递；加强对农村务工人员的职业培训，提高其就业与创业能力；实行更加公平和普惠的养老、医疗、住房等社会保障制度，提升弱势群体的发展能力和消费水平。要以"互联网+"改造农业、农村和农民，释放城乡巨大的内需潜力，增进城乡居民的获得感。二是更加注重城乡中产阶层。城乡中产阶层的成长和发展是社会进步的重要表征。在新常态下，他们既是支撑经济中高速增长的中坚力量，也是持续扩大消费需求的主要动力。浙江要稳步培育壮大城乡中产阶层，需要进一步完善收入分配制度，消除形形色色的社会不公，实现从"让一部分人先富起来"到"让大部分人实现富裕"的转变；需要进一步完善住房、教育、养老等社会保障机制，化解社会变迁期的潜在风险，促进社会结构由"金字塔型"向"橄榄型"转变，使社会结构和经济结构相互协调、稳定发展。三是更加注重城乡社会治理。要进一步创新社会治理体制、提高社会治理水平，调动一切积极因素与和谐因素，激发一切发展动力与创造活力。要健全城乡群众的诉求表达机制，畅通党代会、人代会、政协以及信访、传媒这些基本的诉求表达渠道，同时加强各种社会团体和社会组织等表达载体的建设，形成规范有序的对话、协商和处理问题的机制。要积极培育城乡社会组织，坚持引导与管理相结合，通过行政指导、资金支持、信息互通等手段，重点培育发展惠及民生的公益类民间组织，使其能够在促进城乡社会管理中发挥积极作用。要推进基层民主法治建设，提高城乡居民的民主法治素质，提升基层自我管理、自我教育、自我服务、自我监督能力，切实保障群众应当享有的民主权利。要积极运用大数据，创新城乡社会治理，以"互联网+"推进民生保障、公共安全和协同治理，提高群众的满意度。

2. 以生态文明建设提升城乡品质

杭州湾沿岸城市要进一步发挥生态优势，提升城乡生产生活品质，必须以习近平总书记"绿水青山就是金山银山"的重要思想为指导，把生态文明建设放到更加重要的位置上，加快推进绿色发展、循环发展、低碳发展，形成节约资源和保护环境的空间格局、产业结构、生产方式和生活方式。建立跨区域的生态保护和补偿机制，加大对促进不同类型生态保护区的政策支持力度。要进一步完善利益分配协调机制，建立生态价值评估体系，解决政府、居民、企业之间利益分配不均的问题，使生态发展成为共识，使生态保护和生态价值增长成为各地经济与社会发展的双重动力。要积极引入和培育第三方中介服务，在排污口关闭、生活污水污泥处理、垃圾分类处置、排污权和碳交易机制、绿色低碳消费等体制机制方面实现新的突破。要淡化 GDP 考核，强化生态考核，发挥社会力量，健全生态监督。政府部门应围绕生态制度建设，建立和完善生态资源与环境的评价、交易、使用、监管、监督政策体系，使生态监管监督常态化。除执法部门以外，还应吸纳社会团体和民间机构、居民和游客进行有效监督，从约束、处罚和激励角度，发挥社会力量的生态监督作用。

推进绿色发展、循环发展和低碳发展。发挥生态优势不是"坐、等、靠"，而是要积极提升生态附加值。为此，在目标导向上，要摒弃片面追求经济增长的观念，而着力于将生态环境优势转化为生态经济、循环经济和低碳经济的发展优势。在战略规划上，要注重布局健康养生养老产业、保健医疗产业、生态创意农业、旅游休闲度假产业和文化产业等需求巨大的环境友好型产业。在机制设计和制度创新上，要强化约束性机制和激励性机制，促进发展方式的根本性转变，为城乡居民创造更加良好的生产生活环境。

3. 打造湾区文化，建设人文湾区

首先要坚持以核心价值观为根本，增强文化凝聚力。要坚持正确的政治方向，培育和践行社会主义核心价值观，大力弘扬民族精神、时代精神和浙江精神，从而不断增强文化凝聚力，增强团结和聚集全体成员的向心力，增强保持社会和谐稳定的内聚力。要加强"共同的行为准则、共同的道德规范、共同的价值观追求"等文化道德标准建设，将文化传承与创新统一起来，提升文化自觉、增强文化自信、实现文化自强，激发全省城乡居民的发展自豪感、生活幸福感、心灵归属感和社会认同感。同时，完善文化发展的体制机制，增强文化生产力。要进一步破除阻碍浙江省文化发展的体制机制弊端，转变文化发展方式，改进公共文化产品的生产和有效供给，扩大基本公共文化服务的覆盖面，改善文化民生。要充分发挥政府的主导作用，吸引社会力量积极参与，强化财政扶持、市场运作与人才培养，依托文化创意平台与影视基地等建设，大力推进创意产业和网络娱乐等新兴产业发展，生产和提供更多更好的优秀文化产品和树立优势文化品牌，将全省丰富的文化资源和文化底蕴转化为现实的文化生产力。此外，加快互联网融合，增强文化竞争力。要围绕文化挖掘、文化创意和文化嫁接，推进"文化+"与"互联网+"的融合发展，利用 3D 等数字技术，打通文化产业链，促进不同产业领域的升级与创新。要积极发展新平台、新终端，发展新模式、新技术，培育网络文化产业，同时利用互联网技术促进传统文化产业的升级，增强浙江文化的话语权，扩大浙江文化的影响力，使文化"软实力"成为建设"两富""两美"浙江的"硬支撑"。

四　打造高品质的休闲旅游度假环境与服务

加快杭州大湾区旅游合作，加快实现杭州大湾区旅游一体化。旅游区合作发展最终形成一体化区域，具有其相应的半径范围和空间领域，其最佳范围受不同因素影响，主要包括核心品牌景点或中心城市的吸引力及联系的广度深度、辐射半径、交通等基础设施的通达性、游客的共同认知度，以及区域旅游资源的稀缺程度、中心城市及品牌景点的集约程度、区域整体的承受能力、区域一体化控制和管理的有效程度和一体化聚集成本等。一般来说，一体化旅游区的规模越大，聚集要素越多，作用就越强，其一体化的优势就更加明显，然而一体化旅游区规模的扩大是需要成本的，是要通过市场来体现的，而不是无条件的无限扩大的。

推进杭州湾区域旅游一体化进程。区域旅游一体化进程，有利于实现近邻效应，共享信息、市场与人力等利益，并通过外向扩张和要素整合所带来的规模效应，最终体现出强大的"场"效应（一体化磁场效应），从而对外部旅游要素和区外旅游流产生强大的吸引力。同时，一体化旅游区内城市间的分工效应则有利于强化特色差异，突出优势并维持稳定良好的生态关系。另外，一体化能有效地促进旅游产业一体化所需要素资源的进一步流动和重新配置，提高一体化区域整体旅游生产效率，增强区域整体吸引力和辐射力，从而体现出较强的结构效应尤其是结构关联效应、结构成长效应和结构开放效应。区域旅游一体化的空间发展战略，根本目的在于促进要素资源在一体化空间内的更高效率配置，从而实现高附加值产业的开发和可持续竞争优势的营造的目标，通过加强要素创新与一体化整合、增强空间和产业竞争力，从而营造整体竞争优势和持续竞争优势。一般来说，一体化旅游区的竞争优势离不开要素竞争优势、旅游市场和需求的开发、相关支持产业与环境、旅游业发展战略与产业结构等内容。

提高旅游休闲区的竞争力，打造世界级国际旅游度假区。强化区域内特色优势资源向优势地区集聚、关联产业向优势地区扩散，从而形成空间集中与空间扩散的科学同步，并通过地域空间的分工，形成特色旅游产业集中与旅游集群的成长。首先，需要加强环太湖区块、沿江区块（长江、三江两湖）的发展规划和系统性建设，重点将其培育为国内外知名的旅游度假集群。要鼓励区域内部产业扩张连锁，尤其是要鼓励知名旅游企业和具有较强竞争力的企业在业务拓展、关联产业开发上形成有效的战略合作，在产品创新和相关产业如旅行社、饭店接待等延伸上加强合作；加强都市时尚观光旅游、环太湖休闲度假旅游、爱情消费旅游、历史文化旅游、港口工业旅游、海洋海岛旅游等专题研究和总体战略规划；鼓励不同城市景点间的并购联合，建立起依托这些专题产品而建设的产业链和旅游集群，并以高速交通和信息网络为纽带，优化提升内部结构和完善分工体系。其次，需要广泛运用现代技术手段，促进产业链延伸和高附加值产业产品开发，积极培育具有国际竞争力的集团化旅游企业和特色区域旅游集群。

坚持"共建共享"的发展理念，全面推进"全域旅游"行动计划。全域旅游就是把旅游发展从原来孤立的点向全社会、多领域、综合性方向转变，实现资源有机整合、产业融合发展、社会共建共享，以旅游业带动和促进经济社会协调发展的区域发展新理念、新模式。发展全域旅游不是简单的空间扩大，而是发展理念的创新、发展模式的变革、发展路径的转变。这不仅是指旅游要由点到面、由小到大，更大的格局是，旅游要与各行各业融合，旅游要上升到经济发展战略的层面，从部门推动走向党委、政府统筹、全社会参与，从而把全域旅游的理念贯穿于城乡规划建设、项目开发建设的全过程。杭州湾区旅游业的融合与一体化推进，需要突出将旅游作为"多规合一"的重要引领，逐步将全域旅游理念融入产业发展、城乡建设、文化传承、生态保护等领域规划，如在城乡建设中充分考虑旅游发展需求，注意保存文脉、留住乡愁记忆，注重传承地域特色、构筑形象标识，推进基础设施景观化。

前瞻推进以智慧旅游为主线的旅游生态圈建设。大众旅游和全域旅游的技术实现方式必然是智慧旅游，即在旅游消费、规划设计、开发建设、生产经营、组织管理等各个方面、各个层面、各个环节广泛应用信息化技术手段，让旅游业全面融入互联网时代，用信息技术武装中国旅游全行业。在旅游规划与建设中，将智慧要素与智慧理念完全融入智慧旅游项目、产品、企业、行业组织和智慧景区、智慧旅游企业、智慧旅游城市、智慧旅游目的地，以及智能酒店和客房、智能餐馆和餐桌、智能导游等，利用新媒体旅游推广营销、网上查询和预订销售、网络支付结算、网络旅游教育培训、旅游电子政务等新平台、新载体，重点推进全域旅游数据中心及智慧旅游综合服务平台建设与各项功能的融合提升。

五 打造国内外知名的高品质健康湾区

当前，健康产业面临着难得的发展机遇和巨大的成长空间，健康产业正成为各地促进经济增长的强大动力，欧美等国家不仅在产业政策上积极调整，还在财政资金、项目扶持等方面大力推进，如美国制定"Healthy People 2020"规划、欧盟制定"欧盟成员国公共健康行动规划"、日本制定"健康日本 21"国家健康促进行动规划，我国也制定了"健康中国 2020"战略规划等。广东省发布了《广东省培育幸福导向型产业体系五年行动计划》提出把健康产业作为现阶段幸福导向型产业培育的重点。浙江也提出"健康浙江"的发展目标和要求，2012年，浙江省政府工作报告正式提出要制定实施"健康浙江"发展战略。随后的浙江省第十三次党代会再次强调，要"制定实施具有浙江特色的健康发展战略，积极落实重大国民健康行动计划"。然而，目前浙江省健康产业发展还存在产品和创新不足、企业规模较小而研发力量薄弱，产业法规与标准不完善以及医疗信任、食品安全等问题，导致公众对行业及市场信心与信任不足、健康产业领域投资整合不够等。实施健康产业大发展战略，要重点扶持战略性健康制造业，积极发展健康服务业。虽然，目前健康产业正面临着难得的发展机遇和巨大的成长空间，但由于对健康产业对经济增长和社会发展的巨大作用认识不足，对健康产业的重视和支持与其影响程度不匹配，政府层面上还没有达到应有的政策高度。

为此，必须在战略定位、发展思路和产业政策上做出积极调整。需要从产业选择上、发展规划上、体制机制上以及政策配套上加以支持，大力推进浙江健康产业跨越式发展，尽快成为浙江转型发展的重要抓手。在发展定位上，要拔高地位，把健康产业打造成为浙江转型发展的重要战略性产业、"两富"浙江的重要支柱和现代化进程的重要动力；在总体思路上，要形成"123"健康产业体系，抓四大重点突破口；在目标任务上，把浙江建设成为国内外健康医疗高地、健康服务示范基地、健康产业品牌集聚地，建成集现代健康产业、发达健康社会和幸福健康生活于一体的"健康浙江"。

1. 健康产业是战略性产业

健康产业不是一个可有可无的产业，不是一个无足轻重的产业，而是一个有发展基础、有市场前景的产业，是一个建成小康社会和

"两富"现代化浙江不可或缺的产业，是一个战略性的产业。浙江发展健康产业，不能全面出击，也不能单兵突进。考虑到全省产业基础与优势、发展机遇与挑战，考虑到健康产业链的衔接与联动，建议近中期内重点推进保健医疗产业、基因生物制药产业、养生养老产业，以"三大板块"构建浙江的健康产业。

首先是保健医疗产业。保健医疗是健康产业的主体，是健康产业链的中间关键环节。美国、德国和匈牙利等都围绕保健医疗发展国际性的医疗中心，瑞士则以尖端和隐蔽为"名片"发展保健医疗产业。韩国、约旦以及沙特，也分别以美容、治疗不孕不育和美容牙科为特色，吸引健康消费者。我国的北京、上海等地，近年纷纷利用先进医疗服务，谋划保健医疗产业的发展。浙江在肝胆、心胸和消化等医疗领域实力位居全国前列，对周边地区已形成一定的吸引力和竞争优势；而且浙江老龄化程度较高，富裕群体相对较大，对品牌专科治疗以及美容、牙科等专业的保健医疗需求广泛；因此，完全可以依托杭州等中心城市，着力打造有浙江特色的保健医疗产业。保健医疗板块要以智能化、国际化、专业化和网络化为方向。在战略举措上，一是积极引进国外知名医疗机构进入高档医疗领域，推进浙江医疗产业国际化；二是积极推动省级医疗机构到县乡并购实现网络化布点，占据中档医疗领域；三是规范现有社会医疗并鼓励社会资金投入大众化保健医疗领域；四是积极支持通策医疗与艾迪康等专业保健医疗品牌连锁扩张，培育一批以美容、体检、牙科和生殖等为特色的专业医疗知名品牌。

其次是基因生物制药产业。在生物制药领域，基因生物制药、单克隆抗体药物、疫苗三者最具潜力，上海、北京重点围绕单抗药物研发与产业化，推进生物制药上台阶。江苏、广东和北京则在疫苗技术和规模上占据领先优势。基因生物制药产业作为制药领域的重要板块，是健康产业竞争力和产业链后端的重要支柱。在这方面，浙江作为化学原料药的最大生产省份，具有向基因生物制药转型提升的良好基础和条件。因此，浙江省完全可以依托台州医药园等园区的基地优势，以基因生物制药为重点，引进跨国药企和重磅团队，有助于健康产业整体提升，实现向基因诊断、基因药物、基因治疗的演进，推动浙江健康产业的合理布局和创新发展。基因生物制药板块要以创新为手段，以国际前沿为方向，形成一批具有强大竞争优势的高端研发创新与生产基地及龙头企业。在战略举措上，一要围绕心脑血管和肿瘤等重点领域，重点引进国外基因生物领域高端大项目；二是鼓励国际著名跨国公司和科研机构在浙江省设立研发机构；三要积极引进海外优秀人才和创新团队来浙江创业；四是积极支持浙江省龙头企业参与国际重大前沿项目研究合作。

最后是养生养老产业。养生养老产业涉及护理、康复及营养保健、休闲旅游等多个方面，是健康产业链前端的重要组成部分，对上下游产业具有明显带动作用。美国 20 多年的研究发现，90%的人通过健康规划管理，可减少 10%的医药费用。浙江自然生态环境优越，养生养老的市场需求巨大，养生养老的相关资源特别是中医资源非常丰富。当前，浙江各地已形成不同的发展路径和模式，尤其是在旅游养生养老，乡村田园式养生养老和中医、文化型养生养老等方面，独具特色和优势。因此，浙江完全可以依托山区和海岛优势，着力打造长三角地区最有影响力的养生养老产业。健康养生养老板块要以多元化需求为导向，推进健康板块相融合。在战略举措上，一要政府简政放权，制定更加公开透明的系列优惠政策；二要鼓励医疗、保健与养老产业结合，鼓励社会资本兴办各种康复护理机构；三要制定优惠政策，支持家庭健康服务、体育健康、养生保健、健康管理等服务型组织发展；四是挖掘传统养生文化，探索适合浙江省城乡养生养老的不同发展路径，壮大产业规模。

2. 推进健康产业发展，需要深化改革、强化支持、激发活力

政府要强化在制度建设、规划和政策制定及监管等方面的职责，维护公开、透明、平等、规范的健康产业发展环境；推进健康服务业标准化，为浙江医疗、养生养老和健康食品等产业保驾护航。

首先要提早规划，抢先布局，把健康产业作为重要新兴产业并配套系列扶持政策；推进"健康社会"进程，详细分解健康发展指标与评价体系。在杭州、普陀或千岛湖等地规划建设国际健康医疗中心。集医疗、教学、科研和康复为一体，可借鉴美国得克萨斯医学中心经验，其通过政府主导顶层设计制定50年发展规划，每年健康收入高达140亿美元，其健康中心城市休斯敦医院之间有地铁和巴士连通，周边有养老与护理等产业配套、科研机构与医院紧密联系。在省内山、湖和海等生态优势区规划建设一批健康养生养老示范区，并推进产城结合，规划健康新城，建设一批集养生养老、医疗和休闲保健等多功能于一体的健康综合体。规划一批产学研健康产业孵化平台与基地。在下沙、未来科技城、滨江高新区和台州医药园区，以生物医药为主导行业，重点引进和孵化从事生物制药、诊断试剂、医疗器械等行业的研发型企业，资源共享全力打造"人才培养—创制开发—中试—规模生产"的生物医药创新体系和科技创新的服务平台和产业化基地。

其次要加快改革，提升效率。打破"多头管理"局面，统筹建立"浙江健康产业发展委员会"，改变要素资源、权利义务分属卫生、食品药品和民政等多头管理局面，凝聚发展合力，促进健康产业发展。以杭州、宁波等大城市骨干三甲医院为龙头，加快公立医院改革，鼓

励推进并购县乡级医院，建立集团化医疗机构；建议浙江省以财政补助形式，探索建立公立医院的补偿机制，明确公立医院以公益性和服务绩效为核心。推进优质资源"下沉"，建立医疗管理服务的联动发展机制。建立纽带，从大城市医院到基层医院，通过分级诊疗实现上下联动，实现优质医疗资源体系内流畅运转，优势共享。改革医疗收费制度和医疗保险制度，发展医疗服务及护理业。借鉴美国健康产业链发展经验（健康医疗服务、健康保险和健康风险管理、药品供应及研发三者并重）。建议浙江开展为期 3~5 年全民健康体检筛查，并把健康体检、医疗与家庭护理、临终关怀等方面的内容列入基本医疗保险报销范围，形成健康产业链。多学科推进健康医学研究。吸纳高校与医疗等资源重组，做大做强浙江医学科学院；规划建设丽水医学院（独立）、舟山药学院，分别以植物药、海洋制药为重点，提升整体创新和转化能力。

最后要大力扶持，完善监管。实行投资倾斜，加强政策性金融和鼓励商业银行对健康产业重点企业和基地支持。强化产业基金引导，设立一批专业性创业基金，鼓励引导风险投资投入健康产业，优先支持生物类、健康器械制造和专业健康服务品牌类企业上市；鼓励推进医疗、体检、养老机构扩大规模，实现连锁化经营管理，建立优惠医疗服务网络。对县乡级、街道社区医疗机构和人员进行"轮训"，重点是增加设备补贴和培育全科医生，缩小医疗差距、促进均衡发展。并对基层和社区全科医生出台倾斜政策：优先进入编制，单列职称评审，降低对科研论文要求；在人事政策上提高高级岗位比例；在户籍政策上享受提前办理居转户的落户优待。制定完善浙江省鼓励社会资本投资养老服务的实施细则，降低成本压力，如在行政审批、财政、税收、土地优惠、人才等方面给予政策扶持，并实行倾斜政策，如以优惠价格定点供地或进行房租补贴；对社会资本兴办养老机构提供政府购买服务，如实施"养老券"制度；按床位予以投资补助；对其高层次专业人才进行按月补贴等。仿照"节能补贴"的做法，实行对浙江省中小型、技术型医疗器械、健身器具等产品消费"健康补贴"，对健康信息企业和专业健康服务机构省外扩张实行"奖励补贴"；推进健康产品和服务质量体系建设，大力支持浙江省优势企业的健康品牌创建。

参考文献

1. 蔡赤萌：《粤港澳大湾区城市群建设的战略意义和现实挑战》，《广东社会科学》2017年第4期。

2. 陈德宁、郑天祥、邓春英：《粤港澳共建环珠江口"湾区"经济研究》，《经济地理》2010年第10期。

3. 陈庆利：《非均衡协调发展的城市化路径》，《西南师范大学学报》（人文社会科学版）2005年第3期。

4. 邓昭华、何舒慧、王世福：《粤港澳智慧湾区发展策略研究》，《城市建筑》2017年第27期。

5. 丁文静、朱喜钢：《人均GDP 3000美元时期的城市发展研究——国际比较及对长江三角洲的启示》，《城市规划》2006年第10期。

6. 杜德斌、智瑞芝：《日本首都圈的建设及其经验》，《世界地理研究》2004年第4期。

7. 顾自刚、徐文平、肖威：《舟山在杭州湾大湾区战略中的定位及相关建议》，《湾区经济》2018年第3期。

8. 国世平：《粤港澳大湾区规划和全球定位》，广东人民出版社，2018。

9. 黄勇、陈文杰：《浙江参与长三角大湾区建设的方略和举措》，《浙江经济》2018年第20期。

10. 孔维宏：《粤港澳大湾区城市群陆路交通一体化的问题与对策》，《城市观察》2018年第2期。

11. 李元元：《典型创新型国家的经验及启示》，《学习时报》2011年3月3日。

12. 鲁志国、潘凤、闫振坤：《全球湾区经济比较与综合评价研究》，《科技进步与对策》2015年第11期。

13. 马宏欣、徐士元：《浙江大湾区功能定位与实践举措》，《中国经贸导刊》（理论版）2018年第11期。

14. 裴小革：《论中国经济转型的目标选择》，《天津社会科学》2016年第1期。

15. 荣朝和、闫星祎：《东京大都市区轨道通勤体系的演进与功能分析》，《城市发展研究》2015年第7期。

16. 沈子明：《粤港澳大湾区轨道交通一体化发展研究》，2018年中国城市交通规划年会会议论文，青岛，2018年10月17日。

17. 沈梓鑫、江飞涛：《美国产业政策的真相：历史透视、理论探讨与现实追踪》，《经济社会体制比较》2019年第6期。

18. 唐茂华：《城市化的型式：同一性还是差异性——基于历史和跨国视角的研究》，豆丁网，http://www.docin.com/p-1182971.html。

19. 田栋、王福强：《借鉴国际一流湾区经验 谋划粤港澳大湾区建设》，载《中国智库经济观察2017》，中国社会科学出版社，2018。

20. 王世福、张弘、刘铮：《粤港澳大湾区时代广州走向全球城市的思考》，《城市观察》2018 年第 3 期。

21. 王颖、潘鑫、但波：《"全球城市"指标体系及上海实证研究》，《上海城市规划》2014 年第 6 期。

22. 韦伟、赵光瑞：《日本城市化进程及支持系统研究》，《经济纵横》2005 年第 3 期。

23. 冼雪琳：《世界湾区与深圳湾区经济发展战略》，北京理工大学出版社，2017。

24. 俞忠钰、王永文：《亲历中国半导体产业的发展》，电子工业出版社出版，2013。

25. 喻锋、甘清、梁绮琪：《基于"外部对标——内部聚合"框架的粤港澳大湾区发展评价探索性研究》，《城市观察》2018 年第 2 期。

26. 张健：《区块链：定义未来金融与经济新格局》，机械工业出版社，2016。

27. 张锐：《世界湾区经济的建设经验与启示》，《中国国情国力》2017 年第 5 期。

28. 赵渺希、刘铮：《基于生产性服务业的中国城市网络研究》，《城市规划》2012 年第 9 期。

29. 周素红、陈慧玮：《美国大都市区规划组织的区域协调机制及其对中国的启示》，《国际城市规划》2008 年第 6 期。

30. 卓勇良：《弥漫式泛城市化格局》，http：//zhuoyongliang. blog. caixin. com/archives/22321。

31. P. Taylor，"Specification of the World City Network，" *Geographical Analysis* 33（2001）：181-194.

图书在版编目（CIP）数据

环杭州湾大湾区战略发展研究 / 聂献忠著. -- 北京：
社会科学文献出版社，2022.5

（中国地方社会科学院学术精品文库. 浙江系列）
ISBN 978-7-5201-9937-7

Ⅰ.①环…　Ⅱ.①聂…　Ⅲ.①区域经济发展-经济发
展战略-研究-浙江　Ⅳ.①F127.55

中国版本图书馆 CIP 数据核字（2022）第 049914 号

中国地方社会科学院学术精品文库·浙江系列
环杭州湾大湾区战略发展研究

著　　者／聂献忠

出 版 人／王利民
组稿编辑／宋月华
责任编辑／韩莹莹
文稿编辑／周浩杰
责任印制／王京美

出　　版／社会科学文献出版社·人文分社（010）59367215
　　　　　　地址：北京市北三环中路甲 29 号院华龙大厦　邮编：100029
　　　　　　网址：www.ssap.com.cn
发　　行／社会科学文献出版社（010）59367028
印　　装／三河市尚艺印装有限公司

规　　格／开本：787mm×1092mm　1/16
　　　　　　印张：19.75　字数：242 千字
版　　次／2022 年 5 月第 1 版　2022 年 5 月第 1 次印刷
书　　号／ISBN 978-7-5201-9937-7
定　　价／128.00 元

读者服务电话：4008918866